LA BOÎTE À OUTILS
DU CHARGÉ DE COMMUNICATION

Groupe Eyrolles
Éditions d'Organisation
61, bd Saint-Germain
75240 Paris Cedex 05
www.editions-organisation.com
www.editions-eyrolles.com

Du même auteur, chez le même éditeur :
L'Art des relations presse
Le Dossier et le communiqué de presse
La Veille média et la revue de presse
Le Déjeuner et la rencontre avec un journaliste
Entreprises et marques : les nouveaux codes de langage

Avertissement

Toute ressemblance avec des personnes existantes serait purement fortuite.

Jeanne Bordeau

LA BOÎTE À OUTILS DU CHARGÉ DE COMMUNICATION

EYROLLES

Éditions d'Organisation

Sommaire

*J'offre ce livre à Jules, Maximilien et Louis Variot
qui m'ont toujours entendu dire que l'organisation des informations
était aussi importante que le savoir.*

*Leur père disait :
« Organiser, ce n'est pas mettre de l'ordre. C'est donner la vie »*
(Jean-René Fourtou)

*Et je répondais :
« Une tête bien faite vaut mieux qu'une tête bien pleine »*
(Montaigne).

Lettre
à un jeune chargé de communication

Possédant une longue expérience de l'enseignement : l'université d'Aix-Marseille, l'école Holden à Turin, l'université de Paris V, l'ENSCI[1], voilà donc plus de quinze ans que je transmets les fondements de la communication et du langage.

Les interrogations et les inquiétudes de mes étudiants m'importent. Je les écoute et ils m'enseignent tout ce qui reste à comprendre et à conquérir dans la communication, à faire savoir, à expliquer.

Je me rappelle cette anecdote :

Il y a quinze ans, alors que j'enseignais la communication à un cabinet d'architecte, je sentais bien l'inimitié ambiante. Dès le troisième jour, je leur en demandai la cause.

– Vous comprenez, me dit l'un d'entre eux, nous connaissons tous ces sujets par cœur. Deux de mes amis sont journalistes !… Alors, la communication, je maîtrise !

– Vous avez bien de la chance, lui répondis-je. J'ai moi-même des amis architectes et pourtant je ne connais rien à l'architecture.

Que savait-il en effet de la communication ? C'est probablement l'univers le plus incompris.

Pour éviter donc toute langue d'autorité, tout jugement de valeur, toute partialité, j'ai préféré que cet avant-propos se déroule avec le

---

1. École nationale supérieure de création industrielle.

naturel d'une conversation. C'est donc sous la forme d'un dialogue que j'ai choisi d'évoquer les questions les plus fréquentes de mes étudiants.

L'une des premières questions concerne souvent la définition du chargé de communication. Quelle profession s'exprime grâce à ce nom qui semble générique et parfois « mot à tout faire » ?

Bien des métiers se déploient dans cette appellation. Le chargé de communication est relié à toutes les activités appliquées à une stratégie de communication aussi bien interne qu'externe, à une stratégie de communication parfois directement reliée à la presse. Il peut être l'assistant d'un directeur de la communication, mais aussi attaché de presse, responsable du trafic d'une agence de communication et savoir relier les personnalités, être responsable des relations publiques. Je me souviens d'un PDG ayant pris pour directeur de cabinet un chargé de communication. C'était sûrement un juste choix.

Quelles sont les conséquences les plus flagrantes de l'arrivée de l'ère du digital ?

Le digital a tout changé. Les sources d'information se sont multipliées. Il faut plus que jamais organiser vos données, les hiérarchiser avec soin et les codifier clairement en fonction de la diversité de vos missions et objectifs. Vous pouvez par exemple établir une cartographie des différents VIP, organiser un événement politique, une conférence de presse. Enfin, parmi toutes les lignes de conduites établies, des priorités doivent se dégager.

Il ne faut pas pour autant devenir des « écrans assis ». Tout le monde maintenant navigue dans les eaux du numérique et recycle les mêmes informations. L'expérience des fermes de contenu nous a déjà abasourdis. Certains journalistes ne prennent plus la peine d'explorer le monde extérieur. Ils se contentent de sélectionner, sur la Toile, les informations qui plaisent au lecteur et d'en bricoler un article. La météo est le sujet favori.

Pour varier vos sources d'informations, devenir original, il faut donc vivre à l'extérieur. La curiosité anime le chargé de communication qui ne peut pas se contenter du Web et doit être un homme de relations, de découvertes, de réseaux, de contacts, de services rendus…

Quelle serait la première posture à adopter pour se tourner vers l'extérieur ?

Bien sûr il faut sortir physiquement : assister à des conférences, se rendre à des expositions, mais surtout lire et se relier aux médias traditionnels dont la radio et surtout la presse, déjeuner avec des intellectuels, des journalistes.

Comment un chargé de communication pourrait-il « nourrir » et conseiller son client s'il ne découvre pas dans la presse, dans les livres, dans les films et dans les expositions qu'il fréquente les personnes qui comptent, les acteurs qui importent, les experts qui commentent, et les professionnels qui peuvent servir les actions qu'il met en scène ? Il faut savoir se déplacer fréquemment dans les entreprises pour lesquelles vous travaillez. Le chargé de communication doit définir le message à valoriser, les actions à choisir, la « distribution » des rôles, les forces en présence, les opposants et les leaders d'opinion.

La revue de presse permet de pénétrer une époque, des habitudes, et de savoir ce que mettent en œuvre les concurrents, quels sont les événements, la mode...

Le chargé de communication original pourra vouloir s'en détacher, mais il sera alors crédible pour conseiller son client – qui veut être différent – parce qu'il sera lui-même bien informé de ce qui existe.

Un chargé de communication organise-t-il toujours des événements ?

Non, c'est une image erronée de la profession. On a pris l'habitude de ne voir en ce métier qu'une succession de déjeuners en ville, d'élaboration d'événements divers : conférences de presse, visites de sites, organisations de voyages, remises de prix. Aujourd'hui, la pratique de ce métier doit être plus réfléchie que jamais.

Le chargé de communication est avant tout un pédagogue qui sait poser son sujet. En effet pour fidéliser une relation, il peut user d'une communication reliée au sensible. Il cherche alors à distraire et à émerveiller son client par des rencontres, par exemple, des rendez-vous souvent festifs.

Mais il s'agit avant tout de façonner un message central, spécifique, « unique », carte de style de l'entreprise ou du projet présenté. Il faut donc un esprit clair, de la culture, une capacité d'expression pour fonder et adapter le message choisi en fonction des cibles auxquelles il sera adressé, déployé, scénarisé. La mise en scène de l'information intervient à toute étape. C'est un art d'adapter un message en le valorisant...

Le métier de chargé de communication reste malgré tout un métier de contact.

Faut-il penser que les déjeuners et les rencontres avec les clients et les journalistes sont des moments de divertissement ?

Absolument pas ! Le déjeuner est un moment de travail. S'il semble anodin, il possède de nombreux codes à connaître, des codes discrets et implicites de façon à obtenir les informations dont le chargé de communication se nourrit. En effet, le chargé de communication ne peut rien faire tout seul.

Il a besoin de l'autre, de ces contacts privilégiés, de ce moment d'échange rare et constructif qu'est le déjeuner. Il doit apprendre tous les jours.

Le déjeuner est alors un moment à préparer qui peut nécessiter documentations, appels téléphoniques préalables. C'est un temps où se déroulent des enjeux importants : certes la création d'une relation avec un journaliste ou un prestataire ou un partenaire ou un client, on vient de l'évoquer, mais aussi l'entretien d'une relation voire d'une alliance plus importante avec le chef de cabinet d'un homme politique, avec un jeune écrivain rencontré lors d'un festival.

Peut-on être libre lorsque l'on conseille son client ?

Ce qui importe avant tout, lorsque l'on souhaite travailler la notoriété d'un client, c'est de prendre soin du message, de s'appuyer sur une argumentation crédible et authentique, sur de grandes lignes de sens que l'on tient à faire passer vers le public. Il faut alors connaître les actions et les outils. En effet, il faut aussi connaître ses outils, s'en servir avec organisation et précision pour être indiscutable. La rigueur est de grande importance. En un mot, il faut de la méthode pour établir une stratégie solide, mais aussi crédibilité et vérité.

Le langage que le client tient est à traduire car souvent un corps de métier possède son propre jargon que le client garde sous forme d'induit. Ces messages importants, vous devez savoir les détecter. Il faut faire preuve de pédagogie : sélectionner et organiser l'information, choisir ses mots avec minutie et employer une rédaction directe et explicite.

Des règles à respecter existent pour savoir tourner une lettre ; des plans de communication sont indispensables pour organiser une action dans le temps. Sachez les respecter. Sachez chaque année vous améliorer.

Comment un chargé de communication peut-il améliorer son écrit ?

Pour progresser, il n'y a pas de miracle : il faut travailler. Le chargé de communication, toujours aux aguets de l'actualité, suit l'information, l'archive. Il synthétise les événements, les relie les uns aux autres. Ce n'est qu'en maîtrisant un thème par ses recherches, par son expérience, par l'accumulation journalière de documentations et de connaissances qu'il obtiendra le recul nécessaire, la matière et l'aisance pour écrire.

Le contenu n'est pas suffisant, il faut aussi travailler la forme. Et comme le disait Boileau :

> *Hâtez-vous lentement, et, sans perdre courage,*
>
> *Vingt fois sur le métier remettez votre ouvrage :*
>
> *Polissez-le sans cesse et le repolissez ;*
>
> *Ajoutez quelquefois, et souvent effacez. [...]*

L'écriture s'obtient grâce à un entraînement quotidien. Les ratures, les coupures, les corrections des manuscrits des grands écrivains le prouvent. Et pour ne pas répéter les mêmes erreurs, des outils existent. Ainsi le dictionnaire de la langue française, mais aussi le dictionnaire des synonymes, des difficultés de la langue française, le dictionnaire des nuances doivent accompagner le parcours d'un chargé de communication. Leur consultation est nécessaire, indispensable. Grammaire, Bescherelle et Bled sont à ajouter.

Ensuite, la participation à quelques ateliers d'écriture, en groupe ou sur Internet, ou la consultation d'ouvrages consacrés à l'écriture ne peuvent qu'enrichir, muscler votre style en le débarrassant de fioritures inutiles et parasites.

Il ne me reste qu'à vous laisser lire ces pages en vous disant que plus on apprend, plus on a désir de découverte.

Et la curiosité est une belle qualité.

Avec mes vœux de réussite.

Jeanne Bordeau

1

L'AUDIT DE COMMUNICATION

Diagnostic

Qu'est-ce qu'un audit de communication ?

L'audit de communication est un outil qui analyse la communication de l'entreprise vers les médias, les relais d'opinion et les publics auxquels elle s'adresse.

Un audit efficace comprend deux étapes complémentaires : l'analyse de l'image média de l'entreprise et l'analyse sémantique corporate.

Un audit de communication permet d'analyser ce qui est émis par l'entreprise et, parmi les outils utilisés, ceux qui ont le plus d'impact et ceux qui sont les plus efficaces pour mettre en scène.

Dans quel contexte est-il utilisé ?

Un audit de communication est un moyen pour redéfinir une stratégie de communication. Il est donc défini en amont de toute émission de messages.

Un audit peut permettre également de refonder une identité de communication grâce aux résultats de cette analyse.

Matrice

Méthode

Pour l'analyse de l'image média :

- définir les critères quantitatifs pour évaluer la présence médiatique d'une entreprise (nombre d'articles, occurrence dans la presse, univers lexical présent, etc.) ;

- définir également des critères qualitatifs (posture prise, thématiques abordées, évolution de l'image, etc.) ;
- faire une analyse comparative des critères qualitatifs et quantitatifs afin d'identifier l'image réellement perçue de l'entreprise dans la presse.

Éléments facultatifs

On peut également prendre en compte dans l'analyse le discours institutionnel de l'entreprise.

Éléments indésirables

Il ne faut pas démarrer un audit avec des *a priori* sur la communication de l'entreprise.

Rester objectif permettra de dégager les points positifs et d'améliorer sa stratégie de communication.

MES CONSEILS

- Identifier tous les messages de l'entreprise : les messages émis par l'entreprise peuvent être mal identifiés. Il y a les messages directement élaborés pour les journalistes ; les écrits média diffusés par l'entreprise ou mis en ligne sur les espaces presse. Cependant, dans leur travail d'investigation, les journalistes peuvent être amenés à consulter d'autres messages de l'entreprise comme les informations présentes sur le site de l'entreprise ou diffusées à d'autres publics sans caractère confidentiel. Ces messages indirects sont également à prendre en compte car ils influent sur l'image perçue.
- Comparer ce qui est comparable : ce qui est perçu par la presse doit résulter des informations qui lui sont destinées. Ainsi, tout acte commercial relayé dans la presse (publicité, publi-reportage, etc.) ne peut être analysé puisque le message est totalement contrôlé. La nature de ce type de parution est différente et relève du commerce et non de la communication.
- Incorporer les résultats de l'analyse dans sa stratégie de communication : il s'agit là de l'efficacité de l'audit. Un audit doit donner lieu à des préconisations en matière de communication. On s'attaque ici à l'identité du message, ce qui est le fondement de tout plan de communication.

CHECK-LIST

✓ Équilibrer l'aspect quantitatif et l'aspect qualitatif d'une analyse.
✓ Penser à réunir l'ensemble des messages émis par l'entreprise que ce soit par écrit, oralement ou par Internet.
✓ Analyser avec objectivité et tirer les conclusions nécessaires à la refonte d'une stratégie de communication.

Programme d'un audit
du service de relations presse de MegaGroup

Afin d'accompagner Rachel Bern dans son travail de relations presse, Julia Declaire, fondatrice de Poissons Pilotes, propose, dans un premier temps, un audit du service de presse jusqu'au mois de juillet avec Rachel Bern.

Audit du service de presse de juin à juillet

Ces séances ont pour objectif de dresser un état des lieux du service de presse de MegaGroup (méthodes, missions, pratiques…).

Durée des séances

Ces séances de trois heures auront lieu en alternance dans les locaux de Poissons Pilotes et dans les locaux de MegaGroup.

Les trois premières séances sont déjà retenues, la quatrième reste encore à fixer.

Examen des messages diffusés pendant un an : *Le 7 juin de 15h30 à 18h30 (dans les locaux de Poissons Pilotes)*

- par le président à la presse,
- par les autres porte-parole.

À classer :

- les messages institutionnels,
- les messages sur les savoir-faire,
- les messages de réflexion,
- les messages clients,
- les messages sur la vie interne et le management.

Analyse et conclusions : *le 19 juin de 16h00 à 19h00 (dans les locaux de MegaGroup)*

Examen

- des fichiers, leur traçabilité, leur qualité,
- la classification,
- la codification,
- y a-t-il des alliés ?
- y a-t-il des journalistes difficiles ? Si oui pourquoi ?

Atouts et points d'amélioration à viser : *le 30 juin de 9h00 à 12h00 (dans les locaux de Poissons Pilotes)*

Les actions menées vers la presse :

Petits déjeuners avec des porte-parole ?

Rencontres menées par Madame Bern seule ?

Conférences de presse ? Point presse ? Événements :

- lesquels,
- leur raison d'être,
- leur fréquence,
- leur succès.

Bilan

En parallèle seront examinés les événements menés par les concurrents.

De plus seront interrogés trois journalistes alliés de Poissons Pilotes, familiers du monde du conseil pour connaître leurs appréciations sur les événements MegaGroup et sur les événements des concurrents.

Une analyse des articles obtenus selon des méthodes propres à Poissons Pilotes sera effectuée. Analyse des papiers majeurs et des papiers d'un style nouveau.

La quatrième séance est à fixer avant la fin juillet.

Tous les outils de la relation avec les journalistes utilisés par Madame Bern seront examinés :

- lettres d'invitation,
- lettres de remerciement,
- mails de relance,
- le site ou le bureau de presse...

Qu'est-ce qui crée un style ?

Qu'est-ce qui crée un ton ?

Qu'est-ce qui fonde l'identité du groupe, son image et définit ses spécificités ?

Où se situe la différenciation ?

Cas pratique

Questions abordées lors d'un audit du service de relations publiques pour la banque APP

Émetteurs – procédures

1. Le message

Quels sont les différents messages ?

Leur origine ?

Leurs sources (lieux de documentation) ?

Leur fabrication, leurs mises au point. Qui est responsable ?

Leur actualité : la contrainte du temps

Quelles lignes de production ?

Quelle équipe de réalisation ?

Quelles méthodes ?

2. Le plan de communication

Qu'est-ce qu'un plan de communication à l'APP ?

Y a-t-il un plan ou des plans de communication ?

3. La relation

À qui ?   ⇒ les décideurs

                 ⇒ les journalistes   ⇐ (diversité des journalistes contactés)

Par quels moyens ?

À quelles occasions ? ⇒ calendriers des envois

                       ⇒ calendriers des déjeuners de presse

                       ⇒ calendriers des conférences de presse

Avec quels fichiers qualifiés ?

Quelles codifications pour les fichiers ?

Quelle possibilité de montée en puissance ?

Avec la presse

Spontanéité ou construction réfléchie de la relation ?

Quelle est la politique d'élargissement (conquête) des contacts ?

Comment mettre en scène les particularités (se spécifier) ?

Comment nourrir, entretenir sans lasser ?

Comment surprendre avec juste raison ?

Que sait-on de la communication des trois autres grandes banques concurrentes les plus proches?

Pour le service de presse

Comment créer une chaîne de production qualifiée, différente, légère et efficace?

Quels sont les appuis extérieurs possibles dans le service de communication, hors du service de presse (documentalistes, rédacteurs, analystes de l'information…)?

4. Les événements

Quels sont les événements créés par la banque?

Vers quels publics?

À quelle fréquence?

Sont-ils appuyés par des prestataires extérieurs?

5. Les bulletins d'information

Quels sont les bulletins d'information ou journaux adressés à des décideurs?

Audit sémantique à réaliser : comparer l'émis et le perçu.

6. Les actions de partenariat et mécénat

Quelles sont les actions de mécénat entreprises par la banque?

Interroger les partenaires des événements :

Sont-ils satisfaits?

Pourquoi?

Que faut-il changer?

Pourquoi?

Remarques particulières.

7. Exemple du questionnaire pour enquêter sur la qualité de la newsletter

Votre nom : ....

Le nom de votre société : ....

Votre fonction : ....

L'adresse e-mail sur laquelle vous recevez notre newsletter :

....

Cas pratique

• **Vous lisez la newsletter :**
☐ Systématiquement
☐ La plupart du temps
☐ Rarement
☐ Jamais

• **Quelles sont les rubriques que vous lisez et qui vous intéressent le plus ?**
☐ Éditorial de Jeanne Bordeau
☐ Zoom client
☐ Écho
☐ Question à Jeanne Bordeau (pédagogique)
☐ À lire
☐ Les métiers de la com'

• **Quelles sont les thématiques qui vous intéressent le plus ?**
....
....

• **Comment évaluez-vous le contenu de la newsletter ?**
Donnez pour chaque critère une note de 1 à 5 (5 étant la plus élevée) :
Pertinence des sujets traités :
Longueur :
Style d'écriture :

• **Le format de la newsletter vous convient-il ?**
Graphisme :   ☐ Oui ☐ Non
Présentation des contenus :   ☐ Oui ☐ Non
Choix des images :   ☐ Oui ☐ Non
Sinon, précisez pourquoi :
....
....

• La périodicité mensuelle de la newsletter vous convient-elle ?

☐ Oui   ☐ Non

Sinon, précisez à quelle fréquence vous souhaiteriez la recevoir :

☐ Hebdomadaire

☐ Bimestrielle

☐ Trimestrielle

• Évaluez l'ensemble de la newsletter (1 à 5) :

....

• Avez-vous déjà fait partager ou conseillé cette newsletter à d'autres personnes ?

☐ Oui   ☐ Non

Si oui, à quel(s) type(s) de personne(s) l'adressez-vous ?

....

ÉLABORATION DES MESSAGES

Identité du message

Le dossier de presse institutionnel

Diagnostic

Qu'est-ce qu'un dossier de presse ?

Le dossier de presse constitue la colonne vertébrale des messages à émettre. Il est un outil de référence du journaliste. Cet outil, fruit d'une collecte d'informations élaborée, répond à une stratégie et à des objectifs professionnels précis.

Il contient la diversité des messages qui expliquent aux journalistes l'identité de l'entreprise et définissent les différents thèmes de sa communication. Il doit aider les journalistes, en peu de temps, à comprendre l'essentiel d'un projet, d'une firme, d'un événement ou d'un produit.

Le dossier de presse est une véritable carte de style de l'entreprise : il doit durer tout en étant d'actualité ; il met en relief sans pour autant tout dire ; il doit être renseigné et jamais laborieux.

Il constitue donc un des exercices les plus difficiles dans le métier.

Les types de dossiers de presse

Le dossier de presse institutionnel dresse la carte d'identité du groupe ou de la structure, directement opérationnelle.

Le dossier de presse produit, dans lequel l'identité de l'entreprise transparaîtra plutôt que d'être ouvertement revendiquée. Sa vie sera plus courte puisqu'elle ne correspondra plus qu'à celle du produit, et non à celle de l'entreprise.

Le dossier de presse « événementiel », lié à un événement.

Quelle forme doit prendre un dossier de presse ?

Le dossier peut se présenter sous forme de document d'édition imprimé, avec toute liberté créative : un cahier à spirales, une brochure (cela est peu recommandé), des feuilles de papier à en-tête insérés dans une chemise logotypée…

Désormais, le dossier de presse peut aussi être envoyé par mail ou être directement mis en ligne.

Matrice

Méthode

La préparation d'un dossier de presse exige de fonder un discours et de décider d'une posture stratégique.

La posture peut aborder ce qu'est l'entreprise, ce qu'elle a fait (l'identité), où elle se place dans son environnement, ce que sont ses points de vue et la vision de son métier (sa position).

Le dossier de presse doit suivre un plan clairement identifiable, via un sommaire notamment, proposer des chapitres qui se distinguent parfaitement les uns des autres et posséder un titre qui présente un choix stratégique.

Le dossier suit des lignes de force : capacité d'innovation, étapes du succès, paroles d'experts, choix de management, présentation de spécificités sur les écrits...

Il doit contenir :

- la mention des coordonnées du contact presse (chargé de communication/agence) ;

- l'adresse du site Web et les documents annexes (chronologie, fiche produit, brochure) ;

- les éléments visuels, tels les portraits de toutes les personnes citées, des photos des sites, des produits : ils sont déterminants, car ils apportent au dossier sa dimension sensible et esthétique ; ils viennent compléter des propos écrits souvent plus factuels.

Éléments facultatifs

Tout ce qui peut rendre le sujet vivant est particulièrement prisé. On trouve ainsi dans le témoignage (de porte-parole ou d'experts extérieurs) des brèves qui rappellent des anecdotes marquantes.

Éléments indésirables

Envoyer aux journalistes un journal interne, des transparents et autres diaporamas en guise de dossier de presse pour les informer de la vie de l'entreprise.

Confondre un dossier de presse avec une brochure de présentation, un argumentaire de vente ou un document marketing.

Utiliser la langue de bois qui sert à maquiller un contenu creux et superficiel.

Utiliser du jargon ou un langage technique.

Imposer un discours. Le style d'écriture doit être factuel et argumenté sans jugement de valeur, sans trop d'auto-affirmation. Il faut fournir des preuves.

Sophistiquer trop la maquette avec de la création excessive. Un dossier de presse doit être relié à la charte graphique de l'entreprise, mais doit être simple et non luxueux car il est l'outil de travail du journaliste. Il peut, en plus, être amené à évoluer fréquemment.

Introduire des couleurs, des lignes, des formes pendant le traitement éditorial dans le seul but de « faire joli » : trop d'effet tue l'effet.

Ne pas être laudatif. Le dossier de presse peut mettre en exergue un point, mais toujours avec mesure et surtout en argumentant pour réussir à convaincre de façon rationnelle.

MES CONSEILS

- Présenter un document vivant, documenté, prévu pour être gardé, avec une cohérence du discours sémantique qui possède faits et preuves. L'émetteur doit être clairement identifié et décrit.

- Convaincre. Un dossier convaincant choisit et dispose de preuves tangibles, susceptibles de confirmer ce qu'affirment les messages de l'entreprise. Lorsqu'on abordera un sujet complexe, qu'il soit technique ou sensible, il faudra fournir une analogie qui permette de saisir aisément une comparaison.

- Sensibiliser, persuader et séduire. L'information transmise doit prendre en compte la cible : la personnalité, l'histoire et la culture de l'interlocuteur. Il faut savoir repérer le paysage émotionnel des types de journalistes à toucher et trouver le ton juste. Il faut piquer la curiosité avec des faits inattendus, savoir conter des petites histoires avec des brèves. L'information passe aussi par le ludique.

- Posséder un fil conducteur, une ligne éditoriale pour une expression cohérente du message central de l'entreprise. Cette ligne argumentaire sera la « colonne vertébrale » du discours.

- Argumenter, c'est-à-dire savoir distinguer et sélectionner en fonction de son objectif. Les arguments doivent être puisés dans le vivier interne et externe de l'entreprise. La démonstration est construite avec pédagogie et nourrie de preuves. Elle doit être dense, étayée, crédible, plutôt que foisonnante, creuse et sujette à caution.

- Mettre en scène. La mise en scène commence par un cadrage. Le dossier doit en effet délimiter le champ d'expression sur lequel l'entreprise veut communiquer. La scène une fois éclairée présente en gros plan l'entreprise elle-même. Les richesses de l'entreprise seront mises en valeur grâce à un vocabulaire choisi et des mots qui vibrent avec énergie pour exprimer son âme.

- Hiérarchiser toutes les informations n'ayant pas la même valeur à la fois pour l'émetteur (l'entreprise) et pour le récepteur (le journaliste). Du plus stratégique au plus factuel, il faut établir une hiérarchie conforme à l'intérêt du lecteur. Il n'y a pas d'informations anodines, mais les registres de lecture sont capitaux pour hiérarchiser l'information.

- Attirer l'attention et créer une impression, notamment grâce à l'ordonnancement.

- Adapter. Chaque groupe de leaders d'opinion possède des caractéristiques propres : une culture, des mentalités, des habitudes, des comportements, des modes de fonctionnement, des besoins et des aspirations spécifiques. Par conséquent, pour chaque public, il faut disposer les arguments de façon différente.

- Durer, tout en étant toujours d'actualité. Il faut prévoir un découpage modulable pour faire respirer le dossier, avec un style adapté à tous les usages et à tous les temps. Un dossier de presse doit savoir vieillir. Il peut toujours être utile lors d'une crise.

- Parler juste. Parler juste, sans emphase, est un gage de crédibilité pour l'entreprise. Des informations concises, significatives et justes, puisées dans la culture interne de l'entreprise ou dans la perception extérieure que ses publics lui renvoient. Le communicant doit de plus aborder les questions délicates. Il faut parfois savoir aborder dans un vrai face-à-face ce qui dérange.

- Faciliter la lecture. La clarté du raisonnement et de l'expression doit être renforcée par la qualité de la maquette. La forme doit contribuer à mettre en relief le fond. La mise en page et la titraille représentent un enjeu de bonne lisibilité. Doit exister à travers la mise en page un parcours de lecture à plusieurs entrées. Les titres et intertitres mettent en exergue le plan ; les encadrés et tableaux font ressortir les informations stratégiques. Il est recommandé de toujours envisager de la place pour des visuels dans le dossier de presse.

CHECK-LIST

- ✓ Garantir de la compréhension. La logique du raisonnement global doit relier entre eux les éléments constitutifs de l'identité de l'entreprise, de l'institution. Il faut écrire moins, mais écrire mieux.
- ✓ Si le dossier est réalisé en plusieurs langues, il ne doit pas être traduit, mais repensé pour être adapté à la culture de chaque pays.
- ✓ Développer une même logique de raisonnement avec des messages communs ne signifie pas que les outils doivent être conçus, construits et réalisés de la même manière. Ils conservent des objectifs différents et s'adressent à des publics qui ont leur propre culture. L'art et la manière de composer et de recomposer s'imposent donc.
- ✓ La qualité de l'information doit permettre d'aller rapidement à l'essentiel.
- ✓ Le style de l'écriture doit être soigné et simple ; un ton homogène du début à la fin du dossier pour ne pas perturber la lecture.

Chemin de fer du dossier de presse de l'Institut du leadership

Présentation de l'Institut du leadership

Éditorial
Par Catherine Mollet, directrice de l'Institut du leadership

Avec 200 unités de recherche, l'IL embrasse les nombreux champs de la connaissance. Son histoire est marquée par des chiffres qui témoignent de son excellence : nombre de ses membres ont été lauréats de prix, de médailles, de reconnaissances prestigieuses.

L'existence d'un Institut du leadership (IL) souligne l'importance du management pour un organisme de recherche dans ce domaine. Il prend ici un relief particulier et répond à d'autres priorités qu'au sein des entreprises privées. Le management appliqué à la démarche scientifique ne vise pas qu'à créer de la valeur au bénéfice d'actionnaires ; il s'agit d'un mode d'organisation qui aide aussi à concilier créativité et pilotage d'équipe.

L'Institut du leadership apparaît comme un partenaire qui accompagne les cadres supérieurs et les dirigeants lorsque leurs fonctions évoluent. Nombre d'entre eux sont en mutation et s'inscrivent dans un contexte de collaboration et de compétition internationale. Les cadres de l'IL travaillent aujourd'hui avec des interlocuteurs variés : entreprises, universités, instituts de recherche, regroupements scientifiques, culturels et industriels… Ils vivent au cœur d'un univers pluriel, où les compétences et les talents se diversifient. L'Institut du leadership prépare les responsables à la mise en cohérence de savoirs complémentaires désormais pluridimensionnels pour mieux répondre à l'ambition de projets.

L'IL procure à ses cadres de nouvelles connaissances en matière de management, de sociologie, de psychologie, d'économie mondiale. «Des connaissances alliées» qui aideront tout cadre à renforcer la réactivité de ses équipes, à fluidifier les organisations, et ainsi à anticiper les besoins du monde de demain

Sans abandonner liberté et créativité, les cadres s'ouvrent dans toute entreprise à d'autres réalités grâce aux séminaires et aux formations proposés par l'Institut du leadership.

Des mots pour traduire les valeurs de l'Institut

L'Institut du leadership a été pensé autour de mots, de valeurs qui s'inscrivent dans sa philosophie.

Connaissances

Gaston Bachelard écrit dans *La Formation de l'esprit scientifique* : «Pour un esprit scientifique, toute connaissance est une réponse à une question.

S'il n'y a pas eu question, il ne peut y avoir connaissance scientifique. Rien ne va de soi. Rien n'est donné. Tout est construit.» L'IL aide le chercheur à mieux formuler ses réponses face à un monde de la recherche en perpétuel mouvement.

Créativité

L'IL apporte une aide méthodologique à l'organisation du management de l'activité et des équipes. L'objectif est de permettre au cadre d'exprimer pleinement sa créativité au service de l'innovation et de l'internationalisation.

Savoir

Émile Littré explique dans son *Dictionnaire de la langue française* que le savoir, «usité seulement au singulier, est une connaissance acquise par l'étude, par l'expérience». L'IL joue là un rôle d'accompagnement pour que les équipes de cadres s'organisent et enrichissent leur savoir et expérience.

Intelligence collective

L'IL dans son ensemble concourt aux découvertes. Ce sont des intelligences collectives constituées en équipes qui relèvent les défis.

Ouverture

L'Institut du leadership participe à cette ouverture en permettant aux cadres et à ceux qui les accompagnent de rencontrer des interlocuteurs d'horizons divers. Gaston Bachelard indique que «l'esprit scientifique se forme en se réformant». Le chercheur est à l'écoute du monde, ce qui permet à l'IL qui fait entre autres travailler des chercheurs de conserver un temps d'avance, d'anticiper.

Décrypter l'environnement

Il s'agit pour le cadre grâce à l'IL de comprendre ce monde en perpétuelle mutation. L'IL participe de cette compréhension en organisant des séminaires de réflexion.

Contact

Poissons Pilotes

23, avenue de la République - 75010 Paris

Tél. : 01 XX XX XX XX

Mail : wregsert@poissons-pilotes.fr

Cas pratique

Sommaire du dossier de presse pour un livre sur le centenaire du Tour de France 2003

La Grande Boucle
ou Le Centenaire du Tour de France au fil de la plume

La 100ᵉ édition du Tour de France marque le centenaire de cette épreuve sportive, célèbre dans le monde entier. L'occasion de raviver la mémoire de l'une des dernières grandes aventures humaines, avec ses gloires, ses passions et ses drames.

Historien, poète, romancier, mais aussi sportif accompli, Bernard Chambaz part sur les traces des légendes du Tour. Avec une semaine d'avance, il effectuera à vélo le même parcours que les coureurs professionnels, consignant dans un journal les impressions ressenties et les souvenirs resurgis à chaque étape.

De cette chronique réalisée au cœur de l'épreuve naîtra un livre, à paraître en octobre aux éditions du Seuil. Une contribution singulièrement originale à l'épopée centenaire du Tour, qui retracera son histoire au fil d'une vingtaine de « chapitres étapes ».

Poissons Pilotes, partenaire de l'événement

Cas pratique

Sommaire du dossier de presse d'une SSII

1. Introduction

a. *Éditorial par Jacques Tisseau et Georges Ardot*

Confiance et fidélité

L'informatique

Le marché

Position et politique de Saltec France

b. *La responsabilité de Saltec France*

Exemples de grands ratés et conséquences

Le Système d'Information, clé de voûte de l'entreprise

c. *SI : Système d'Information ou Système Informatique ?*

Contrainte du temps

Élaborer, cibler, communiquer, diffuser

d. *La notion de « service informatique »*

Bref entretien avec un chef d'entreprise cliente de Saltec France

Service et Informatique : que sont devenues ces deux notions ?

Accompagnement de l'entreprise vers l'autonomie

e. *Un groupe généraliste constitué d'experts*

Du marché au client : une vision macro et micro

Être à l'écoute pour anticiper

Apporter des solutions uniques (sur mesure)

2. Une SSII pas comme les autres

a. *Un groupe européen*

La vocation internationale : questions au responsable Offshore/Wide-sourcing

Réseau et implantations de la nouvelle organisation (agences, bureaux, cartes)

b. *La confiance : la signature de Saltec France « fait foi »*

Un savoir-faire reconnu

La pérennité d'un groupe partenaire des plus grands éditeurs

c. *Une politique et des distinctions*

Entretien avec un DGA

Prix obtenus par Saltec France

Cas pratique

d. Technologies

Systèmes

Environnements

Outils

e. Métiers

Assistance et conseil

Maintenance

Intégration

Exemples phare de savoir-faire Saltec France

3. Un groupe, une dimension au service des grandes entreprises

a. Un groupe, un esprit

Une connaissance éprouvée des grands projets

Questions à un directeur d'agence

Des compétences multiples et des équipes internationales

b. Au service du client

Un interlocuteur unique et accessible

La réactivité

Une méthodologie souple

c. Références

Assurance, Banque, Crédit

Distribution, Services, VPC

Industrie

Autres

4. Un partenaire stratégique, une organisation pour les PME

a. Connaître pour anticiper

Une approche du client fondée sur l'écoute et l'analyse

L'adaptation : questions à un directeur de projet

b. Valoriser

De la mise à jour à l'avantage concurrentiel

Favoriser la précision

Transmettre un savoir-faire et former

Cas pratique

Espace presse

Le communiqué de presse

Diagnostic

Qu'est-ce qu'un communiqué de presse ?

Le communiqué est un exposé factuel. Écrit avec des phrases brèves, il contient une information concrète et présente le plus souvent une actualité.

Dans quel contexte est-il utilisé ?

Le communiqué peut parler d'une nouvelle entreprise ou d'une entreprise existante lors d'une actualité qui touche à son identité. Il peut par exemple annoncer une acquisition ou une nomination qui peut toucher l'identité de l'entreprise.

Le communiqué de presse peut également décrire un événement ou un produit (lancement d'un produit, d'une étude, d'un colloque).

Matrice

Méthode

Le titre est court et incisif, il doit retenir l'attention.

Un premier paragraphe expose l'information principale et répond aux cinq grandes questions de l'écriture journalistique : qui, quoi, quand, où, pourquoi ?

Le deuxième paragraphe développe les points essentiels, par ordre croissant d'importance, et explique ce que l'on attend de cette information.

Le troisième paragraphe lie les faits à la politique, la vie et la stratégie de l'entreprise. Il prend en compte ses dimensions, les causes et les conséquences des faits exposés sur l'entreprise.

Une présentation brève et actualisée de l'entreprise doit venir conclure le communiqué.

Éléments facultatifs

Dans le troisième paragraphe, la citation d'un porte-parole peut être judicieuse.

En cas d'information abondante, il vaut mieux joindre en annexe les renseignements complémentaires.

Éléments indésirables

Aucun jugement de valeur ne doit apparaître : le journaliste saura faire sa propre enquête.

En cas de communiqué « produit », votre communiqué ne doit pas ressembler à un publi-reportage. D'où l'utilité d'interroger de façon brève, à propos de questions complexes, le directeur de la création ou le responsable R&D pour décrire la nouveauté de façon concrète.

MES CONSEILS

- Personnaliser le communiqué. Pour faciliter toute demande de renseignements complémentaires, le journaliste doit retrouver dans le texte les coordonnées de l'entreprise et d'éventuelles filiales en lien avec l'information communiquée, ainsi que le nom du « contact presse » avec son numéro de téléphone direct, son adresse e-mail, éventuellement son fax.
- Soigner la rédaction. Elle doit être factuelle et comporter des phrases simples et courtes, des informations objectives sans commentaires, présentées de façon sobre et précise. En cas de citations de personnes, il est important d'en préciser le prénom et la fonction exacte. Essayer de condenser l'information sur une seule page.
- Le communiqué de presse qui annonce une nomination doit présenter la fonction occupée et bien mettre en exergue les points saillants de la carrière du collaborateur présenté.

- Le communiqué de presse «produit». C'est le plus difficile. Vous devez le présenter de façon factuelle, tout en ayant le talent de prouver où réside dans ce produit l'ingéniosité, le rare, l'unique, le jamais-vu. Il peut être astucieux de rappeler dans l'identité de l'entreprise ce qui caractérise et explique pourquoi elle peut prétendre posséder ce type d'inventivité. Tout ce qui donne une perspective au communiqué de presse, tout ce qui aide à comprendre la stratégie et les enjeux est bienvenu. Le produit a été réfléchi, travaillé ; dites-le grâce à des témoignages que vous insérez dans votre texte. Les propos tenus dans ce type de communiqué doivent réussir à élever le débat. Le communiqué de presse «produit» doit illustrer la politique d'innovation, parfois pensée depuis deux à trois ans, et vient donner des preuves.

CHECK-LIST

✓ Prendre une posture conquérante avec un langage dynamique (des verbes forts, des mots qui présentent des expertises, qui ne sont ni creux ni jargonnants).

Communiqué de presse du laboratoire Synergie Pharma

Synergie Pharma
Le pionnier des mots dans l'univers du cancer

2007 : Synergie Pharma prend date avec la publication du tome 1 de l'*Encyclopédie du cancer* : à l'heure du storytelling, Synergie Pharma innove en publiant une *Encyclopédie du cancer* appuyée par le récit d'un conteur. Grâce à ce livret pédagogique, le laboratoire cherche à faciliter l'échange entre patients et médecins. Diffusé à des milliers d'exemplaires, il reçoit un accueil positif.

Fin 2008 : Synergie Pharma a présenté l'*Encyclopédie*, en avant-première, au cours d'un congrès d'oncologie à Montpellier et le lance officiellement en février dernier à Paris, lors d'un point presse, en présence du comité scientifique de Synergie Pharma Oncologie et du conteur Pierre Michel.

Une Encyclopédie pour humaniser le dialogue

On l'a constaté, les succès thérapeutiques obtenus dans le traitement du cancer sont intimement liés à la motivation du patient et à la qualité de sa relation au médecin. Synergie Pharma, très impliqué dans le développement de thérapies innovantes, ne saurait les dissocier de la dimension humaine de la maladie. Or, pour se comprendre, il faut parler le même langage. Le Comité scientifique de Synergie Pharma, composé des Dr Dominique Morès, Jean-Batiste Vladi et Bernard Mullier, a ainsi conçu un livret pédagogique original pour mieux informer et accompagner le malade.

Une encyclopédie pour apprivoiser les mots

La maladie se traduit par des mots savants, inquiétants car souvent peu clairs pour le patient et pour ses proches. Le tome 2 de l'*Encyclopédie du cancer* présente sous forme de dictionnaire 14 nouveaux mots. Des mots froids, scientifiques, teintés de souffrance comme Biopsie, Cible, Perfusion, Récidive… Des mots doux, porteurs de chaleur et d'espoir tels que Corps, Entourage, Soleil… Les termes explicités permettent de mieux appréhender les modes de traitement et d'établir un lien entre le vocabulaire médical et la perception du malade.

Une Encyclopédie pour exprimer le sens et le vécu

Deux approches se croisent rendant la lecture à la fois pédagogique et attachante. La définition des mots a été confiée à un spécialiste du langage, Jean-Pierre Moné, chercheur au CNRS et professeur de linguistique à l'université de la Sorbonne. Le vécu et le ressenti du patient s'expriment aussi grâce à des cartes postales qu'un père malade écrit à sa fille. Elles ont été imaginées par un poète et conteur reconnu, Pierre Michel, qui a su retranscrire avec une émotion juste l'angoisse, la souffrance, l'espoir.

Une large diffusion

Publié à 10 000 exemplaires, et réédité à la demande, le tome 2 de L'*Encyclopédie du cancer* va être distribué sur l'ensemble du territoire français, auprès des publics concernés. Il sera remis aux médecins et chercheurs ainsi qu'aux personnalités et responsables politiques impliqués dans la lutte contre le cancer. Il sera diffusé auprès des patients à travers les associations Étincelle et Vivre Avec.

À propos de Synergie Pharma

Synergie Pharma est la division spécialisée dans les médicaments de prescription innovants de Pharma+, un groupe pharmaceutique et chimique mondial. Synergie Pharma, dont le siège est basé à Genève (Suisse), recherche, développe, produit et commercialise des médicaments innovants visant à aider des patients dont les besoins médicaux sont insatisfaits. Synergie Pharma dispose d'une expertise à la fois pour les médicaments obtenus par synthèse chimique et pour ceux issus de la biotechnologie. Synergie Pharma met à la disposition des patients des médicaments phare dans les domaines de l'oncologie, des troubles endocriniens et cardio-métaboliques.

Avec un investissement annuel de 1 milliard d'euros en Recherche & Développement, Synergie Pharma a pour objectif de poursuivre la croissance de ses activités dans des domaines thérapeutiques spécialisés, dont les maladies neurodégénératives, l'oncologie, la fertilité et l'endocrinologie, ainsi que dans de nouveaux domaines thérapeutiques tels que les maladies auto-immunes et inflammatoires.

À propos de Pharma+

Pharma+ est un groupe pharmaceutique et chimique mondial, dont les ventes se sont élevées à 7,1 milliards d'euros en 2007.

Contact :

Synergie Pharma : Jacques Montagne

Tél. : XX XX XX XX XX

Poissons Pilotes : Odile Tardieu

Tél. : XX XX XX XX XX

Cas pratique

Communiqué de presse de la société Créa'Énergie

Créa'Énergie dévoile son « Observatoire Créa'Énergies communes des villes durables »

Créa'Énergie dévoilera le 19 novembre 2009 au Salon des Maires et des Collectivités Locales, Porte de Versailles, son premier *Observatoire Créa'Énergies communes des villes durables*, conçu pour mettre en valeur les bonnes pratiques au service du développement de villes durables.

Cet Observatoire est avant tout une base d'échanges pour des villes soucieuses de trouver un équilibre entre le renforcement de l'attractivité économique de leur territoire et une politique d'aménagement écologique.

20 villes étudiées

Ce premier Observatoire a été développé sur la base d'un échantillon d'une vingtaine de villes françaises de toute taille, à partir de deux enquêtes complémentaires :

- une analyse des situations individuelles sur la base de critères objectifs publics (soit 100 indicateurs) ;
- une évaluation par Médiascopie de la qualité perçue par les habitants du projet de ville durable de leur commune.

Deux collèges indépendants

L'Observatoire prend en compte huit domaines de gestion de la ville : Énergie, Transport, Urbanisme, Économie, Savoir, Cadre de vie, Santé publique et Citoyenneté.

Il a été réalisé avec l'aide de collèges d'experts indépendants : un collège d'experts universitaires et un collège d'experts techniques impliqués dans la gestion des villes.

Un outil au service des villes

L'Observatoire offre à toute ville qui le souhaite :

- une base d'échanges sur les bonnes pratiques observées à l'intérieur comme à l'extérieur du territoire ;
- un moyen de mesurer la cohérence de tout nouveau projet avec les actions déjà engagées, et des repères tangibles dans la perspective d'un aménagement de ville durable ;
- un outil d'aide à la décision pour des choix d'avenir durables ;
- une bourse de la part d'une des entreprises du développement durable.

> L'Observatoire Créa'Énergies communes des villes durables
> sera présenté par Créa'Énergie
> le 19 novembre 2009, à 11 h 30
> Espace Créa'Énergie Salon des Maires et des Collectivités Locales
> Porte de Versailles
> Différents intervenants extérieurs apporteront leurs témoignages
> sur l'intérêt de cet Observatoire

À propos de Créa'Énergie

L'un des premiers énergéticiens au niveau mondial, Créa'Énergie est présent sur l'ensemble de la chaîne de l'énergie, en électricité et en gaz naturel, de l'amont à l'aval. En inscrivant la croissance responsable au cœur de ses métiers (énergie, services à l'énergie et environnement), il se donne pour mission de relever les grands défis : répondre aux besoins en énergie, assurer la sécurité d'approvisionnement, lutter contre les changements climatiques et optimiser l'utilisation des ressources. Créa'Énergie s'appuie sur un portefeuille d'approvisionnement diversifié et un parc de production électrique flexible et performant pour proposer des solutions énergétiques innovantes aux particuliers, aux collectivités et aux entreprises. Le Groupe compte XXXXX collaborateurs pour un chiffre d'affaires en 2008 de XX milliards d'euros. Créa'Énergie est représenté dans les principaux indices internationaux : CAC 40, BEL 20, DJ Stoxx 50, DJ Euro Stoxx 50, Euronext 100, FTSE Eurotop 100, MSCI Europe et ASPI Eurozone.

Contacts presse
Créa'Énergie
Claire Paris
Tél. : XX XX XX XX XX
claire.paris@crea-energie.com

Poissons Pilotes
Odile Tardieu
Tél. : XX XX XX XX XX
otardieu@poissons-pilotes.fr

La tribune

Diagnostic

Qu'est-ce qu'une tribune ?

C'est un texte qui explique une question et argumente en donnant une visée à un propos.

C'est un texte signé, parfois accompagné d'une photo de son auteur et que l'on cherche à faire publier *in extenso* dans un journal.

À l'inverse du communiqué, du dossier ou de la note de presse qui sont rédigés par le chargé de communication ou son équipe, la tribune émane des plus hautes représentations de l'entreprise : le PDG, le président du directoire, du conseil d'administration…

Dans quel contexte est-elle utilisée ?

Le rôle premier d'une telle publication est d'apporter un point de vue si possible original sur un sujet donné, où celui qui la signe veut promouvoir une vision, un regard nouveau, différent.

Matrice

Méthode

Avoir un point de vue qui a une originalité et une pertinence. La rédaction d'une tribune n'est pas anodine.

Proposer une réflexion au lecteur.

La question est autant le sujet que la manière de le traiter.

Problématiser le sujet pour le faire sortir de la sphère spécifique de l'entreprise et toucher les thèmes de société essentiels ou de débat du moment.

Éléments indésirables

Vanter tel ou tel produit, telle ou telle solution, telle ou telle entreprise : si tel était le cas, le texte ne posséderait aucune chance d'être publié, les journaux ne sont pas conçus pour faire de la publicité.

Reprendre des informations creuses et stéréotypées que tout le monde connaît.

MES CONSEILS

- Il ne faut pas oublier que la publication n'est pas acquise. Il faut convaincre la rédaction du journal de faire paraître la tribune, il faut que l'on sente que vous êtes légitime pour exposer le point de vue que vous défendez.
- Si la publication est confirmée, se méfier des coupes qui pourront être pratiquées si le texte est jugé trop long.
- Pour être acceptée par la rédaction, la tribune doit obéir à une certaine objectivité et le propos tenu doit dépasser largement le cadre d'activité dont dépend son signataire.

CHECK-LIST

✓ Veiller à proposer une réflexion.
✓ Savoir transmettre une vision.

Tribune du directeur général d'Écoville/Écofrance sur le thème du rééquilibrage de l'Est nantais

Écoville/Écofrance

Rééquilibrage de l'Est nantais : mythe ou réalité ?

Par Dominique Bertrand, directeur général d'Écoville/Écofrance, l'organisme en charge de l'aménagement d'Écoville

La question du rééquilibrage de l'ouest vers l'Est nantais est le serpent de mer de la vie politique depuis plus de 30 ans. Année après année, les politiques se sont succédé pour appeler de leurs vœux un meilleur développement à l'est, tant sur le plan du logement que sur celui de la vie économique. Mais, depuis trois décennies, rien de concret, sur le long terme avec une vision d'ensemble, n'a réellement été pensé. Certes, des actions fortes et constructives ont été entreprises, comme la création des villes nouvelles à la fin des années 1960 ou la mise en service du RER M, puis d'Éole. Elles ont apporté certaines des conditions nécessaires à ce fameux rééquilibrage... tout en restant ponctuelles et limitées.

Du nécessaire renforcement de nos infrastructures

Développer un territoire suppose de bénéficier à la fois de logements et d'une activité économique conséquente pour lutter contre les villes dortoirs aujourd'hui stigmatisées.

Et, dans ce cadre, les infrastructures de transport sont capitales ; il suffit de regarder la réussite de villes mitoyennes nantaises comme Mariville et Alfort, qui ont bénéficié d'un essor exceptionnel une fois le métro étendu jusqu'à leur territoire.

Du point de vue de l'Est nantais, il est certain que des infrastructures de qualité existent ; mais elles reposent sur un schéma radial à partir duquel tous les axes convergent vers Nantes. Rien n'existe aujourd'hui en transversal.

Si l'on prend l'exemple d'une ville comme Écoville, nous bénéficions ainsi de deux trains régionaux circulant sur un axe parallèle est/ouest, sans équipement performant pour les relier du nord au sud, et sans moyen de liaison vers les autres banlieues.

Dans l'optique du développement de l'Est nantais, il est incontestable que le Grand Nantes apporte une première réponse concrète et de long terme ; le projet de métro automatique circulaire participe d'une vision nouvelle et positive d'une région nantaise polycentrique où Nantes ne serait plus l'unique point de convergence. Mais il faudra le compléter par des maillages internes de façon à ce qu'il irrigue largement les territoires.

Créer les conditions du développement économique

À partir de là, c'est à nous, acteurs de l'Est nantais, de savoir tirer parti de nos avantages, de savoir les mettre en avant pour convaincre les décideurs économiques de nous accompagner dans notre développement.

À Écoville, par exemple, nous pouvons nous appuyer sur la très bonne qualité de notre cadre de vie et nos nombreux espaces verts pour attirer des habitants… et des entreprises ; il est en effet illusoire de prétendre au développement d'un territoire sans activité économique et, pour cela, l'accessibilité, l'environnement et l'attractivité sont des critères centraux.

Prenons le cas de la Vallée d'Amérique d'Écoville, qui regroupe sur un même espace un pôle tourisme avec le parc Lego et un pôle tertiaire en développement. Ici, nous pouvons nous appuyer sur un cadre vert et accueillant, sur une connectivité exceptionnelle (route et rail, hub TGV notamment), mais aussi sur une très forte compétitivité : le mètre carré de bureau y est trois fois moins cher qu'à Yvert, avec un environnement autrement plus accueillant et toutes les infrastructures nécessaires aux entreprises.

Affirmer notre fierté envers notre territoire

Le rééquilibrage vers l'Est repose donc sur des décisions politiques comme celle exprimée à l'occasion du Grand Nantes.

Mais il suppose, aussi et surtout, une volonté forte de la part des habitants, des acteurs et des décideurs de l'Est nantais. «Aide-toi, le ciel t'aidera», dit le dicton : il faut que nous soyons tous convaincus des atouts de notre territoire et que nous ayons envie de nous battre pour le mettre en avant.

La stratégie de la victimisation qui a parfois prévalu, consistant à réclamer à grands cris du développement économique, a montré ses limites. Le développement économique ne se décrète pas, il se mérite. À nous de poursuivre la création des conditions de ce développement et à nous de le valoriser.

Lorsque, à l'image d'Écoville, nous disposons d'infrastructures performantes, d'un cadre de vie de qualité et d'un environnement économique et universitaire de premier ordre, nous devons sans complexe affirmer l'attractivité de notre territoire. Mieux, il faut en être fier et le revendiquer.

C'est aussi à cette condition que nous parviendrons à rééquilibrer la région nantaise.

Le portrait ou le parcours

Diagnostic

Qu'est-ce qu'un portrait ?

Genre assez courant en relations presse, le portrait nécessite une technique rédactionnelle spécifique. Il est souvent utilisé pour présenter de grandes personnalités, mais peut également parler de personnages de la vie quotidienne.

Réaliser un portrait ne signifie pas seulement écrire sur la vie de quelqu'un.

L'essentiel est de :

- savoir mettre en valeur les caractéristiques de la personne ;
- donner un style à la personne dont on parle ;
- rendre compte de ce qui la rend atypique, différente, particulière.

Différents types de portraits

Le portrait focus : il ressemble à un CV et nécessite une bonne documentation.

Le portrait classique : il est un parcours chronologique en plusieurs dates ; il rappelle les principales étapes d'une carrière.

Le portrait reportage : il est rempli d'anecdotes, d'images, de citations.

Le portrait enquête : plus factuel par son style plus distancié, il donne souvent la parole à des témoins extérieurs.

Le portrait biographique : il va à l'essentiel et est moins littéraire.

Le portrait littéraire : déjà écrit par son style de qualité, il apporte une valorisation.

Matrice

Méthode

Préparer un portrait. Il faut se renseigner sur la personne en réunissant tous les documents la concernant: témoignages, interviews... On doit avoir des informations sur sa vie, sa famille, ses influences, ce qui a pu l'orienter vers le destin qui fait qu'on parle d'elle aujourd'hui. Il s'agit de retenir ce qui est en rapport avec ce destin. Ensuite, il faut trouver des informations sur des faits majeurs de son parcours : un travail artistique, d'innovation médicale, scientifique, une action politique. Il faut comprendre quelle est l'importance de son parcours, pourquoi il est original, comment tout cela a commencé (une rencontre ? un événement marquant ?), puis comment ça s'est passé (succès immédiat, rejet, succès au bout d'un long moment...). Il faut comprendre également son travail actuel, son avenir, voir comment évolue sa carrière.

Mener l'entretien avec la personne en question. Il doit être long et approfondi. N'hésitez pas à laisser parler votre interlocuteur sans le couper (à la différence de l'interview).

Prendre des notes de la manière la plus discrète possible. La prise de notes peut freiner la confidence. Si quelques phrases fortes ou intimes sont prononcées, il est souhaitable de les garder en tête et de les noter seulement après l'entretien. L'utilisation d'un magnétophone peut se révéler utile.

Rédiger le portrait. Choisir un angle. Soigner le titre et penser l'accroche qui va attirer l'attention du lecteur.

MES CONSEILS

- Lorsque vous avez à faire un portrait, le but n'est pas de raconter à quel âge la personne a su parler ou quel était le nom de sa première conquête (sauf si cela a eu une influence sur son parcours). Il faut toujours garder en mémoire que le portrait doit être clair, simple, précis, construit et concis. Il ne faut donc relever que des choses pertinentes.
- Pour vous inspirer, lisez les portraits à votre disposition dans les quotidiens ou les hebdomadaires.
- Essayez de rencontrer la personne hors de son lieu quotidien de travail, dans un lieu neutre. La personne se détendra et se dévoilera plus.
- Les illustrations, notamment le portrait de la personne, peuvent permettre de donner une certaine réalité au texte.

CHECK-LIST

✓ Ne prendre que les événements qui ont marqué la personnalité médiatique profondément, sachant qu'ils peuvent être de tout ordre.

✓ Suivre un ordre chronologique et logique dans le portrait pour percevoir les transformations. Ne pas traiter à part des éléments qui sont liés.

✓ Choisir les points reliefs.

✓ Voir quel est l'entourage de cette personne.

Cas pratique

Portrait classique de Jeanne Bordeau

Jeanne Bordeau et l'Institut de la Qualité de l'Expression

Fondatrice et directrice de l'Institut de la Qualité de l'Expression.

Créatrice d'un blog : http://blog.institut-expression.com

Enseignante à Paris V et à l'école Holden en Italie, à l'école d'Alessandro Baricco, ainsi qu'à l'École nationale supérieure de la création industrielle (ENSCI) qui forme des designers.

Conférencière, auteur d'une collection de six livres aux Éditions d'Organisation, sur le thème du langage et de la communication.

Artiste qui expose régulièrement des « tableaux de mots » à la Galerie Verneuil Saint-Père (Paris), œuvres qui mettent en scène les mots des médias les plus utilisés ou les plus rares.

Déjà auteur de quatre ouvrages dont deux régulièrement réédités[1], Jeanne Bordeau rédige sur le langage des entreprises des articles tant dans *L'Expansion* que dans *Stratégies* ou *Médium*, la revue du philosophe Régis Debray. Elle aura par ailleurs publié deux nouveaux ouvrages en 2010.

Fondatrice de L'Institut de la Qualité de l'Expression[2] et de Press'Publica[3], Jeanne Bordeau réalise de nombreux audits sémantiques pour des grandes entreprises et institutions telles que la SNCF, La Poste, GDF Suez ou MMA, mais aussi pour des PME, des jeunes créateurs d'entreprise, des instituts ou des think tanks. Ces travaux sur le langage forment un matériau original à partir duquel, avec ses équipes, elle fonde les stratégies de langages de l'entreprise et/ou de sa(ses) marque(s).

Inventive et femme de méthodes, Jeanne Bordeau a récemment lancé MediaTexte, un bureau de presse sémantique qu'elle destine aux grandes marques internationales. Elle a créé entre autres pour le ministère des Finances et La Poste un Baromètre de mesure de la qualité de l'écrit, et propose aux directions des entreprises l'Oraloscope, un outil de mesure

---

1. *L'Art des relations presse* (2004) et *Le Dossier et le communiqué de presse* (2008) publiés aux Éditions d'Organisation.

2. Bureau de style en langage tourné vers les entreprises et institutions en quête de progrès dans la langue écrite et orale.

3. Structure de communication d'influence, qui met en œuvre des stratégies de communication en direction de cibles délicates.

de l'expression orale permettant d'auditer et de diagnostiquer les troubles du langage oral.

Le travail de Jeanne Bordeau a été reconnu en 1998. Elle a reçu le Mot d'or de l'Apfa (Actions pour promouvoir le français des affaires) pour le livre *Des plumes au courant*, conçu comme un ouvrage de storytelling au bénéfice de la société Legrand, mais aussi le prix UJJEF en 2003 du Meilleur dossier de presse, qui traitait d'un sujet délicat dans l'univers du développement durable.

Jeanne Bordeau réalise également de nombreuses études sur le lien entre langage et entreprise (« Le langage des RH », La qualité du discours des entreprises du CAC 40, « Les mots du Web »...) qu'elle commente à l'occasion des Ateliers bimestriels de l'Institut. Elle tient un blog, http://blog. institut-expression.com, où elle commente les tendances du langage et anime depuis 2009 une école de rhétorique en ligne pour les dirigeants (également en ligne sur le site de *L'Expansion*, www.lexpansion.com). Sans oublier ses interventions comme conférencière et enseignante à la Sorbonne, à l'École Holden de Turin – première école d'expression en Europe – ou encore à l'ENSCI qui forme certains des designers français.

Enfin, Jeanne est artiste. Qualifiée de « lexicopicturaliste », par le lexicologue Jean Pruvost – Prix de l'Académie française – Jeanne Bordeau met en image, sans chercher l'exhaustivité, les mots de la presse qui « figurent » les concepts qu'ils expriment. Si elle brasse des milliers de pages de magazines, quotidiens et publications d'origines française et étrangère, c'est dans le but de comprendre le bruit de l'époque et du langage. À la suite de cette « communion » avec les mots, Jeanne Bordeau hiérarchise, sélectionne et pense ses tableaux autour de thèmes marquant l'actualité et les enjeux de la société. Dix thèmes précis sont ainsi présentés chaque année afin de fonder un véritable observatoire historique et sociologique de l'évolution des tendances : politique, crise, économie, société, ressources humaines, développement durable, femme, culture, communication et verbes. Une œuvre artistique qui va jusqu'à séduire de nombreuses entreprises, qui lui commandent leur propre tableau de mots pour inscrire la mémoire de leur langage.

Cas pratique

Portrait reportage de Jeanne Bordeau

Portrait de Jeanne Bordeau

Itinéraire d'une styliste en langage : Madame de Sévigné du business, femme de conviction, artiste du langage

Madame de Sévigné du Business

« L'oral est aussi important que l'écrit », pense Jeanne Bordeau qui a fondé en :

1991 : Talents et Compagnie, une agence spécialisée dans la qualité du langage et les stratégies de prises de parole délicates ;

2004 : l'Institut de la Qualité de l'Expression, un bureau de style en langage. Parce que l'époque est marquée par la rapidité d'Internet, Jeanne Bordeau crée l'Institut qui développe durablement les mots, les langages des entreprises et des décideurs. L'Institut invente également dans le conseil linguistique la création de chartes sémantiques pour apporter de la cohérence aux langages d'entreprise. Ainsi est née une nouvelle approche de la communication centrée sur les stratégies de langage ;

2009 : la première École de rhétorique en ligne en partenariat avec *L'Expansion*, accessible à tous sur www.lexpansion.com. Jeanne guide l'internaute grâce à des pastilles vidéos illustrées d'exemples pratiques.

« J'aime à colorier le monde de l'économie », explique Jeanne, qui a conçu des chantiers de communication, par exemple :

- créer des ateliers d'écriture avec le ministère de l'Économie et des Finances pour irriguer de mots compréhensibles la loi organique relative aux lois de finances ;

- réunir des écrivains comme Amélie Nothomb, Marc Lambron, Philippe Sollers, Yann Queffélec, Tahar Ben Jelloun, pour rédiger un livre baptisé *Des plumes au courant* au bénéfice de la société Legrand, numéro un mondial de l'appareillage électrique. Initiative récompensée par Le Mot d'or qui lui est décerné en 1998 par l'APFA (Actions pour promouvoir le français des affaires) ;

- aider des grandes entreprises comme La Poste ou la SNCF dans la manière d'écrire des lettres de réponse aux courriers de réclamations. Objectif : re-irriguer dans ces lettres un style qui illustre l'identité de l'entreprise.

« Je suis parfois comme une Ariane dans le labyrinthe des mots », indique Jeanne, qui a inventé des outils originaux au service du langage :

- le MediaTexte : un bureau de presse qu'elle destine aux grandes marques internationales ;

- le Baromètre de mesure de la qualité de l'écrit, utilisé par La Poste et le ministère de l'Économie et des Finances ;

- l'Oraloscope : un outil de mesure de l'expression orale permettant d'auditer puis diagnostiquer les troubles du langage oral des dirigeants ;

- des chartes sémantiques.

En 2004, Jeanne Bordeau a reçu le prix UJJEF du Meilleur dossier de presse (Novergie/Suez). Elle a été l'une des premières à identifier puis proposer la méthode dite du storytelling.

Femme de conviction

« Je préfère m'acheter moins de robes et m'engager concrètement », répète souvent Jeanne qui s'implique dans des combats variés comme :

- la création de l'*Alphabet des mots du cancer* pour aider à la compréhension de cette maladie par le patient et son entourage ;

- le lancement d'une série d'études ethnologiques pour comprendre comment le patient affronte son cancer à l'hôpital. Un premier volet de ce travail réalisé par des ethnologues est déjà publié, et observe comment le malade reformule la notion de temps ;

- membre de l'Association des amis de la Maison européenne de la photographie, de la Société des amis de Colette, de l'association Maison d'école et de l'écrivain Catherine Paysan, marraine de Wimadame (l'entreprenariat féminin) ;

- une intervention mensuelle sur Canal Académie, la webradio de l'Académie française pour l'émission « L'oreille aux aguets », une petite conversation espiègle autour de la langue ;

- le soutien au festival Le Nombril du monde de Pougne-Hérisson (79), qui chaque été transporte des milliers de personnes dans le monde des contes ;

- l'organisation de conférences pour transmettre le langage au monde de l'entreprise, aux créateurs de demain (interventions à l'ENSCI-École nationale de la création industrielle ; enseignement à l'École Holden de Turin, la première école de langage en Europe créée par l'écrivain Alessandro Baricco ; enseignement à l'université Paris V - Sorbonne) ;

- le soutien à la Journée des dictionnaires à Cergy-Pontoise, organisée par Jean Pruvost, directeur adjoint d'un laboratoire de linguistique du CNRS, lexicologue et prix de l'Académie française.

Artiste du langage

«Si je devais avoir une devise, je ferais mienne cette citation de Victor Hugo à propos de Léopoldine, sa fille aînée: «C'était un esprit avant d'être une femme», confie Jeanne au fil de ses envies artistiques alors qu'elle sait être sensible, créative, féminine et pleine d'esprit.

Les tableaux de mots recensent, de façon artistique, l'esprit des mots de l'époque. Ils donnent lieu à des livrets de tendance et prennent valeur de témoignage.

Réflexion autour de contenus créatifs pour mettre en scène les mots, cours de storytelling.

Animation d'un blog qui livre régulièrement des tableaux de mots inédits et des billets sur les tendances du langage : http://blog.institut-expression.com/

Portrait littéraire de Jeanne Bordeau

Portrait de Jeanne Bordeau
vue par Alain Etchegoyen, écrivain et philosophe

Identification d'une femme

Jeanne Bordeau est une femme difficile à définir. Elle qui aime tant définir les mots fait penser à ce film d'Antonioni, *Identification d'une femme*, dans lequel les hommes se désespèrent de ne pouvoir définir, identifier la personnalité de celle qu'ils aiment. Difficile d'en faire le portrait car elle ne reste jamais immobile. Passionnée par la langue française, qui est l'objet même de ses plus ardentes activités, Jeanne Bordeau dispose en fait d'une formation américaine : dès son bac, elle part aux États-Unis grâce à une bourse que lui avaient valu ses succès scolaires. Son aisance dans l'usage de la langue anglaise la fait apprécier des dirigeants français lorsqu'ils reçoivent à Paris le patron américain de leur maison-mère. Ils trouvent à qui parler et à qui répondre.

Une étonnante Sarthoise

On pourrait la croire parisienne bon teint puisqu'elle réussit à faire travailler ensemble des intellectuels très en vogue comme Marc Lambron, Philippe Sollers, Yann Queffélec ou Amélie Nothomb pour l'histoire de l'entreprise Legrand. Elle écrivait sur les livres pour *Le Figaro,* et fréquentait les libéraux dans l'opération «Printemps 86» qui préparait les législatives. Elle est en fait profondément sarthoise puisque son patronyme *Bordeau* sans «x» lui vient de Bordeau-Chesnel, l'entreprise de rillettes que son père a développée. «Nous n'avons pas les mêmes valeurs» est un slogan qui lui va comme un gant, car elle semble toujours ailleurs. Elle parle avec élégance, déteste les mots trop familiers, apprécie le voussoiement puis, tout à coup, semble s'égarer dans ses pensées, dans un monde d'émotions qui lui semble très intense. On n'oserait pourtant la dire distraite ou légère car toute sa rigueur se déploie dans l'élaboration de ces «chartes sémantiques» et de ces «matrices argumentaires» dont elle discourt avec conviction, en multipliant les exemples… mais cette rigueur n'a pas la tristesse d'un hiver rigoureux. Avec elle, les phrases semblent toujours douces et calmes, sereines et voluptueuses, voire enveloppantes, dans la dissémination de mots charnus et vigoureux. Et toujours, au détour d'une phrase ou d'un souvenir, vous n'échapperez pas à l'évocation de son père disparu.

Sa dernière création : « l'Institut», comme elle dit

Elle travaille depuis des années sur le langage. Elle a dirigé un groupe d'édition européen avant de créer son agence de communication Talents et Compagnie. Mais en 2004, elle prend une initiative qui change de dimension ses entreprises : elle crée l'Institut de la Qualité de l'Expression, entourée de sages, d'écrivains, d'artistes et de philosophes. Est-ce une entreprise ? Sans doute puisqu'elle passe des contrats avec des PME de la France profonde comme avec des grands groupes et même des administrations qui nous réclament sans vergogne des contributions directes et indirectes ! Est-ce du mécénat ? certainement, puisqu'elle aide des artistes de son pays comme Catherine Paysan ou un romancier un peu fou qui fait le tour de France ! Est-ce de la communication ? sans aucun doute aussi puisque Jeanne Bordeau va publier un livre sur le métier des relations presse : elle pense que le langage est le cœur de la communication au sens le plus noble du terme, «communiquer, c'est rendre commun», dit-elle, loin des paillettes et des supports trop légers à force d'être sophistiqués. Jeanne Bordeau garde de la Sarthe et de son père l'obsession des contenus, le goût des bonnes choses et de tout ce qui concerne l'alimentation : ainsi s'est-elle occupée des crises qui ont affecté Buffalo Grill et la filière aviaire.

Littéraire et chef d'entreprise

Les hommes, mais aussi les femmes, la disent belle et élégante. Ne lui demandez pas son âge, elle vous le dirait tout de suite, sachant que vous lui donniez dix années de moins ! Dans une société où la spécialisation gagne tous les jours les esprits, on aime voir une femme, un chef d'entreprise, entourée de photos d'écrivains, toujours fascinée par Colette et Victor Hugo, toujours inquiète de Léopoldine au point de passer une partie de son temps près de Villequier, dans la reculée presqu'île de Brotonne. Car Jeanne Bordeau préfère la campagne la plus calme et la plus déserte aux lieux où se pressent les foules. Chaque fois qu'un de ses amis, admirant l'herbe verte et grasse, déplore en même temps qu'il pleuve ce jour où il vient la voir, elle lâche le joli mot de Pierre Dac : «Il vaut mieux qu'il pleuve aujourd'hui qu'un jour où il fait beau.» L'ami sourit toujours, affirme-t-elle. Et comme elle soutient le climat fertile en souriant elle-même, on se met à aimer la pluie. «Elle ne mouille que les cons», grommelle Kersauson... Mais Jeanne n'aime pas beaucoup ce parler-là... ça se voit à une légère et subreptice grimace de son nez retroussé.

La lettre d'information (newsletter)

Diagnostic

Qu'est-ce qu'une lettre d'information ?

Une lettre d'information est un bulletin envoyé périodiquement à des alliés d'une entreprise ou d'une institution qui l'émet.

Elle est composée de textes, d'illustrations et peut contenir des liens renvoyant vers le site de l'entreprise ou de l'institution émettrice. Son contenu peut être varié, allant d'un sujet d'actualité à un témoignage en passant par l'interview d'un prescripteur.

À qui est-elle destinée ?

Au réseau de l'entreprise ou de l'institution (clients réguliers, prescripteurs d'opinion, alliés de l'entreprise) et aux journalistes.

Dans quel contexte est-elle utilisée ?

Pour informer le réseau de son actualité.

Pour maintenir un contact régulier avec son réseau.

Pour augmenter le trafic sur le site de l'entreprise, en incitant par la lettre d'information à le visiter.

Quels sont ses avantages ?

La lettre d'information est un très bon moyen d'entretenir la relation avec les alliés et les journalistes qui, par la réception d'informations régulières, apprennent à connaître les activités de l'entreprise émettrice.

La parution régulière d'une lettre d'information permet à l'entreprise de rester présente auprès de cibles importantes, notamment des journalistes qui garderont l'entreprise en tête comme interlocuteur privilégié pour les sujets proposés dans la newsletter.

Une bonne lettre d'information est non seulement diffusée à un fichier ciblé, mais est également relayée à ses nouveaux contacts. Si une lettre d'information est bien écrite, elle attire beaucoup de lecteurs et fait parler d'elle. Elle crée une régularité et fidélise un réseau.

Matrice

Méthode

Créer un fichier pertinent

Le fichier de la lettre d'information est essentiel.

Toutes les personnes ciblées recevront régulièrement la lettre d'information et l'interpréteront de manière différente selon le lien qu'elles ont avec l'entreprise. Les alliés verront la lettre d'information comme un outil de suivi, les journalistes comme une lettre d'actualités, les prospects comme une vitrine des compétences de l'entreprise.

Il est donc important de bien définir son fichier et surtout de l'alimenter régulièrement.

Définir une ligne éditoriale précise

Une lettre d'information doit avoir un axe éditorial fort.

Les rubriques doivent être réfléchies et le contenu doit s'articuler avec une certaine cohérence.

Créer le contenu de la lettre d'information

Le titre de la lettre d'information doit être personnalisé et explicite. Un titre, idéalement court, reflète le contenu de la lettre d'information et incite le lecteur à la lire. Il faut également structurer la lettre d'information avec des titres et des sous-titres.

Pour le contenu, il faut préférer les textes courts (pour une lecture rapide et agréable), clairs, directs (pour aller à l'essentiel), bien structurés (pour que le lecteur puisse piocher ce qui l'intéresse), différents du site (pour être complémentaires), et qui ciblent les personnes qui reçoivent cet e-mail. Il faut créer un contenu intéressant, qui donne envie d'être partagé.

La lettre d'information ne doit pas contenir trop d'images car elle passera directement à la corbeille si le temps de chargement est trop long.

Envoi de la lettre d'information et suivi des réceptions

Sur le site Internet de l'entreprise, il est essentiel d'ajouter une rubrique « S'inscrire à la lettre d'information », en simplifiant au maximum le processus d'inscription.

Il faut également communiquer sur la lettre d'information, en rappelant son existence dans les mails, sur les factures, en mettant les anciens exemplaires en ligne sur le site de l'entreprise.

N.B. : la majorité des lettres d'information est envoyée par mail. Il faut donc porter une grande attention à l'écriture de l'objet du mail qui incite souvent les internautes à ouvrir l'e-mail de la lettre d'information. Pour être efficace, l'objet doit être court.

Les obligations légales

Il faut impérativement permettre à l'internaute de se désabonner. Lorsqu'il y a plusieurs dizaines d'inscrits à une lettre d'information, la gestion automatisée des désinscriptions peut s'avérer nécessaire. On peut aussi envoyer un mail de bienvenue aux internautes nouvellement abonnés à la lettre d'information pour leur confirmer leur abonnement et expliquer la procédure de désabonnement.

Éléments indésirables

Mettre de la publicité tout en haut de la lettre d'information, ce qui risque de décrédibiliser son contenu.

Surcharger la lettre d'information par des formats animés.

Envoyer la lettre d'information à des destinataires de façon régulière sans leur accord préalable.

Utiliser l'adresse e-mail classique qui ne donne pas un aspect professionnel à sa lettre d'information. L'idéal consiste à utiliser une adresse e-mail spécifique à l'envoi de la lettre d'information, type newsletter@entreprise.com

- Valoriser les contenus importants. Les informations jugées importantes pour l'entreprise ou susceptibles d'intéresser les abonnés doivent être placées tout en haut de la lettre d'information.
- Écrire de façon explicite. La lettre d'information ne doit être ni trop longue ni trop chargée. Mais elle ne doit pas être vide pour autant avec un seul lien redirigeant vers le site émetteur pour consulter les contenus.
- Soigner le nom de l'expéditeur. De même que logos, bandeau, etc., ils doivent figurer en bonne place sur la lettre d'information, il peut être souhaitable de placer au sommet de la lettre d'information un lien invitant les abonnés à contacter directement l'entreprise.
- Attention à la maquette, car concevoir une lettre d'information ne dépend pas seulement des contenus. Dans un monde où les boîtes électroniques sont surchargées par les spams et les courriers promotionnels, la visibilité des lettres d'information peut être fortement compromise.
- Une lettre d'information doit impérativement être régulière, et cette régularité devrait même être précisée au moment de l'inscription. Quelle que soit la période définie, il faut s'y tenir.
- Pour mieux gérer un envoi de masse, il faut diviser une grande liste en plusieurs petites. Cela permet de faire attention aux erreurs d'envois. Et, surtout, d'éviter d'envoyer la lettre d'information à quelqu'un qui l'aurait déjà reçue.
- Il ne faut pas confondre la lettre d'information avec les campagnes de promotion. La lettre d'information ne peut pas être envoyée à chaque fois que l'entreprise veut attirer de nouveaux clients.
- Le moment de lecture est à penser. La lettre d'information envoyée en plein milieu de la journée ne sera peut-être pas ouverte ou consultée soigneusement. Un e-mail reçu le soir ou le matin est plus facilement consulté.

CHECK-LIST

✓ La lettre d'information répond à des normes de fond, de forme, et d'envoi qu'il convient de respecter.

✓ Penser au graphisme et aux illustrations : faire un e-mail qui ne contient que du texte n'invite pas à la lecture.

✓ La maquette a pour objectif la lisibilité du contenu. Cette maquette doit respecter la charte graphique et l'identité visuelle de l'entreprise.

✓ L'axe éditorial du site doit être conservé sous risque de désintéresser les abonnés.

✓ Une lettre d'information n'est pas une publicité. Elle doit posséder un véritable contenu et apporter des faits, des chiffres et des nouveautés aux lecteurs. Personne ne prendrait le temps de lire régulièrement un prospectus publicitaire.

✓ Respecter la périodicité de la newsletter. La lettre d'information doit être adressée à la fin ou au début du mois.

Cas pratique

Lettre d'information de Poissons Pilotes, agence de communication

Newsletter janvier 2009

Édito

Tous mes vœux de bonheur pour cette année qui débute !

Que d'épreuves ont marqué cette année 2009 : une crise économique qui perdure, du stress au travail, la grippe A, de nombreux décès d'icônes...

Faut-il tirer un trait ? Faut-il tout oublier ? Je ne le pense pas.

Cette année encore les tableaux de mots que je réalise à partir de la revue de presse de l'année effectuée par Poissons Pilotes illustreront les grandes tendances des mots des médias qui ont scandé cette année passée.

Bonne lecture,
Julia Declaire

Écho : Les réseaux sociaux : chance ou menace pour l'entreprise

Réseaux sociaux > sécurité > cybercriminalité > opportunité > lien > partage d'expérience

Face à l'émergence des réseaux sociaux, les avis divergent.

Pour les uns, les nouvelles opportunités offertes par la technologie menacent la sécurité des réseaux de l'entreprise. Pour les autres, les bénéfices ne se comptent plus.

Une menace...

Les réseaux sociaux développeraient-ils la cybercriminalité ? Assurément, à en croire les 40 % d'entreprises qui interdisent à leurs salariés de se promener sur ces sites.

En effet, la plupart de ces sites reposent sur la technologie du Web 2.0 et deviennent alors la cible privilégiée des spécialistes des virus.

Raimund Genes de Trend Micro soutient que le courrier électronique n'est plus le seul vecteur de diffusion de la cybercriminalité. Les menaces se nichent de plus en plus souvent sur les sites Web 2.0.

... ou une chance pour l'entreprise ?

Au-delà de ces menaces, les réseaux jouent un rôle social au sein d'une entreprise.

De même que dans le privé, les internautes tissent des liens et se créent des amis : dans le milieu du travail, les salariés d'un même groupe entrent en contact, communiquent et se rapprochent. Ils partagent alors leur compétence et leurs expériences.

Ainsi circulent les savoirs, capital précieux d'une structure. Les réseaux sociaux développent donc le sentiment d'appartenance.

Comment trancher ?

L'ÉTUDE SUR LES MOTS DU WEB

- Poissons Pilotes s'est intéressé aux mots du Web à travers une étude qui montre l'évolution de la langue au contact des nouvelles technologies.

- On s'aperçoit que le Web s'exprime par métaphores : un univers marin se dessine sur un réseau où l'« internaute » « navigue » et « surfe ».

- Des mots nouveaux sont créés comme clic, buzz ou chat. D'autres voient leurs sens enrichis. Ainsi, partager ou ami évoluent avec le net.

- Enfin le Web s'approprie des mots et les fait siens : connecter par exemple n'évoque plus que le monde informatique.

Question à Julia Declaire

Pourquoi confond-on, dans un plan de communication, la communication institutionnelle et la communication produit ?

Différents publics > image > mobiliser > séduire > complémentaire

Communication institutionnelle

La communication institutionnelle crée un lien de sympathie avec ses différents publics. Une image valorisée et séductrice accentue les signes de détermination et d'ambition que l'entreprise envoie. Les relations commerciales n'en sont que plus facilitées. La communication institutionnelle rassure les partenaires, mais permet aussi de motiver et mobiliser les salariés.

Communication produit

La communication produit est, à l'inverse, essentiellement externe : elle s'adresse à un client qu'elle cherche à séduire pour l'intéresser au produit. L'objectif principal est donc commercial. Mais la communication produit rend aussi une marque attrayante en vantant ses performances et les valeurs qu'elle véhicule.

Deux communications différentes

L'opposition entre ces deux formes de communication doit être nuancée car lorsque l'entreprise fait une communication institutionnelle, il y a une incidence sur l'ensemble de ses produits. De même, une communication produit aide à forger l'image de l'entreprise.

Les deux communications sont complémentaires.

À LIRE

Dominique Wolton, Informer n'est pas communiquer, CNRS Éditions, 2009.

- Informer n'est pas communiquer ? Étonnante opposition quand tout nous pousse à croire que l'un ne va pas sans l'autre. Pourtant Dominique Wolton souligne ce paradoxe : s'il y a de plus en plus d'information, il y a aussi de plus en plus d'« incommunicabilité ».

- « Produire de l'information, en échanger ou y accéder ne suffit plus à communiquer », affirme-t-il. Il faut partager ce que l'on a en commun mais aussi accepter les différences qui nous séparent. « C'est pourquoi la communication devient une des grandes questions de la paix et de la guerre de demain. » Une belle leçon de tolérance.

Philippe Breton, Éloge de la parole, La Découverte, 2003.

- Avons-nous conscience de tout ce que nous permet de faire la parole ?

- Utilisons-nous toutes les ressources de cette capacité extraordinairement et spécifiquement humaine ?

- C'est à la réponse à ces questions, moins triviales qu'il n'y paraît, que s'attache Philippe Breton dans ce livre, où il explore les immenses possibilités de la parole, à la fois sur le plan professionnel et sur le plan social.

- Surtout, et c'est le principal objet de ce livre, il explique comment surmonter les obstacles qui s'opposent aujourd'hui au plein déploiement du pouvoir de la parole.

Zoom Client : UESTS

Rapprocher les sciences et la société, tel est le but de l'Université des Études supérieures technologiques et scientifiques – UESTS – fondé il y a trois ans.

Depuis deux ans, Poissons Pilotes aide l'UESTS à affirmer son identité. Ensemble, ils cherchent à faire connaître les cycles de formations proposés par l'UESTS et à diffuser les réflexions de qualité menées par les auditeurs.

L'UESTS s'est développée de manière intelligente et cohérente, notamment avec la création des *Discussions*, moments de débat qui réunissent des interlocuteurs prestigieux.

C'est ce bilan constructif qui sera exposé le 12 janvier prochain à l'occasion des Vœux 2010 de l'UESTS.

Lettre d'information de l'Institut du leadership

Newsletter
Numéro 1 – novembre 2009-décembre 2010

Bienvenue,

L'Institut du leadership est né en 2009.

Cet espace de réflexion ouvert sur le monde a pour vocation d'accompagner les cadres supérieurs et dirigeants. Comment? En procurant à chacun de nouvelles connaissances en matière de management, de sociologie, de psychologie et d'économie mondiale. L'Institut du leadership cherche ainsi à apporter à ses membres des « connaissances alliées » qui contribueront à renforcer la réactivité des équipes de cadres, à fluidifier les organisations et à anticiper les besoins du monde de demain.

Cette newsletter vous informera régulièrement des événements et des projets qui mobilisent les cadres scientifiques et administratifs d'IL. Nous vous en souhaitons une bonne lecture.

Catherine Mollet
Directrice de l'Institut du leadership

**De Paris à Barcelone en passant par Toulouse :
le séminaire des cadres à haut potentiel**

Ce séminaire a réuni dès le mois de septembre 2009 treize cadres à haut potentiel. Repérés par leur direction et représentant la diversité d'IL, ils constituent un vivier dans lequel les profils à promouvoir sont décelés.

Durant trois semaines, ces participants, d'une moyenne d'âge de 40 ans, ont pu débattre, réfléchir, échanger, élargir leurs points de vue sur l'environnement européen de l'IL, à partir du thème de réflexion : « Recherche, innovation, société, une question du XXIe siècle ».

Deux villes ont accueilli le séminaire des cadres à haut potentiel :

– Lyon : visites du Cancéropôle, du CNES et du site de l'Airbus A380; dialogue avec des élus du Conseil régional; séance de perfectionnement du langage;

– Paris : discussions avec des représentants du ministère de la Recherche et du Conseil régional d'Ile-de-France, du Débat public et du Centre de Neurovirologie du CEA.

Les treize cadres à haut potentiel ont présenté leurs propositions d'actions en vue d'améliorer le dialogue entre économie, science et société devant le comité Exécutif de leur entreprise.

Cas pratique

Question express à Arthur Minelli[1],
conseiller de direction générale à l'Institut du leadership

Quel regard portez-vous sur le séminaire des cadres à haut potentiel mis en place par l'Institut du leadership ?

Nous conseillons plusieurs grands groupes et je dois vous dire que les cadres à haut potentiel d'IL ont des questionnements et des interventions comparables au CAC 40 et au SBF 120. Ils partagent une même énergie, un appétit de développement et de prise de responsabilité.

Ce qui est passionnant à l'IL, c'est de rencontrer et d'échanger avec des managers qui sont aussi les plus grands experts scientifiques de notre pays. De ce fait, l'Institut du leadership a pour mission de concilier, dans la préparation des futurs dirigeants, management et expertise. C'est une belle aventure !

Vos contacts

Institut du leadership

8, avenue de Wagram

75017 Paris

Tél. : XX XX XX XX XX

E-mail : institut.management@ilm-dir.fr

Directrice : Mme Catherine Mollet

---

1. Arthur Minelli est directeur d'IFFP (Institut de Formation à la Fonction Personnel), et professeur à l'Université Paris XXI.

Le «3 questions à...»

Diagnostic

Qu'est-ce qu'un «3 questions à...»?

Le «3 questions à...» est la retranscription résumée de l'interview d'un porte-parole de l'entreprise sur un sujet donné.

Il ne s'agit pas d'un «questions/réponses» (cf. page 70) car on traite d'un sujet précis de façon plus succinte. De plus, la personne mise en avant est présentée en tant qu'expert.

Dans quel contexte est-il utilisé?

Il s'agit là d'un papier d'expertise plus que d'une interview qui réagit sur l'actualité.

On peut utiliser un «3 questions à...» pour présenter une publication d'étude, le lancement d'une innovation, le point de vue d'un dirigeant sur le positionnement de son entreprise...

Matrice

Méthode

Définir le bon porte-parole de l'entreprise à questionner en fonction du sujet traité.

Définir les axes du message qui permettront de déterminer les questions à poser au porte-parole de l'entreprise.

Mener l'entretien avec la personne interviewée.

Relifter le texte afin d'adapter l'interview à la version écrite.

Éléments facultatifs

On peut insérer un deuxième interlocuteur dans le «3 questions à...», mais il faut bien différencier les réponses afin qu'il n'y ait ni répétitions ni cacophonie.

Éléments indésirables

Les questions posées ne doivent pas être fermées, auquel cas l'interlocuteur ne pourra pas développer son sujet.

MES CONSEILS

- Reformuler et requalifier les propos s'il s'agit d'un entretien libre, afin de le transformer en « 3 questions à… ».
- Laisser le porte-parole s'exprimer. S'il dérive sur un autre sujet que celui relié à la question, ne pas hésiter à reformuler une question.
- Mettre en avant le porte-parole. Le faire se présenter, parler de son activité, de son implication dans certains projets va lui donner envie d'être explicite. Le « 3 questions à… » n'est pas une interview, il doit laisser le champ large à la personne interrogée.

CHECK-LIST

✓ Préparer ses questions en fonction de l'axe que l'on souhaite prendre.
✓ Laisser s'exprimer au maximum l'interlocuteur de l'entreprise.
✓ Relifter les textes.

« 3 questions à... »
à propos de la parution d'une étude RH

L'absentéisme au travail : origines et solutions

L'association Emploi&Carrières, implantée à Paris, Lyon et Nantes, œuvre depuis quarante ans à la qualité du travail RH. Elle s'appuie sur une démarche collective où l'écoute, le conseil, la confrontation d'avis débouchent sur de nouvelles perspectives de travail. Ainsi, une trentaine d'experts analysent, dialoguent, publient et interviennent auprès des 130 entreprises de son réseau issues pour la moitié du CAC 40. L'action internationale d'E&C compte de nombreux partenaires notamment aux États-Unis, au Canada et en Grande-Bretagne. C'est cette intelligence collective qui enrichit l'ensemble de la communauté RH.

Le 20 mars prochain, E&C organise sous l'autorité de Pierre Monet, chercheur en sociologie au Centre Edgar-Poe et chef de projet dans l'association, un petit déjeuner-débat consacré au thème de l'absentéisme. Cette manifestation présentera deux publications : une étude menée par Pierre Monet «Pourquoi l'absentéisme?» ainsi que l'E&C pratiques d'entreprises intitulée «Réduire l'absentéisme, oui mais comment?»

3 questions à Pierre Monet

Pourquoi s'intéresser aujourd'hui à l'absentéisme en entreprise? Serait-ce un problème contemporain et... français?

C'est un phénomène mondial. Mais, si toutes les sociétés se plaignent de l'absentéisme, la France détient le record... alors que nous détenons déjà le record du nombre de jours de congés! Les entreprises multinationales le constatent : le taux d'absentéisme des filiales françaises est généralement supérieur à celui des filiales situées dans les pays anglo-saxons ou en Europe du Nord.

La modernité du cas français s'explique en partie par un aspect législatif : la mise en place des 35 heures. D'une part, les travailleurs prenant goût aux week-ends de trois jours grâce aux RTT s'arrêtent plus facilement, voire abusent du système. D'autre part, l'accélération du rythme de la productivité (accomplir en 35 heures les mêmes tâches qu'en 39) exténue les plus fragiles. Un aspect culturel complète le tableau. Les relations sociales en France sont souvent conflictuelles, l'absence est justement un moyen d'exprimer son mécontentement. Dès lors, peu d'entreprises osent affronter le sujet par crainte d'une détérioration du climat social avec les syndicats. Pourtant, l'absentéisme est reparti à la hausse depuis 2007. Il représente un coût important pesant sur la compétitivité des entreprises, surtout en temps de crise économique.

L'absentéisme caractérise donc l'entreprise française. Témoigne-t-il d'un symptôme de dysfonctionnement de l'entreprise ?

Il est fréquent de croire que l'absentéisme relève d'un abus du salarié. Toutes les études sur le sujet montrent en réalité que 94 % des absences pour maladie sont justifiées contre 6 % d'abus manifestes. L'absentéisme camoufle donc des thèmes connexes : des rapports houleux entre collègues, des relations difficiles avec un supérieur hiérarchique, des conditions de travail qui se détériorent, trop de stress, de pression. Il semblerait donc que l'entreprise coproduise l'absentéisme.

Le problème apparaît effectivement complexe ! Doit-on pour autant évoquer une fatalité ?

Surtout pas ! C'est la raison de ma recherche. Trop de DRH se réfugient sous l'égide de la fatalité au lieu d'agir, ou bien ils mettent en pratique des plans « répressifs » souvent inefficaces. Il faut au contraire conduire une démarche sur mesure. Force est de constater que certaines entreprises ont relevé et gagné le défi. Laurent Bulot, responsable RH d'AFP International, fera, lors de la présentation du 20 mars, un retour d'expérience sur les actions mises en place au sein de sa société. Puis, Isira Moine, responsable RH de la Caisse primaire d'assurance maladie des Vosges, présentera les groupes de parole que nous avons co-animés auprès des managers de proximité. Au cours de ces échanges, les dirigeants se sentent mutuellement soutenus et écoutés. Ils mettent à plat leurs pratiques de management, en stigmatisent les défauts, cherchent ensemble des améliorations. Ces expériences encore récentes connaissent déjà un franc succès : le projet s'élargit à des sujets voisins, comme le stress en entreprise.

Cas pratique

« Questions/réponses à Dominique Bertrand » à propos de la métropole durable

La ville à la campagne : la métropole durable

La ville durable : derrière le concept, quelle réalité animera la ville de demain ? À quels enjeux devra-t-elle répondre ? Éléments de réponse avec Dominique Bertrand, directeur général d'Écoville/Écofrance, qui a en charge la gestion et le développement d'Écoville.

Dominique Bertrand, qu'est-ce qu'une ville durable ?

En un sens, le concept de ville durable prolonge celui de « ville nouvelle », né il y a quarante ans, et dont Écoville est l'un des exemples. À l'époque, nous avions comme ambition de construire la ville idéale… et cette ambition nous anime toujours aujourd'hui ! Simplement, nous y avons ajouté de nouveaux critères pour répondre à de nouvelles attentes, notamment environnementales. Pour définir la ville durable, je dirais donc que c'est une ville qui répond aux trois critères du développement durable – social, environnemental, économique – avec en sus cette idée que la ville que nous construisons aujourd'hui soit toujours praticable dans trente ans par nos petits-enfants. C'est là le point le plus compliqué, car la prévision est un exercice difficile.

Plus précisément, comment doivent se déployer ces trois volets du développement durable appliqués à la ville ?

Pour le social, il s'agit de réfléchir à une mixité sans ségrégation, mais aussi au développement des services aux habitants : crèches, écoles, équipements culturels et sportifs, transports en commun, politique énergétique, information urbaine en temps réel sur les événements de la ville ou sur des points précis comme la qualité de l'air, la circulation… Sur le plan économique, il faut mettre en avant le concept de « mixité fonctionnelle », qui consiste à associer au sein d'un même espace les zones d'emploi et d'habitation. C'est un principe relativement neuf qui s'appuie sur le fait qu'une activité tertiaire est parfaitement compatible avec la proximité de logements. À Écoville, nous pouvons étendre ce concept à celui de l'agriculture urbaine : en rapprochant les zones de production agricole de la ville, on permet l'existence de circuits courts de commercialisation évitant l'importation lointaine de marchandises avec toutes les nuisances de transport que cela peut engendrer.

Et l'environnement ?

L'environnement est transversal : le concept d'agriculture urbaine, la politique de gestion de l'eau avec des bassins de rétention et la réintroduction de l'eau dans la ville, la maîtrise de l'énergie dans le fonctionnement urbain et la consommation des bâtiments, le développement de transports en commun alternatifs et économes en énergie, la mise en scène des espaces verts… Toutes ces actions relèvent du mieux-vivre ensemble.

Existe-t-il aujourd'hui des exemples achevés de «ville durable» dans le monde?

Pas vraiment. On trouve des exemples ponctuels en Suède ou en Allemagne dans des écoquartiers. C'est d'ailleurs ce que nous cherchons à mettre en place aujourd'hui à Écoville : les écoquartiers sont à l'échelle locale ce que nous voulons développer pour toute la ville. Des réalisations concrètes sont en cours sur le territoire d'Écoville à Bussy-Sainte-Marie et à Montmichel.

Quels sont les atouts d'une agglomération comme Écoville pour devenir cette métropole durable que vous appelez de vos vœux?

Nous profitons d'une trame verte très forte, permettant d'offrir à la population de nombreux espaces verts et de développer le concept d'agriculture urbaine. En matière de transport, nous sommes très bien desservis : RER M, RER K2 et K4 (Eole), la gare TGV, l'A4 et notre proximité avec les aéroports, notamment Roissy. D'un point de vue économique, nous bénéficions de pôles touristique et universitaire de renommée mondiale : la Vallée d'Amérique avec le parc Lego, et la cité Kopernic qui regroupe quelque 15 000 étudiants et 1 500 chercheurs. Écoville, c'est aujourd'hui un taux d'emploi remarquable de 0,91. Nous avons également un potentiel foncier considérable, à la fois pour poursuivre le développement urbain et pour s'engager dans la restructuration urbaine. Notre idée consiste à ne pas opposer ville et espaces naturels, mais au contraire à placer ces derniers au cœur du processus de développement; il faut ouvrir la ville sur ces espaces de respiration et leur donner des usages variés pour les habitants. Nous avons de nombreux atouts, qui constituent autant de potentialités pour notre réussite.

À l'inverse, quelles sont les difficultés auxquelles vous devez faire face?

Nous devons être vigilants à la mixité sociale, de façon à éviter une ségrégation au sein de la ville nouvelle. Nous devons aussi renforcer le maillage nord/sud de l'agglomération par les transports en commun et renforcer les liens vers l'extérieur de la ville nouvelle; le futur métro automatique de la grande ceinture prévu dans le cadre du Grand Kronenberg y contribuera; de même que la transformation de voiries à caractère autoroutier en avenues pour désenclaver les quartiers. Enfin, nous devons développer notre notoriété.

Quels sont les grands projets d'Écoville?

Notre premier grand projet concerne la Cité Kopernic dont nous souhaitons renforcer le développement pour en faire un véritable cluster de la ville et de la construction durable. Appuyée par l'État, qui vient de décider d'y installer le pôle scientifique et technique du Meeddat, notre ambition est d'agglomérer autour de cette zone universitaire des centres de recherche privée et des industries pour développer les synergies.

Notre second projet d'envergure concerne la Vallée d'Amérique, avec cette mixité assumée entre tourisme, logement et industrie : nous avons lancé le projet Villages Nature avec Lego et Pierre & Vacances pour proposer une offre originale d'écotourisme autour de quatre villages et 530 hectares d'espaces boisés. En parallèle, nous créons près de 10 000 logements au sein d'écoquartiers, tout en poursuivant l'offre de bureaux sur cet espace unique qui bénéficie de toutes les interconnexions possibles, avec la route, le train et le RER.

Votre vision d'Écoville dans quinze ans ?

La référence en matière de qualité de vie urbaine. Dans quinze ans, Écoville sera une vraie ville à la campagne. Il faut que nous parvenions à valoriser nos atouts uniques pour faire de notre ville une véritable agglomération autonome où il fait bon vivre et travailler, mais néanmoins inscrite au sein d'une plus large agglomération parisienne multipolaire. Je dis bien multipolaire et équilibrée, en opposition avec l'organisation actuelle en étoile qui fait de la capitale un centre par lequel tout doit nécessairement converger. Écoville doit s'imposer comme le pôle central de l'Est kronensien.

Le questions/réponses

Diagnostic

Qu'est-ce qu'un questions/réponses (Q&R)?

Un Q&R est conçu sous la forme d'un jeu de questions/réponses. Il liste, pour un thème de communication précis, l'ensemble des questions susceptibles d'être posées par la presse (ou autre).

Le Q&R fournit les éléments de réponse et constitue donc un discours de réaction.

Dans quel contexte est-il utilisé?

Les Q&R ont pour rôle de faciliter le travail de transmission orale du message auprès des journalistes.

Matrice

Méthode

La conception des Q&R est relativement aisée, au sens où aucun effort particulier de mise en page ou de rédaction n'est nécessaire.

Utilisable à l'oral, il ne répond à aucun critère « esthétique », mais doit toutefois être irréprochable sur le plan de l'argumentation.

MES CONSEILS

- Il est bien évident qu'aucune question ne doit être évitée, et surtout pas les plus difficiles : le rôle premier des Q&R est d'empêcher d'être pris au dépourvu par une demande à laquelle l'on ne s'attendait pas et pour laquelle on n'était pas préparé !
- Dans les cas de questions difficiles, il ne faut pas hésiter à reconnaître une erreur, à faire une concession, mais pour s'appuyer dessus en renversant la charge de la preuve.

CHECK-LIST

✓ Ne pas confondre le questions/réponses avec « 3 questions à... » (cf. page 63) malgré leur proximité syntaxique.

✓ Le questions/réponses traite d'un thème précis par le biais d'un porte-parole d'une entreprise alors que le « 3 questions à... » met en avant directement l'opinion de la personne interviewée. Le sujet et sa mise en perspective ne sont pas la même chose.

« *3 questions à ...* »
pour la présentation d'un médicament

Les thérapies ciblées :
une nouvelle génération de traitements contre le cancer

Quelques précisions sur Herbimax®

Qu'est-ce que les thérapies ciblées ?

Les thérapies ciblées s'attaquent à des molécules spécifiques du cancer, contrairement à la chimiothérapie classique qui agit en aveugle sur toute cellule en division. L'efficacité de la « chimio » tient au fait que les cellules cancéreuses, par nature, prolifèrent plus vite que les cellules saines ; elles subissent donc en priorité les assauts des médicaments.

Les thérapies ciblées sont en revanche sélectives, à l'instar de la chirurgie et de la radiothérapie qui délimitent de façon précise la tumeur à enlever ou à irradier. Apparues dans les années 2000 grâce aux progrès de la biologie cellulaire, elles s'attaquent aux signaux qui dérèglent le fonctionnement normal d'une cellule.

Certaines cellules portent en effet des récepteurs à leur surface, sorte de serrures actionnées par des molécules spécifiques sécrétées autour d'elles. Lorsqu'une de ces clefs pénètre dans la serrure, elle active des réactions en cascade et provoque le cancer.

Résultat : la cellule refuse alors de mourir (immortalité de la cellule cancéreuse), se divise en continu (prolifération), se détache de ses voisines pour aller coloniser d'autres tissus (métastases), ou encore attire de nouveaux vaisseaux sanguins (angiogénèse) pour assurer sa propre survie.

C'est là toute la spécificité d'une thérapie ciblée : en bloquant la serrure, elle désamorce le cercle vicieux.

En quoi les thérapies ciblées sont-elles une avancée majeure pour les patients ?

Qu'il soit synthétisé chimiquement ou produit par les biotechnologies, un médicament ciblé agit sur une cible propre à la cellule cancéreuse. La première condition de sa prescription est donc de reconnaître la présence de la cible chez le patient. L'un des plus anciens traitements ciblés bloque ainsi les récepteurs aux œstrogènes ; il n'est prescrit, pour prévenir les récidives d'un cancer du sein opéré, qu'aux femmes qui possèdent ces récepteurs sur leurs cellules cancéreuses.

Mis sur le marché européen en décembre 2005, Herbimax fait partie de cette nouvelle génération de médicaments ciblés. Son principe actif est le cefuxilab (une molécule appartenant à la classe des anticorps monoclonaux), qui agit sur un récepteur nommé EGFR[1]. Cette serrure placée à cheval sur la membrane cellulaire est normalement destinée à recevoir le facteur de croissance épidermique (EGF) ; lors du contact avec cette clef EGF, la cascade de signaux instigatrice de la division cellulaire est *ipso facto* déclenchée. Or, en obstruant l'EGFR, le cetuximab empêche les mécanismes de prolifération, d'immortalité[2], de croissance[3] ou de migration déclenchés par la clef naturelle.

Le récepteur EGFR est surtout présent à la surface des cellules du cancer colorectal – tout cancer situé dans la partie inférieure du tube digestif (gros intestin et rectum) – et des cancers ORL – cancers affectant les voies aérodigestives supérieures (bouche, pharynx, larynx, fosses nasales, sinus). Développé pour bloquer ce récepteur, Herbimax est donc indiqué dans le cancer colorectal métastatique et dans les cancers ORL, qu'il soigne en appui à la chimiothérapie classique[4] ou à la radiothérapie.

Dans le cancer colorectal métastatique, l'ajout d'Herbimax a ainsi montré son efficacité en termes d'amélioration de la survie sans progression de la maladie. Herbimax permet également de rendre à nouveau opérables des patients qui ne l'étaient plus, donc de leur donner une nouvelle chance de guérison. Enfin, des études en cours montrent que le cetuximab peut également aider le système immunitaire à identifier les cellules cancéreuses pour s'en débarrasser.

Quels sont les bénéfices attendus d'Herbimax ?

Le potentiel des thérapies ciblées est énorme au regard d'une pathologie évolutive comme le cancer : à chacune des mutations qui transforment la cible, la recherche répond en ajustant la parade. La cible peut en effet être commune à plusieurs types de cancer, et certaines études ont relevé l'intérêt du cetuximab dans le cancer du poumon non à petites cellules, la forme de cancer bronchique la plus fréquemment rencontrée.

---

1. Epidermic Growth Factor Receptor : récepteur du facteur de croissance épidermique.

2. Le cetuximab rétablit l'apoptose, mécanisme de régulation qui oblige une cellule présentant des anomalies ou des dysfonctionnements à se « suicider ».

3. La néoangiogenèse est un facteur essentiel de la croissance des tumeurs. Il désigne la capacité de vascularisation (création de vaisseaux) des cellules tumorales pour assurer leur pérennité.

4. Dans l'arsenal de la chimiothérapie classique associée, citons l'irinotecan et le 5-fluorouracile. Ces deux molécules interfèrent avec la réplication de l'ADN lors de la division cellulaire.

Toutefois, toute thérapie ciblée se doit d'être très précise dans la définition de la cible. La société européenne Synergie Pharma, qui produit Herbimax, travaille actuellement dans ce sens, de manière à sélectionner de mieux en mieux les patients susceptibles de répondre au traitement. On s'est ainsi aperçu que certains patients ne bénéficient pas du traitement avec Herbimax parce que leurs cellules cancéreuses déclenchent une mutation qui active la prolifération cellulaire à l'amont du récepteur EGFR[1]. Dans ce cas, bloquer l'EGFR est inutile.

En revanche, le cetuximab apporte toute son efficacité chez les patients sélectionnés sur l'absence de cette mutation. Chez ces derniers, des réactions cutanées sont souvent un signe clinique favorable, synonyme de réponse au traitement.

Moins de cinq ans après sa mise sur le marché, Herbimax est donc de mieux en mieux utilisé, d'autant plus que l'expérience démontre sa très grande tolérance pour les patients à qui il est prescrit.

---

1. Les cellules tumorales contiennent alors un « Kras muté », un gène qui, lorsqu'il a muté, stimule la croissance de la tumeur.

Personnalisation des messages

Diagnostic

Qu'est-ce qu'un message personnalisé ?

Il s'agit généralement de brèves, voire de communiqués. Chaque message est adapté à la cible de presse que l'on souhaite atteindre. Ainsi, le message met certains points particuliers du sujet en avant.

Dans quel contexte le message personnalisé est-il utilisé ?

Deux contextes sont possibles :

- selon le type de presse :
  - la personnalisation du message par type de presse permet d'adapter son discours en fonction de la presse,
  - il est pertinent d'appliquer cette personnalisation lorsqu'on s'adresse à des journalistes qui travaillent dans des secteurs de presse très éloignés, comme la presse magazine féminine bien différente, par exemple, de la presse spécialisée informatique ;
- selon des angles particuliers :
  - la personnalisation du message par angle permet de mettre en avant des points particuliers. On fait un focus sur le sujet qui est susceptible d'intéresser le plus le journaliste,
  - il est intelligent de personnaliser un message lorsqu'on communique sur un produit ou un concept qui peut s'appliquer à différents domaines ou compétences.

Matrice

Méthode

Définir l'axe le plus attractif par type de presse.

Débuter en présentant le concept ou le produit.

Argumenter avec les informations qui intéressent le journaliste du secteur de presse ciblé.

Conclure en rappelant l'axe important du message pour le journaliste à qui l'on s'adresse.

Éléments facultatifs

On peut également citer toutes les informations relatives au message bien que certaines soient de moindre importance pour le journaliste. Afin de ne pas lasser le journaliste, il vaut mieux citer l'ensemble des informations et développer la plus percutante à ses yeux.

Éléments indésirables

Il ne faut pas s'adresser directement aux journalistes concernés avec des vocatifs. Bien qu'on personnalise le message, il s'agit toujours d'une information neutre à destination de la presse.

MES CONSEILS

- Donner un message clés en main. Par la personnalisation du message, le journaliste va être plus intéressé par l'information que vous souhaitez faire passer puisqu'elle est adaptée au ton rédactionnel du support. Ainsi, le journaliste sera certainement tenté de reprendre le message tel quel, pratique de plus en plus appliquée par les journalistes assaillis par un grand nombre d'informations.
- Soigner la rédaction. Tout particulièrement pour les messages personnalisés, la rédaction doit être bien pensée. En effet, il faut que le ton soit totalement adapté et l'angle du message précis.

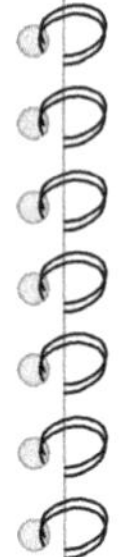

CHECK-LIST

✓ Définir l'angle ou le ton du message.
✓ L'adapter au sujet présenté.
✓ Personnaliser au maximum afin d'apporter une information clés en main au journaliste.

Cas pratique

Brèves adaptées selon le type de presse qui présente un livre pédagogique de santé

Brève n° 1 (magazines féminins)

Cette brève met l'accent sur la démarche de dialogue entreprise avec la publication de l'Encyclopédie des mots du cancer. Cet axe rassurant et pédagogique est approprié à un lectorat de la presse féminine.

La brève ci-dessous est parvenue aux titres féminins (Elle, Maxi, Claire…), dont les supports du groupe Focus Presse (Prima, Femme moderne) grâce au soutien de M. Montagne.

Comprendre et faciliter le dialogue entre patients et professionnels de la santé : tel est le défi relevé par le laboratoire pharmaceutique Synergie Pharma.

L'équipe scientifique de Synergie Pharma publie le deuxième tome de l'Encyclopédie des mots du cancer. On y apprend l'histoire des mots courants et scientifiques décrivant la maladie.

Ce livret pédagogique propose un langage humain grâce auquel on peut exprimer de façon libre et concrète ses idées sur un sujet sensible.

Brève n° 2 (presse gratuite et médias audiovisuels)

Cette brève est axée sur le contenu de l'Encyclopédie des mots du cancer. Ces quelques lignes expliquent en quoi l'Encyclopédie est un réel outil d'accompagnement des malades et de leur entourage.

Le ton explicatif convient à la presse gratuite et aux médias audiovisuels (radio et télévision telles que France 8 et France 9) qui souhaitent en quelques mots décrire la finalité de l'Encyclopédie des mots du cancer. Poissons Pilotes a également fait parvenir cette brève à Planètefemina. com afin de développer la brève actuellement en ligne sur le site.

Comment entretenir un dialogue avec les personnes atteintes d'un cancer ? Quels sont « les mots pour le dire » ? Y a-t-il un vocabulaire de la science et de l'émotion ?

Synergie Pharma publie une *Encyclopédie des mots du cancer* qui ouvre le cœur des mots de cette maladie.

En 2007, « cheveu » côtoie « métastase ».

En 2008, « hôpital » cohabite avec le mot « soleil », « biopsie » avec le mot « fenêtre ».

Face au lexicologue qui définit les mots, l'équipe scientifique a demandé à un conteur d'écrire des cartes postales qui émanent d'un père malade. Le père raconte l'intérieur, le ressenti, le perçu de sa maladie à sa fille. Un livre qui ouvre le débat sur un sujet qui reste encore sensible.

Brève n° 3 (presse d'actualité et de santé grand public)

La brève ci-dessous se concentre sur le projet et la démarche unique de l'Encyclopédie des mots du cancer. Synergie Pharma est mis en avant en tant que protagoniste d'un outil facilitant communication et langage.

L'axe innovant de cette brève intéresse particulièrement la presse d'actualités (Le Nouvel Observateur par exemple), la presse santé grand-public (Journal de la santé, Ma Santé…).

À la suite des différents échanges avec les journalistes, Presse&Co a également fait parvenir aux médias suivants cette brève à BFP, Viva et Docteur. En effet ces différents supports ont porté un intérêt particulier à l'originalité de l'Encycopédie des mots du cancer.

Synergie Pharma présente un projet original et pertinent. Avec la publication du deuxième tome de l'*Encyclopédie des mots du cancer*, cette entreprise pharmaceutique cherche à faciliter la communication entre médecins, patients et proches.

Consciente que toute guérison passe aussi par la parole et le réconfort des mots, l'équipe scientifique de Synergie Pharma propose dans son ouvrage la définition et l'histoire de 14 termes aussi scientifiques que « biopsie », ou aussi familiers qu'« hôpital ».

Brève n° 4 (presse senior)

Cette brève met en avant l'aspect humain et émotionnel de l'Encyclopédie des mots du cancer. L'accent est mis sur les relations qui se tissent entre les médecins, les malades et les proches grâce à ce livret.

Poissons Pilotes a envoyé cette brève à la presse senior qui a souligné, lors des récents échanges téléphoniques, le côté sensible de la maladie perçu par son lectorat.

L'*Encyclopédie des mots du cancer* est un ouvrage plein d'espoir pour les personnes atteintes de la maladie.

Le laboratoire Synergie Pharma cherche en effet à faciliter la communication entre médecins, patients et entourage.

Les 14 mots que propose l'ouvrage enrichissent notre vocabulaire et surtout élargissent notre compréhension de ce mal.

Synergie Pharma est convaincu que la parole joue un rôle déterminant dans la guérison des malades.

À faire circuler.

Brèves adaptées
selon un angle particulier, qui présentent un agenda

L'Agenda Bonheur, objet culte depuis 1937

Depuis 1937, l'agenda éphéméride Bonheur a su se tailler une solide réputation. Indémodable, son support en bois et ses doubles-pages quotidiennes illustrées de photos couleur des paysages de France n'ont pas pris une ride.

Cet objet «collector» est vendu chaque année à près de 150 000 exemplaires, soit avec son support, soit en simple recharge. Rares sont ceux qui peuvent encore déclarer n'en avoir jamais vu... voire jamais utilisé un. Offrez-le cette année à ceux qui possèdent le sens du temps!

Agenda Bonheur, le tour de France en images

Qui ne connaît pas l'agenda éphéméride Bonheur? Un agenda simple, posé sur support de bois. À chaque page, la photo couleur d'un paysage de France.

Ainsi la France vous est racontée chaque jour en image, au fil du temps qui passe...

Chaque année, et même à l'heure de l'Internet, cet agenda demeure un best-seller, vendu avec son socle ou en simple recharge.

L'Agenda Bonheur, partenaire des professionnels

Depuis 1937, l'agenda éphéméride Bonheur aide les professionnels dans la gestion de leur emploi du temps. Sur le bureau des plus organisés, cet outil monté sur son socle en bois réserve à chaque jour sa page illustrée d'un paysage et sa feuille de planning.

Au téléphone ou pendant un rendez-vous, on parcourt les pages de cet agenda, on y note un nom ou un mémo sans interrompre sa conversation. Pratique, facile d'utilisation, ergonomique, des milliers de professionnels lui renouvellent tous les ans leur confiance. Preuve que, même aujourd'hui, le papier conserve ses atouts!

3

LES OUTILS DU CHARGÉ DE COMMUNICATION

Le fichier presse

Diagnostic

Qu'est-ce qu'un fichier presse ?

Le fichier presse est un outil indispensable pour tout travail de relations-presse.

Ce fichier réunit l'ensemble des journalistes que le chargé de communication va joindre pour créer une relation, diffuser une information ou inviter à un événement.

Le fichier presse se compose de grandes familles de médias, des supports ciblés, des journalistes appropriés au sujet sur lequel on communique. Il contient leurs coordonnées.

L'efficacité d'un fichier presse réside dans une bonne hiérarchisation et organisation. Il se doit d'être adapté aux secteurs qui correspondent aux thèmes de communication à travailler pour développer la notoriété du client. Plusieurs thématiques peuvent être abordées selon la nature de l'information.

Comment constitue-t-on un fichier presse ?

Un fichier presse intelligent se compose à partir de sources variées, réfléchies et sélectionnées dans un vivier riche d'informations :

- les bases de données informatiques type Datapresse. Elles sont très utiles mais ne permettent pas de constituer en entier un fichier presse. Il faut recibler et réorganiser avec la méthode que votre agence a fixée ;

- les ours des journaux permettent d'identifier les journalistes d'un même support ;
- la veille des sites Web et webzines dont il faut rester vigilant sur leurs comportements et leur déontologie (sites commerciaux, sites de diffusion d'information payants, etc.) ;
- le SIG ou tout autre annuaire écrit officiel de grande qualité ;
- la revue de presse média sur les actualités des médias, notamment à l'automne lorsque sont annoncés les programmes de la rentrée ;
- les émissions sur les médias qui commentent la qualité des émissions, les actualités et les taux d'audience ;
- la veille de sociétés de production qui sont de nouveaux intervenants dans l'audiovisuel et qui proposent des prestations diversifiées et intéressantes ;
- les déjeuners du chargé de communication avec des journalistes alliés qui parleront de leur journal, de la vie du milieu, des tendances, des comportements et des goûts de leurs confrères ;
- la vie des kiosques dans lesquels le chargé de communication doit passer du temps pour observer l'organisation des linéaires et repérer de nouveaux titres ;
- la diversité des supports presse qui permettra au chargé de communication de varier ses lectures, de découvrir de nouveaux titres chaque semaine et ainsi de cibler de nouveaux journalistes. Par cette revue de presse diversifiée, le chargé de communication pourra retrouver les journalistes qui collaborent à différents titres.

Comment entretenir un fichier presse ?

Le fichier presse est un des outils prépondérants du communicant pour déployer sa mission au quotidien. Il ne doit pas seulement le constituer, il doit aussi l'entretenir.

Un fichier presse qui dort est un fichier presse mort. Le monde de la communication évolue au jour le jour. Oublié un instant, votre fichier presse est déjà périmé.

C'est en continu qu'il faut le nourrir à partir de revues de presse, d'appels téléphoniques, de déjeuners entre autres.

Allié ? Neutre ? Antagoniste ? Quelle est la nature de la relation que le communicant noue avec le journaliste ? Un compte-rendu de chaque entrevue et chaque appel téléphonique permet de le mettre à jour.

Enfin, l'entretien d'un fichier presse nécessite une grande vigilance : le communicant doit vérifier la transcription des noms, des fonctions, être attentif à propos des homonymes ou des fonctions plurielles des journalistes.

Vérifier la pertinence des informations, les mettre à jour, suivre la carrière des journalistes, tels sont les conseils que l'on peut offrir pour entretenir son fichier presse.

Matrice

Méthode

Définir les thématiques sur lesquelles on souhaite communiquer. Par exemple, une agence de conseil en RH ne s'adressera pas aux mêmes médias et journalistes qu'un laboratoire pharmaceutique.

Identifier les grandes familles de presse qui seront intéressées par les messages diffusés : les agences de presse, la presse généraliste, la presse spécialisée, la presse étrangère, l'audiovisuel, les webzines…

Reclasser chaque type de presse par périodicité puis par ordre alphabétique. Il est important de distinguer les quotidiens des mensuels ou des hebdomadaires qui n'ont pas les mêmes temps de réaction et de fabrication. Pour nos clients, nous sommes reliés à l'actualité. Le fichier doit toujours être organisé en distinguant le quotidien du mensuel, le webzine du journal d'idées qui mène une analyse de fond.

Identifier, dans chaque rédaction, les différents journalistes à joindre. En général, le rédacteur en chef ou le chef de service est la personne qui saura relayer l'information au bon journaliste. Si le chargé de communication a déjà noué une relation au sein de la rédaction, on peut diffuser l'information directement au journaliste avec lequel il travaille déjà.

Grande presse nationale	Audiovisuel		Web
1. Par périodicité Quotidiens Hebdomadaires Mensuels	Radio Journaux d'information Sociétés de production	TV Journaux d'information Sociétés de production	Par type de sites : Sites de journaux Sites spécialisés Blogs
2. Par type de presse Nationale Régionale Internationale Spécialisée			
3. Par fonctions Directeurs de rédaction Rédacteurs en chef Journalistes spécialisés Pigistes			

Le deuxième classement doit être alphabétique.

Éléments facultatifs

Lorsque l'objet de la communication est spécifique à un domaine, le chargé de communication peut ajouter de nouveaux médias et journalistes appropriés à ce nouvel axe.

Si un événement a lieu dans une région inhabituelle pour le client, on peut communiquer auprès de la presse locale avec la même organisation ; classement par périodicité, puis sous-classement alphabétique des journaux, par catégories s'il y a plusieurs quotidiens, enfin disposition des journalistes par ordre d'importance.

- Actualiser régulièrement son fichier presse. Un fichier presse obsolète car non actualisé ne sert à rien. Grâce à l'entretien régulier de vos relations avec les journalistes, par la lecture quotidienne et aussi grâce à vos guides et abonnements de base de données, il est possible d'identifier les nouveaux journalistes et même les pigistes liés aux rédactions.
- Ne pas se contenter de construire le fichier presse à partir des logiciels existants. Les logiciels type Datapresse sont pratiques pour recueillir les coordonnées mais insuffisants. Pour avoir un fichier presse pertinent, le chargé de communication doit :
  - rechercher les sujets dont sont friands certains journalistes ;
  - s'informer sur la presse qui relaie des événements dans le secteur d'activité du client en allant dans les kiosques et en menant une enquête ;
  - aller visiter les sites d'entreprises concurrentes du client pour observer quel journaliste écrit sur quel sujet.
- Faire attention aux pigistes. On trouve différents types de pigistes :
  - ceux qui sont réellement rattachés de façon régulière aux rédactions et qui vont donc produire des articles majoritairement pour ces rédactions ;
  - ceux qui sont totalement indépendants, spécialisés dans un domaine, qui savent « placer » leur travail dans les journaux qui leur feront confiance et achèteront leur article parce qu'il est bien informé, bien structuré, bien écrit. Véritables enquêteurs professionnels, on les trouve dans la mode, dans les nouvelles technologies, dans la science…
- Il est plus facile de s'adresser aux pigistes rattachés à la rédaction car le sujet sur lequel vous échangerez sera plus facilement publié. Il est plus compliqué de joindre un pigiste professionnel extérieur qui se promène entre plusieurs rédactions.

CHECK-LIST

✓ Déterminer les cibles presse en fonction des thématiques de communication.

✓ Hiérarchiser de façon efficace votre fichier presse.

✓ Le faire vivre en l'actualisant régulièrement grâce à vos contacts avec les journalistes et la veille média.

Structure du fichier presse d'une association de DRH

Grande presse nationale

Quotidiens	Hebdomadaires	Mensuels
La Croix Directeurs de rédaction Rédacteur en chef Éditorialistes Chroniqueurs Chef de service RH	*L'Express* Directeurs de rédaction Rédacteur en chef Éditorialistes Chroniqueurs Chef de service RH	*Enjeux - Les Échos* Directeurs de rédaction Rédacteur en chef Éditorialistes Chroniqueurs Chef de service RH
La Tribune Directeurs de rédaction Rédacteur en chef Éditorialistes Chroniqueurs Chef de service RH	*Le Nouvel Observateur* Directeurs de rédaction Rédacteur en chef Éditorialistes Chroniqueurs Chef de service RH	*L'Expansion* Directeurs de rédaction Rédacteur en chef Éditorialistes Chroniqueurs Chef de service RH
Les Échos Directeurs de rédaction Rédacteur en chef Éditorialistes Chroniqueurs Chef de service RH	*Le Point* Directeurs de rédaction Rédacteur en chef Éditorialistes Chroniqueurs Chef de service RH	
Le Figaro Directeurs de rédaction Rédacteur en chef Éditorialistes Chroniqueurs Chef de service RH		

Fichier non exhaustif.

Fichier presse d'une entreprise de santé

Agences de presse				
Média	**Titre**	**Nom**	**Prénom**	**Fonction**
AFP	Madame	COURCOL	Christine	Rédacteur en chef Santé
APM	Madame	LAPOSTOLLE	Sylvie	Rédacteur en chef
Presse quotidienne nationale				
La Tribune	Madame	TONNELIER	Audrey	Journaliste Santé-Sciences
Le Figaro	Madame	PEREZ	Martine	Rédacteur en chef Santé
Le Monde	Madame	BLANCHARD	Sandrine	Journaliste Santé-Sciences
Les Échos	Monsieur	PEREZ	Alain	Journaliste Santé-Sciences
Presse actualités				
Enjeux-Les Échos	Madame	BAUCHARD	Florence	Journaliste Santé-Sciences
Le Point	Monsieur	RICHARD	Michel	Directeur de la rédaction
L'express	Monsieur	CHARLES	Gilbert	Rédacteur en chef
Le Nouvel Observateur	Monsieur	DE PRACONTAL	Michel	Journaliste Santé-Sciences
Radio				
Europe 1	Madame	LE GALL	Anne	Journaliste Santé-Société
France Culture	Madame	DONNE	Catherine	Coordination - Sciences publiques
France Info	Monsieur	ROUGIER	Bruno	Journaliste Santé-Sciences
Télévision				
France 2	Madame	FANNY-COHEN	Brigitte	Présentatrice Santé - Télématin
France 2	Monsieur	FLAYSAKIER	Daniel	Journaliste Santé-Sciences
France 5	Monsieur	CYMES	Michel	Présentatrice Santé - Le magazine de la santé
Beasty Prod'	Madame	DUCOS	Laurence	Productrice
Beasty Prod'	Madame	CHAUVIN	Julie	Productrice
Interscience Film	Monsieur	POPP	Christian	Producteur
Presse sciences humaines				
Sciences et Avenir	Madame	RIOU-MILLOT	Sylvie	Rédacteur en chef
La Recherche	Madame	COISNE	Sophie	Journaliste Santé-Sciences
Presse santé GP				
Santé Magazine	Madame	DELLUS	Sylvie	Rédacteur en chef
Top Santé	Madame	PIERRAT	Dominique	Rédacteur en chef

Presse féminine				
Elle	Madame	DAVIS	Anne	Journaliste Santé-Sciences
Psychologies Magazine	Madame	DUFRANC	Céline	Free-lance
Version Fémina-Top Santé	Madame	BARRUYER	Cendrine	Journaliste Santé-Société
Webzines				
JIM.FR	Madame	BORIUS	Fanny	Journaliste Santé-Sciences
Doctissimo	Monsieur	BEME	David	Rédacteur en chef
Santé A-Z	Monsieur	EVRARD	Nicolas	Rédacteur en chef

Fichier non exhaustif.

Cas pratique

Fichier presse pour des sujets financiers

Agences				
Agefi	Madame	GUINY	Nadia	Rédacteur en chef
Presse quotidienne nationale				
La Correspon-dance économique	Monsieur	BACHELOT	Denis	Rédacteur en chef
Presse hebdomadaire				
Investir	Monsieur	LE BAILLY	Rémi	Rédacteur en chef
La Bourse	Monsieur	MIGUET	Nicolas	Directeur de publication
L'Agefi Hebdo	Monsieur	GARABEDIAN	Alexandre	Rédacteur en chef
L'Agefi Hebdo	Mademoiselle	OUBRIER	Alexandra	Journaliste
Le Journal des finances	Madame	REKIK	Catherine	Rédacteur en chef
MoneyWeek	Madame	WAPLER	Simone	Rédacteur en chef
Option Finance	Madame	NAU	Valérie	Rédacteur en chef
Presse mensuelle				
Investir magazine	Monsieur	BOGATY	Thierry	Rédacteur en chef
Le revenu mensuel placements	Monsieur	POUZIN	Gilles	Rédacteur en chef

Fichier non exhaustif.

Fichier audiovisuel pour un ministère

Radio

Yves de Kerdrel, *BFM*

Marc Fiorentino, *BFM*

Axel de Tarle, *Europe 1* (chronique Économie)

Dominique Souchier, *Europe 1* (chronique Économie)

Luc Évrard, *Europe 1*

Emmanuel Kessler, *France Info*

Pascal Le Guern, *France Info*

Dominique Seux, *France Inter* (chronique Économie)

Mathieu Vidard, *France Inter* (émission « La tête au carré »)

Philippe Lefébure, *France Inter*

Alexandra Bensaïd, *France Inter*

Fabienne Chauvière, *France Inter* (émission « Les savanturiers »)

Jean-Pierre Elkabbach, *Public Sénat* et *Europe 1*

Céline Kajoulis, *Radio Classique*

Stéphane Deligeorges, *France Culture* (émission « Continent sciences »)

Jean-Louis Gombeaud, *RTL* (chronique Économie)

Jean-Michel Aphatie, *RTL*

Christian Menenteau, *RTL*

Focus sur deux émissions phare pour un acteur de la recherche

TV – France 5

« C dans l'air » – *Quotidienne du lundi au vendredi à 17 h 45*

«C dans l'air» est une émission de télévision française de débat consacrée à l'actualité. Elle est diffusée en fin d'après-midi du lundi au vendredi, le plus souvent en direct à partir 17 h 45 sur La Cinquième devenue France 5 depuis le 17 septembre 2001.

Principe de l'émission

«C dans l'air» traite en 65 minutes des thèmes d'actualité (politique, sociale, économique...) avec la présence sur le plateau de trois à six consultants, spécialistes, journalistes spécialisés, techniciens, ingénieurs, scientifiques du domaine censés porter une analyse, une expertise, une opinion ou un avis différents pour assurer un débat équilibré, éthique et vivant. L'émission est ponctuée de trois reportages pour illustrer le thème du débat du jour.

Durant l'émission, les téléspectateurs sont invités à poser leurs questions ou à donner leur témoignage par SMS ou par Internet. Durant des quinze dernières minutes, Yves Calvi pose à ses invités une sélection de questions parmi les messages reçus.

L'émission est disponible en télévision de rattrapage, sur le site Internet de France 5 durant une semaine après la diffusion à l'antenne. De plus, cette émission est librement utilisable par les établissements scolaires et d'enseignement.

Diffusion

L'émission est diffusée du lundi au vendredi vers 17 h 45 (hertzien et réception numérique) sur France 5 puis rediffusée vers 22 h 30 (réception uniquement sur les réseaux numériques), enfin le lendemain matin vers 6 h 00 (hertzien et réception numérique).

Thèmes traités

L'émission parle de tous les thèmes qui occupent une place importante dans l'actualité française et internationale avec une grande réactivité. Les sujets sont très variés :

- politique française ;
- actualités internationales (guerre, politique, catastrophes humanitaires...) ;
- économie (chômage, croissance, immobilier, prix du pétrole...) ;

- société (mariage, adoption, religion, vacances, science, nouvelles technologies…) ;
- sécurité, justice.

Audience

«C dans l'air» réunit en moyenne chaque jour près de 900 000 téléspectateurs. Les audiences dépendent beaucoup des thèmes abordés. Ainsi,
l'émission a réalisé son record d'audience le 3 mai 2007 avec une émission consacrée au débat de l'entre-deux-tours de l'élection présidentielle
française de 2007. Ce numéro a réuni 1,7 million de téléspectateurs soit
16,8 % de part de marché.

Intervenants

L'émission s'appuie sur la présence d'invités parfois récurrents sur des
thèmes donnés. Voici la liste de quelques-uns d'entre eux, par thèmes :

- sur la politique française : Raphaëlle Bacqué du *Monde,* Christophe
Barbier de *L'Express*, Roland Cayrol de l'Institut CSA ou encore Dominique Reynié du Fondapol ;
- sur les guerres et conflits : Pascal Boniface de l'IRIS, Jean-Dominique
Merchet, ancien auditeur de l'IHEDN et journaliste à *Libération* ;
- sur l'économie : Élie Cohen, Marc Touati ou Bernard Maris ;
- sur les sciences : André Brahic, Alain Cirou, Jean Jouzel ou encore Axel
Khan.

Présentateurs : Yves Calvi et Thierry Guerrier

Radio – France Inter

« La tête au carré » – *Quotidienne de 14 h 00 à 15 h 00*

Créée en septembre 2006 sur France Inter, « La tête au carré » est la seule
émission scientifique quotidienne du PAF avec 600 000 auditeurs quotidiens.

Éclectisme, vulgarisation et pédagogie, sciences dures, du vivant ou
humaines : Mathieu Vidard et son équipe s'intéressent à toutes les obser-
vations et les expérimentations du monde par le biais des sciences. Des
premiers pas sur la Lune à l'ADN, de Darwin à Lascaux… Mathieu Vidard
reçoit les grands scientifiques qui racontent avec passion et clarté l'actualité des sciences au quotidien.

Deux ouvrages ont été publiés en 2008 et 2009 tirés d'une sélection d'entretiens de l'émission : l'*Abécédaire scientifique pour les curieux,* tomes 1
et 2. Ils sont parus aux éditions Sciences Humaines en coédition avec

France Inter. Le premier tome a été vendu à plus de 8 000 exemplaires en France et au Canada, où il est sorti aux éditions Multimondes.

Thèmes traités ces dernières semaines

Des virus et des hommes

L'empathie

La biodiversité

La chimie verte

La girafe

Faut-il avoir peur de la science?

Présentateur-producteur : Mathieu Vidard

La revue de presse

Diagnostic

Qu'est-ce qu'une revue de presse ?

La revue de presse est un criblage analytique des médias qui permet de s'informer sur un thème, un sujet, un secteur, des présidents, des experts, des VIP. Ce criblage – avec l'écoute et le suivi quotidien de la presse écrite et audiovisuelle – est le cœur, la source et la matière vive avec laquelle travaille le chargé de communication.

Il s'agit de suivre l'actualité dans son ensemble et de filtrer les informations en ayant en tête le profil de l'entreprise, ses hommes, son histoire, ses activités, les enjeux de son métier et de son secteur.

La revue de presse joue également un grand rôle dans la relation avec les journalistes. Tous les éléments d'information et de culture que la revue de presse a livrés sont utilisables pour proposer une information juste au bon interlocuteur. Une revue de presse de qualité est un outil stratégique indispensable pour le chargé de communication.

Pourquoi une revue de presse ?

La revue de presse permet de :

- se doter d'une connaissance riche et actualisée de l'environnement de l'entreprise ou du client ;
- identifier les enjeux du secteur et comprendre la concurrence ;
- connaître les acteurs, partenaires et prescripteurs dans le domaine d'activités concerné ;
- nourrir sa propre culture sur un média, une radio, un journal (distinguer leurs traits caractéristiques, suivre leur audience, leur évolution dans le temps, connaître les nouveaux médias qui apparaissent) ;

- connaître les angles que les journalistes de chaque média utilisent et comment ils abordent l'information ;
- détecter les signes avant-coureurs d'une crise. La veille média, si elle participe au dispositif de prévention de crise, devient aussi le plus souvent son révélateur : elle fournira une partie des arguments auxquels il faudra faire face quand la crise surviendra ;
- cerner la position et le ressenti de l'opinion sur le type de métier concerné, les tendances ;
- saisir les perceptions et les opinions du lectorat du journal par le courrier des lecteurs, les *chats* ou les appels des auditeurs.

Matrice

Méthode

Bien identifier les différentes catégories de médias qui constituent le corpus de la veille média.

S'être fixé au préalable certains objectifs, définir des mots-clés, et chercher en fonction de ces objectifs.

Faire un premier repérage. Ne pas lire en intégralité tous les articles mais parcourir les journaux.

Étudier la hiérarchisation des informations au sein du journal : l'organisation du journal, sa maquette, l'importance accordée à tel ou à tel article signifient un choix de la rédaction.

Découper et coller sur une feuille avec le logo du support, photocopier – ou bien scanner dans les cas d'une veille média électronique –, classer, assembler et distribuer en interne ou au client.

Regrouper par thématiques les articles les plus importants.

Reclasser, puis archiver toutes les veilles média quotidiennes.

Réeffectuer un tri trimestriel et annuel pour élaguer avec distance.

Passer en revue l'année écoulée en refaisant un tri par rubrique. La veille annuelle est une aide pour nourrir le plan de la communication de l'année suivante.

Ce que n'est pas une revue de presse :

* un book des « retombées presse » parues sur votre client ou votre entreprise ;

* un abonnement à un service de pige presse, qui peut s'avérer très utile pour gagner du temps, mais qui ne doit jamais remplacer le travail personnel de veille ;

* un gigantesque fourre-tout nécessitant plusieurs classeurs et une bonne dose de patience pour y retrouver un article. Penser avec surplomb et équilibre ne signifie pas faire encombrant ou copieux.

MES CONSEILS

* Écouter plusieurs radios chaque matin. Feuilleter les journaux dès son arrivée au bureau. Y songer à tous les autres moments de la journée : dans une gare, chez le dentiste, rapidement le soir en rentrant, il faut regarder tout journal à portée de votre main. Même la pause dans le kiosque peut être un moment privilégié de veille et de criblage. Comment le kiosquier a-t-il lui-même présenté ses catégories de presse, organisé ses classements ? Quel est le nouveau journal mis à l'affiche ? Qui bénéficie des panneaux publicitaires ? Il faut savoir sentir l'air du temps.

* Savoir trier, sélectionner et hiérarchiser l'information.

* Essayer de regarder des émissions de télévision brièvement tout au long de la journée. Naviguer sur les télévisions comme sur le Web. Écouter les émissions de radio consacrées à l'analyse des résultats d'audience des nouvelles émissions.

* Ne pas tout lire, mais grâce à sa connaissance des médias, de leur structuration ou de leur maquette, pouvoir aller vite à l'essentiel. Approfondir toutefois la lecture de certains articles plus importants.

- Savoir exploiter la revue de presse pour alimenter son fichier et mieux connaître les journalistes, les groupes des prescripteurs d'opinion, trouver de nouveaux sujets à proposer à son client et l'informer des actualités et des «pépites» sur son marché et au-delà. Proposer à votre client, par ces éléments de comparaison, une analyse de la communication, une analyse de sa communication et de nouvelles idées. Tout cela permet à terme de créer un réseau ou de connaître les personnalités avec lesquelles votre client pourrait débattre lors d'une intervention dans la presse.

- Dresser une cartographie des typologies de publics que l'on détecte grâce à sa revue de presse : les VIP, les experts, les sociologues, les dirigeants qui progressent, les concurrents de votre client et leur réseau.

- Nourrir son client d'informations qu'il est moins susceptible de trouver seul, parce qu'il n'avait pas établi le rapprochement entre son métier, son activité et un article qui paraît à première vue très éloigné.

- La presse spécialisée est une source utilisable immédiatement en termes concurrentiel, technologique, et même de recherche et développement. C'est le moyen le plus rapide d'identifier des sujets sur lesquels il s'avère utile de recueillir des informations complémentaires, de prendre des contacts et même d'organiser une réflexion interne à l'entreprise.

CHECK-LIST

- ✓ Faire une revue de presse quotidienne auprès des différents médias.
- ✓ Cribler et s'attacher à repérer tous les sujets directs et indirects qui entourent les thèmes de travail de vos clients.
- ✓ Classer avec une méthode définie les articles ciblés.
- ✓ Véhiculer les informations repérées auprès des équipes et des clients.

Cas pratique

Sommaire d'une revue de presse pour un client international leader dans le domaine de l'emballage

Table of contents

Métal/Aluminium

Regulations

« Le Point Vert des emballages ménagers : nouveau barème et emballage perturbateur » and « Michel Fontaine devient président du Conseil national de l'emballage » F.A. in *EDPackaging*, February 2010 .... (1 page)

« Le chemin reste long pour les allégations » Sylvie Richard in *RIA*, March 2010 .... (2 pages)

« Progetto CAST al traguardo : pronte le Linee Guida GMP » Rossella Contato in *Rassegna dell' Imballaggio*, February 2010 (2 pages)

« Tanti modi per etichettare il packaging » Rosselle Contato in *Rassegna dell' Imballaggio*, March 2010 .... (2 pages)

« Nous militons pour un nouvel étiquetage avec un code couleur » Astrid Salcedo and Benjamin Adler in *LSA*, 18th March 2010 .... (1 page)

« The great attitude shift has begun » Tim Lang in *The Grocer*, April 2010 .... (1 page)

« New green targets ? Been there, done that say multiples » Rick Hindley in *The Grocer*, March 2010 .... (1 page)

« Simple methods can reduce carbon by 60 % » Xavier Vital in *The Grocer*, April 2010 .... (1 page)

« Why climate change is fact not opinion, by Charles » David Derbyshire in *Daily Mail*, 5th February 2010 .... (1 page)

Cas pratique

La cartographie

Diagnostic

Qu'est-ce qu'une cartographie ?

Une cartographie est l'étude des univers qui gravitent autour d'un thème – par exemple la santé, l'énergie, le développement durable.

Le chargé de communication analyse un thème choisi selon différents aspects : historique, économique, politique, sociologique...

Les personnalités, les grandes institutions, les lois relatives au sujet, les débats publics ; tout ce qui permet au chargé de communication de parfaire la culture du milieu de son client est important.

Pourquoi une cartographie ?

La cartographie permet au chargé de communication et au client de :

- s'imprégner de l'univers du client ;
- argumenter plus aisément sur son sujet auprès des décideurs d'opinions dont les journalistes ;
- proposer des axes de messages en cohérence avec des sujets de société ;
- noter les grands événements qui ponctuent la vie de l'entreprise, de leur secteur ;
- tout simplement, parfaire sa culture générale et celle du client.

Matrice

Méthode

Définir les différents axes abordés dans la cartographie : historique, sociologique, politique…

Se documenter à travers les différentes sources : revue de presse, Web, guides de référencements…

Se déplacer dans les lieux de documentation relatifs au sujet : centre d'information des ministères, musées, fondations…, et y piocher les informations intéressantes.

Échanger avec les instances d'importance afin d'identifier les bons leaders d'opinion et organiser des rencontres et des rendez-vous pour mener votre enquête.

Mettre à jour régulièrement la cartographie lorsque des changements ou des actualités apparaissent dans le secteur étudié.

Élément facultatif

Se déplacer aux événements qui ponctuent la vie de votre client, notamment les salons professionnels. En regroupant tous les intervenants d'un même secteur ils constituent pour vous des événements clés.

Élément indésirable

Simplement réunir et trier la revue de presse ne signifie pas constituer une cartographie. Une bonne cartographie nécessite que le chargé de communication entreprenne de réelles investigations élargies pour cerner au mieux un univers précis. Une veille approfondie est essentielle mais pas suffisante.

- Il est important de débuter avec la juste nomenclature de votre cartographie. Il est nécessaire de réfléchir à toutes les dimensions qu'il faut aborder. Si vous changez sans cesse la structure, vous risquez de vous perdre dans votre cartographie.

- La cartographie est une source d'information constante pour le chargé de communication. Ainsi, il peut tout à fait utiliser les informations de la cartographie pour mettre en avant un message. La cartographie sert à nourrir et à replacer le message de l'entreprise dans son univers, elle peut aussi servir de fichier de diffusion d'une étude.

- Lorsque vous présentez votre cartographie au client, ne pas hésiter à proposer de nouveaux axes de recherche en fonction des informations recueillies qui vous indiquent de nouvelles pistes.

CHECK-LIST

- ✓ Bien penser la nomenclature de la cartographie.
- ✓ Se documenter auprès de toutes les sources existantes (Web, presse, livres, centres de documentation).
- ✓ Ne pas hésiter à aller à des salons, colloques, réunions professionnelles.
- ✓ La mettre à jour régulièrement et l'utiliser pour sa stratégie de communication.
- ✓ Réfléchir à son élargissement au fur et à mesure du recueil des informations.

Sommaire d'une cartographie sur l'univers de l'énergie

Sommaire

Points de méthodologie

- Recherches : dépouillement revues de presse et veille Internet
- Contacts et rencontres de personnalités : VIP et médias

Les thèmes de prise de parole

- L'entreprise S. en général (thème transversal)
- Les thèmes liés à l'énergie
- Les thèmes liés à l'environnement

L'énergie

- Les thèmes de prise de parole liés à l'énergie
- Les VIP liés à l'énergie
- Observatoire institutionnel et associatif lié à l'énergie
- Think tanks
- Événements (liste non exhaustive) liés à l'énergie
- Sites Internet liés à l'énergie

Développement durable : énergie et environnement

Les thèmes liés à l'environnement

- Agences institutionnelles (et) ou gouvernementales
- Les experts
- Événements liés au développement durable
- Sites Internet utiles liés au développement durable
- Auteurs et nouveaux livres

Collectivités

- Les thèmes de prise de parole
- Les associations d'élus et de collectivités
- Manifestations

Éléments d'information transversaux

- Personnalités politiques concernées par les thèmes de l'entreprise S.
- Opinion des médias
- Personnalités, ouvrages

Schéma d'une cartographie sur l'univers du management

Administrations / Gouvernement	**Associations**	**Think Tanks**

Syndicats	**Experts du milieu**	**Ouvrages de référence**

Publications d'idées	**Écoles / Universités (DESS – DEA)**	**Salons / Événements**	**Sites Internet d'information**

Personnalités Journalistes / Éditorialistes	**Concurrents**	**Principaux cabinets**

Cas pratique

Sommaire d'une cartographie sur l'économie de la santé

Sommaire

I. Les institutions et pouvoirs publics

A) Le niveau international

1) L'OMS (Organisation mondiale de la santé)

2) L'AEME (Agence européenne des médicaments)

B) Le niveau national

1) Le ministère de la Santé et des Sports

a) Les services attachés

La DGS (Direction générale de la santé)

La DHOS (Direction de l'hospitalisation et de l'organisation des soins)

L'IGAS (Inspection générale des affaires sociales)

La DSS (Direction de la Sécurité sociale)

b) Les services déconcentrés

La DRASS (direction régionale des affaires sanitaires et sociales)

La DDASS (direction départementale des affaires sanitaires et sociales)

Les ARS (agences régionales de santé)

2) Les établissements publics du monde de la santé

a) L'INSERM (Institut national de la santé et de la recherche médicale)

b) L'INPES (Institut national de prévention et d'éducation pour la santé)

c) L'AFSSAPS (Agence française de sécurité sociale des produits de santé)

d) L'Agence de la Biomédecine

e) L'Académie des Sciences

f) L'Académie nationale de médecine

3) Les instances d'expertises et de conseil

a) La HAS (Haute Autorité de santé)

b) Le HCSP (Haut Conseil de la santé publique)

C) Le niveau des établissements publics de santé

1) Les CME (Commissions médicales d'établissement)

2) Les commissions des soins infirmiers, de rééducation et médico-techniques

3) Les CLUD (Comités de lutte contre la douleur)

4) Les centres de documentation des EPS

II. Groupements professionnels et associations

A) Les associations loi 1901

1) Les LIR (Laboratoires internationaux de recherche)

2) La SFETD (Société française d'étude et de traitement de la douleur)

B) Les organismes « corporatistes » de droit public

1) L'Ordre des Médecins

2) L'Ordre des Pharmaciens

III. Les entités de paiements

A) Les autorités étatiques de redistribution

1) La CNAMTS (Caisse nationale d'assurance maladie des travailleurs salariés)

2) Les CPAM (Caisses primaires d'assurance maladie)

B) Les fédérations et groupements représentatifs du monde de l'assurance

1) La FNMF (Fédération nationale de la mutualité française)

2) La FFSA (Fédération française des sociétés d'assurances)

3) Le GEMA (Groupement des entreprises mutuelles d'assurance)

4) Le CTIP (Centre technique des institutions de prévoyance)

IV. Organisations représentatives et syndicales

A) Les syndicats d'hôpitaux

1) La FHF (Fédération hospitalière de France)

2) La CMH (Coordination médicale hospitalière)

3) La FHP (Fédération de l'hospitalisation privée)

B) Les syndicats de professionnels de la médecine

1) La CSMF (Confédération des syndicats médicaux français)

2) L'INPH (Intersyndicat national des praticiens hospitaliers)

3) La FNI (Fédération nationale des infirmiers)

4) L'AMUF (Association des médecins urgentistes de France)

5) Le LEEM (Les entreprises du médicament)

Les idées d'événements

Diagnostic

Qu'est-ce qu'une idée d'événement ?

Un chargé de communication doit être créatif et proactif.

De ce fait, il lui faut un échantillonnage d'événements classiques et/ou originaux qu'il peut proposer à son client à tout moment.

Quand décider de créer un événement ?

Le chargé de communication peut créer l'événement lorsque le client a une annonce majeure, une actualité à communiquer ou un souffle à reprendre. Le chargé de communication doit être créatif mais préparé.

Matrice

Méthode

S'imprégner de la stratégie de communication du client pour être cohérent avec l'événement que l'on propose.

« Remue-méninge » avec les collaborateurs du client et de l'agence afin de trouver une idée pertinente et juste.

Vérifier la faisabilité de l'événement en fonction des délais et des contraintes budgétaires du client.

Éléments facultatifs

Il est possible de faire au préalable une veille sur les événements des concurrents afin de connaître les habitudes d'événements dans le secteur du client. Cependant, il n'est pas conseillé de copier un événement d'un concurrent. Cela serait mal perçu.

Il est possible de faire intervenir des personnalités et des célébrités lors d'événements, sous réserve qu'elles soient en accord avec l'image de l'entreprise et en cohérence avec le sujet.

- Il faut profiter de l'actualité pour créer l'événement. Certains temps forts sont régulièrement présents dans les agendas tels que les Journées nationales à thèmes ou les fêtes de fin d'année ; elles sont autant de moments à saisir.
- Vous devez être créatif dans vos idées sans être excessif. Une entreprise qui traverse des difficultés ne devra pas, par exemple, organiser un événement tape-à-l'œil. La pertinence d'un événement ne se situe pas forcément dans les paillettes et les artifices mais dans son originalité et sa justesse.

CHECK-LIST

- ✓ Être dans le mythe et l'esprit de la marque et de l'entreprise.
- ✓ Étudier le sujet et les habitudes du marché.
- ✓ Être à la fois créatif et cohérent dans sa proposition d'événement.
- ✓ Budgétiser sans excès.

Cas pratique

Exemples d'événements à travers le Web et les réseaux sociaux

Exemples tirés du dossier
« Un tour du monde des bonnes idées »
du *Stratégies* du 8 juillet 2010

En Espagne, Action contre la faim recrute sur Facebook

Sur Facebook en Espagne, les « dadames » sont devenues célèbres. Plus de 600 groupes de conversation se sont créés, attirant des milliers de fans sarcastiques : « Les dames qui portent un sac plastique sur la tête quand il pleut », « Les dames qui ont les cheveux violets ». En quelques mois, la phrase « Señoras que... » (« Les dames qui.... ») est devenue célèbre.

L'agence indépendante Shackleton a pris la tendance à contre-pied pour son client, l'ONG Action contre la faim, en créant le groupe « Les dames qui voient leurs enfants mourir parce qu'elles n'ont pas d'eau potable ».

Le manque d'eau « cause la mort de 4 millions de personnes, explique l'agence. Nous voulions créer un courant d'opinion solidaire et obtenir la participation des internautes. »

Shackleton a donc lancé cette page le 22 mars 2010, Journée mondiale de l'eau. Ce groupe choc rassemble aujourd'hui 8 200 personnes qui sont guidées par un onglet baptisé « Plus qu'un fan » pour s'impliquer plus avant avec l'association.

En France, Womanity, un parfum communautaire signé Mugler

Pour le lancement cet été de son nouveau jus, Womanity, Thierry Mugler a intégré très en amont une stratégie Internet. Après une phase de teasing auprès de blogueurs influents, un site participatif international homonyme du parfum a été mis en ligne le 8 mars 2010. Cette plate-forme propose aux femmes de partager leur vision du monde en images ou en mots (donner son adresse téléphonique n'est pas obligatoire pour contribuer). Une façon de remonter l'« insight consommateur » : près de 4 000 contributions après deux mois et plus d'un million de visiteurs.

Womanity a également son relais sur Twitter et Facebook où, chaque semaine, une femme est mise en avant : une blogueuse, une artiste découverte sur le Web ou une amie du réseau. « La génération Internet souhaite s'exprimer et participer au développement des marques qu'elle plébiscite, observe Joël Palix, président de Thierry Mugler. Nous cherchons à bénéficier du pouvoir d'Internet pour continuer à nourrir la relation avec nos fans et booster la créativité. Womanity est à la fois une plate-forme de contenu régulièrement enrichie et une source d'inspiration. La marque associera médias, design et produits, fusion de la créativité de son créateur et des idées générées par les internautes et fans de la marque. »

En France, le blog gourmand de Krups

La marque haut de gamme de petit électroménager du groupe SEB déploie sa stratégie d'influence numérique avec un blog de marque sur les tendances culinaires lancé en juin 2010 et relayé sur Facebook. Ce blog propose différentes rubriques : des recettes, des interviews et des bons plans.

L'agence Cinquième Pouvoir a confié à un gestionnaire de communauté le contenu du blog et à un manager d'influence sociale la veille et la rencontre avec des blogueurs influents. « Cette plate-forme vise à créer une communauté autour de nos produits ; avec la possibilité d'interagir avec nos clients et de les écouter pour évoluer », indique Claire Charpenet, responsable marketing services de Krups.

Pour le lancement du site, la marque organise un tirage au sort pour gagner des robots de cuisine. Elle a confié l'annonce de ce concours à dix blogueurs, qui ont chacun reçu une machine. Ils semblent satisfaits de se transformer en VRP tout en alimentant leur propre blog d'informations exclusives. Pour participer au tirage au sort, il ne faut pas seulement devenir fan de la marque sur Facebook, il faut aussi se prononcer sur le type de contenus souhaités sur le blog. Une manière de faire un premier tri dans le recrutement de prospects.

En France, Sony ouvre un e-salon littéraire

Une plate-forme collaborative sur la lecture numérique. C'est ainsi que se présente Le Cercle Reader, un blog ouvert par Sony en mai 2010 pour soutenir son livre électronique, le Reader. En partenariat exclusif avec la Fnac depuis son lancement en septembre 2008, Sony profite d'un accord avec les distributeurs Numilog, Epagine, Feedbooks et Editis pour s'émanciper et lancer sa propre librairie en ligne (8 000 livres référencés).

Le Cercle Reader, c'est aussi un blog animé par quatre blogueurs littéraires rémunérés par la marque, qui partagent leurs impressions et publient des chroniques ouvertes aux commentaires des lecteurs.

Les blogueurs s'engagent à répondre à chaque post. Une rubrique kiosque présente, en collaboration avec les éditeurs, des sélections de livres par thème (vacances, polar, cinéma), les meilleures ventes du mois, les nouveautés de la semaine... et bientôt des interviews d'auteurs.

Aux États-Unis, Ralph Lauren, roi du « merchantainment »

David Lauren, le fils de Ralph Lauren, appelle cela du « merchantainment », mélange de produits marchands et de divertissement. Depuis dix ans, David et Ralph cultivent leurs relations virtuelles avec les consommateurs sur Internet.

Ils ont commencé avec un simple site sur la Toile. Puis ils y ont ajouté des applications interactives de plus en plus sophistiquées. Aujourd'hui, le designer et couturier new-yorkais est à la pointe du mouvement virtuel. Il est bien sûr présent sur Facebook (plus de 750 000 amis) et Twitter.

Mais il offre en plus à ses fans la possiblité de suivre en 2010 le premier défilé de la marque Lauren sur le net, un show commenté par les « fashionistas » de Marie Claire, Harper's Bazaar, Cosmopolitan, etc.

Et pour ses fans amateurs de tennis, il propose un dialogue vituel avec Boris Becker au moment du tournoi de Wimbledon. L'image d'un Ralph Lauren ami des sportifs en sort renforcée et les ventes sur Internet suivent. Au cours du dernier trimestre fiscal, Ralph Lauren a crû de 39 %.

Quelques exemples d'invitations
Ricoh – Le Café des Sciences

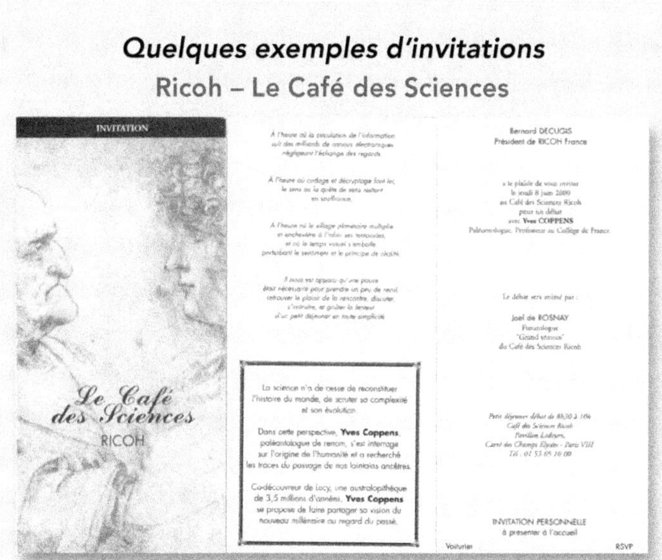

Ricoh est une marque qui veut faire comprendre son sens de l'innovation et ses avancées technologiques. Créer le Café des Sciences permet d'ouvrir un débat de façon chaleureuse et régulière en associant des noms prestigieux tels Yves Coppens, Joël de Rosnay... au nom de la marque.

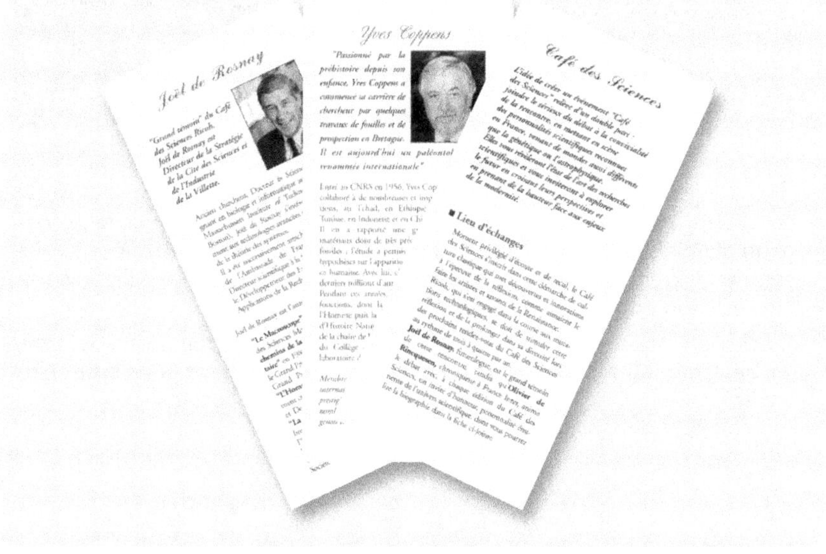

Ernst & Young – Prix de l'Entrepreneur de l'année 2009

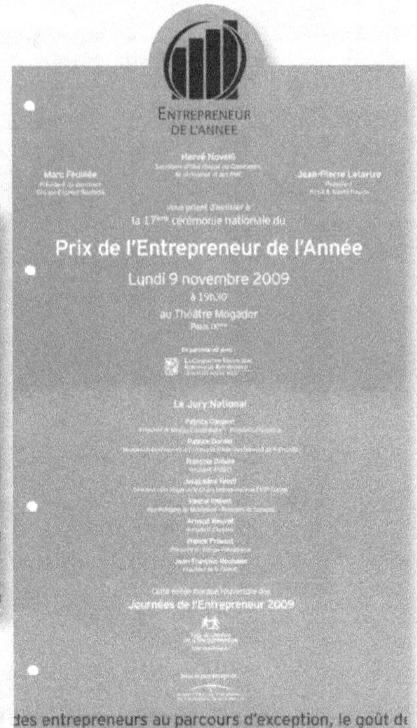

Ernst & Young, cabinet d'audit et de conseil international, avec le parrainage du ministre de l'Économie, donne chaque année rendez-vous à tous ses clients français grâce au Prix de l'Entrepreneur mené avec le groupe Express Roularta (*L'Express-L'Expansion-L'Entreprise*).

C'est là un rendez-vous annuel désormais reconnu qui fait participer tous les entrepreneurs des régions de France et met en avant la volonté d'innover.

Les prestataires

Diagnostic

Pourquoi des prestataires ?

Un chargé de communication est susceptible de faire appel à d'autres corps de métiers (cf. chapitre sur les métiers de la com, page 269) ; il est rarement assez polyvalent pour pouvoir accomplir toutes les tâches d'un projet comme la rédaction, le graphisme, l'impression, la création de sites, etc.).

Le chargé de communication doit donc s'entourer d'une équipe de prestataires compétents, spécialistes de leur domaine et fidèles.

Matrice

Méthode

Bien définir la nature du travail pour choisir le prestataire adéquat.

Briefer clairement votre prestataire afin qu'il comprenne avec précision la demande.

Si le devis est validé, lancer la mission et suivre le prestataire à chaque étape.

Lors de la fin de la mission, donner un retour au prestataire des remarques du client et le remercier pour entretenir de bonnes relations.

Éléments facultatifs

En règle générale, le prestataire n'est en relation qu'avec le chargé de communication. Cependant, il peut arriver qu'il soit présenté au client accompagné du chargé de communication. Il peut être plus intéressant et rapide d'aborder certains points techniques directement avec le prestataire.

Si le chargé de communication travaille avec un nouveau prestataire, il est possible de le « tester » par la demande d'efforts commerciaux, de réalisations du prestataire ou d'une ébauche de son
projet.

Éléments indésirables

Un prestataire doit se tenir au brief du chargé de communication,
qui traduit les besoins du client. Il ne peut décider tout seul des
orientations du travail. Le chargé de communication doit imposer
ses directives pour rester cohérent avec la stratégie de communication.

MES CONSEILS

- Privilégier les prestataires fidèles car ils comprendront vos
  attentes plus vite et plus aisément.
- Rencontrer régulièrement des prestataires afin d'avoir toujours
  un carnet d'adresses de prestataires prêt et à jour.
- Ne pas forcément choisir le prestataire le moins onéreux. Il peut
  être plus intéressant de choisir un prestataire recommandé afin
  d'assurer la qualité du travail fourni.

CHECK-LIST

✓ Bien sélectionner son prestataire.
✓ Élaborer un briefing clair et précis.
✓ Assurer un suivi constant durant la mission.
✓ Remercier le prestataire et garder le contact.

Exemple d'un devis effectué par un graphiste dans le cadre de la conception graphique d'un livret

Cas pratique

POISSONS PILOTES   Date : 15 octobre 2009

Devis N° XX-XX

Objet : Livret Encyclopédie des mots du cancer

Création et exécution de l'ensemble du document, déclinaison du principe graphique :

– incluant la recherche et la création de 14 illustrations (pour 14 mots),

– intégration des textes définitifs, intégration des éventuelles corrections d'auteur,

– sur la base d'un maximum de 3 vagues de corrections,

– étapes de relecture par échange de fichiers pdf,

– préparation des fichiers pour impression.   HT *9 200,00 €*

Production d'un bon à tirer numérique 100 pages (50 planches).
Procédé Epson pro4000,
Rip Bestcolor profil cromalin.   HT *500,00 €*

Préparation des éléments pour l'impression,
assemblage sur CD-Rom pour l'imprimeur.   HT *300,00 €*

Hors impression
Hors suivi de fabrication

Total HT 10 000 €*

Bon pour accord le :

Nom :

Société :

Signature :

** Les prix indiqués sont fictifs.*

Exemple d'un devis effectué par un imprimeur dans le cadre de l'impression d'un livret

POISSONS PILOTES

DEVIS

Références : Devis
Notre FAX : 01 21 25 89 74
Notre TEL : 01 21 25 89 58
Notre E-MAIL : info@imprimeurs.com

Réalisation de vos travaux de reprographie :

Impression d'un livret

> Impression numérique QUADRI

> D'après un fichier fourni.

> D'un document de 100 pages format A5 (148.5 x 210 mm)

> 4 pages de couverture R°/V° sur papier couché mat 250 gr.

> 96 pages intérieur R°/V° sur papier centaure 150 gr.

> Finition : Dos carré collé avec encartage de la couverture

Impression en 10 000 ex.   65 000 € HT*

Livraison : 10 000 ex 1 pt Paris

* Les prix indiqués sont fictifs.

Exemple d'un devis effectué par un traiteur dans le cadre d'un déjeuner de presse

RAPPEL DES DONNÉES

DATE : jeudi 11 mars 2009
HEURE : De 11 h 00 à 14 h 00
NOMBRE DE CONVIVES : 20 invités
FORMULE RETENUE : Buffet chaud assis
LIEU : Poissons Pilotes
PLANNING D'INTERVENTION : Le service s'effectue de 11 h 00 à 14 h 00.

RÉCAPITULATIF BUDGÉTAIRE

Votre Réception du 11 mars 2009
20 Convives – POISSONS PILOTES

BUFFET ASSIS	1 100,50 € HT
BOISSONS	300,60 € HT
PERSONNEL	200,00 € HT
ARTS DE LA TABLE	900,00 € HT
FRAIS DE LIVRAISON	15,00 € HT
TOTAL HT.	2 516,10 € HT
Tva à 19.60 %	193,16 €
TOTAL TTC	3 009,26 € TTC*

** Les prix indiqués sont fictifs.*

Exemple d'un devis effectué par une société technique de production dans le cadre du montage d'un spectacle

SON		
4	115XTHiQ active L.Acoustics sur 2 canaux	260,00
2	12XT active L.Acoustics sur 2 canaux	170,00
1	01V96 Yamaha, 16/8 (inclus carte 4 sorties XLR)	90,00
1	DN370 Klark Teknik égaliseur graphique 2 x 30 bdes	45,00
3	4065 DPA microphone serre-tête omnidirectionnel	120,00
3	SK500 Sennheiser émetteur ceinture	75,00
3	EM500 Sennheiser simple récepteur diversity	120,00
1	Multi 4 paires XLR 50m	7,00
1	Lot câblage	50,00
TOTAL SON		*937,00*
ÉCLAIRAGE		
4	Plan Convexe 1000w C101 ADB, lentille 150, 10-65°	36,00
4	SourceFour ETC 750w zoom 15°-30°	64,00
2	VL2500W Vari*Lite lyre wash 700MSR, trichromie	280,00
2	MAC700 Martin lyre 700HTI, trichromie, zoom, roue d'effets	280,00
1	ScanCommander MaLighting pupitre 16 asservis DMX 512	140,00
1	Lightcommander 24/48 MaLighting console à mémoires DMX	90,00
1	12*3 CS gradateur DMX 12 x 15A, DS3 50A	55,00
1	Mergeur entrée/sortie DMX	23,00
1	Lot câblage	100,00
TOTAL ÉCLAIRAGE		*1 068,00*
STRUCTURE		
4	FD34-300 Eurotruss poutre aluminium carrée 300, long. 3M	84,00
4	ALT400 ASD pied à treuil 4m00 charge maxi 80 kg	100,00
8	Pendrillon 3M x 6 m de haut molleton 340 gr/m²	360,00
TOTAL STRUCTURE		*544,00*

ALIMENTATION
1   Coffret 50A DS3 vers P17T32, 2 P17M32, 2 PC16A, 30 mA   50,00
2   Multipaires 6 circuits Socapex 20 m (prévoir éclatés)   30,00
TOTAL ALIMENTATION   *80,00*

DIFFUSION VIDÉO
2   PLCXU-58 Sanyo vidéoprojecteur XGA 3 000 lumens   520,00
2   Ecran valise 300 x 200 m Oray toile directe/rétro avec pieds 150,00
1   Lot câblage   50,00
TOTAL DIFFUSION VIDÉO   *720,00*

CAPTATION VIDÉO
3   Caméras prise de vue et enregistrement   600,00
1   Régie caméra   400,00
1   Magnétoscope   80,00
1   Lot câblage   100,00
1   Consommable (K7....)   120,00
TOTAL CAPTATION VIDÉO   *1 300,00*

TOTAL MATÉRIEL   4 649,00 € HT

MAIN-D'ŒUVRE
1   Réalisateur (vidéo) 1 jour   600,00
1   Régisseur 2 jours   1 000,00
3   Cadreur (vidéo) 1 jour   1 350,00
2   Technicien polyvalent 1 jour   1 000,00
TOTAL MAIN-D'ŒUVRE   *3 950,00 € HT*

TRANSPORT MATÉRIEL
1 CHAUFFEUR   480,00
1 VEHICULE 15 m³ avec déplacement   600,00
TOTAL TRANSPORT   *1 080,00 € HT*

TOTAL   *9 679,00 € HT**

** Les prix indiqués sont fictifs.*

Exemple d'un devis effectué par un webmaster dans le cadre de la création d'un site Web

Poissons Pilotes

Devis : Création de site Web

Concept : Création d'un site Web commercial et corporatif en html/php comprenant une page principale regroupant 5 à 6 thèmes, eux-mêmes divisés en 4 à 5 sous-thèmes.

Service	Nbre d'heures	Tarif/heure	Total
Création d'interface :			
– Design	10	40 €	400,00 €
– Découpe pour html	1	''	40,00 €
– Optimisation pour Web	1	''	40,00 €
Montage du site :			
– Architecture des fichiers	2	''	80,00 €
– Création des pages html/php	23	''	920,00 €
– Création des feuilles de style	4	''	160,00 €
– Programmation de la navigation	6	''	240,00 €
– Optimisation du référencement	2	''	80,00 €
Mise en ligne	1	''	40,00 €
TOTAL			2 000,00 € *

** Les prix indiqués sont fictifs.*

4

LES ACTIONS DU CHARGÉ DE COMMUNICATION

Les actions vers les journalistes

Le plan de communication

Diagnostic

Qu'est-ce qu'un plan de communication ?

Le plan de communication constitue l'élément stratégique de la campagne à mener. Il définit la stratégie de communication de l'entreprise et les actions opérationnelles prévues dans l'année, en adéquation avec la stratégie générale de l'entreprise.

Le plan de communication est l'outil qui planifie et permet de dérouler avec efficacité la stratégie de l'entreprise ou d'un projet particulier.

Dans quel contexte est-il utilisé ?

Un plan de communication est indispensable à toute campagne. Il la structure.

Ce document est fondateur, au sens où il alimente les étapes de la relation entre les dirigeants de l'entreprise et l'agence.

L'agence participe à la définition de la stratégie de communication : elle propose messages, actions et outils en fonction des cibles visées par l'entreprise pour gagner en notoriété.

C'est l'agence qui garantit avec fermeté – et non rigidité – le suivi du plan de communication, tout en s'adaptant aux circonstances et aux changements contextuels parfois indispensables à l'actualité de l'entreprise.

On peut comparer le travail de l'agence à celui du « metteur en scène du théâtre des médias » : pour bâtir la meilleure pièce possible (la visée de la stratégie de communication), elle choisit scénaristes et acteurs (les porte-parole). En fonction des événements, l'agence ajuste le scénario, corrige les acteurs et voit les justes moments pour lancer les représentations.

Matrice

Méthode

- Établissement d'un diagnostic : faire un état de la situation, réunir l'information, extraire l'essentiel de la masse d'informations et la formuler en registres de discours divers :
  - étude préliminaire : comprendre l'entreprise, l'enjeu de sa communication ;
  - concurrence : évaluer les forces, les faiblesses et le positionnement des concurrents sur le marché ;
  - cibles : identifier les cibles et analyser les barrières à surmonter, déterminer leurs caractéristiques ;
  - positionnement : identifier les caractéristiques clés de l'entreprise et de ses produits (sur quoi l'entreprise va bâtir sa stratégie), sentir les niveaux de langage qui les sensibiliseront ; pointer les dysfonctionnements pour progressivement les effacer, les rééquilibrer ;
  - définir un axe de communication : une orientation majeure de message sera à sélectionner.

- Orientation stratégique : elle définit l'objectif que l'entreprise veut atteindre par son plan de communication :
  - qu'est-ce que la communication peut faire pour illustrer la stratégie de l'entreprise ?
  - définir à moyen terme les moments d'étapes de la communication ;
  - déterminer les ambitions et l'objectif final de l'entreprise.
- Choix de moyens de communication : sélectionner les actions et outils qui permettront d'atteindre les objectifs. Le choix de ces actions, événements, doit tenir compte des objectifs visés, de l'analyse de la concurrence et surtout des moyens financiers dont l'entreprise dispose.
- Actions créatives

À titre d'exemples (liste non exhaustive) :
  - les supports papier (dossiers créatifs ou livres) ;
  - le dossier de presse et tout écrit média ;
  - les soirées de présentation, les soirées de gala et les invitations à des manifestations sportives ;
  - le partenariat, le parrainage ;
  - les manifestations ;
  - les événements, l'organisation des voyages de presse, la présence à des salons ;
  - le support télématique (Internet) ;
  - les médias : presse écrite, radio, télévisions régionales, etc. ;
  - les objets publicitaires.
- Réalisation technique et production
- Budget
- Évaluation des résultats

Éléments facultatifs

Proposer un calendrier des actions à mener permet de disposer d'une réelle feuille de route pour déployer sa campagne dans le temps. Les temps de communication sont ainsi clairs et répartis. Il faut évidemment s'adapter aux rythmes de l'entreprise cliente et lui proposer les justes événements au bon moment.

Bien évaluer le contexte dans lequel évolue l'entreprise cliente et les différents événements auxquels elle participe. Effectivement, la campagne de communication peut dépendre de certains grands moments d'actualité, par exemple les salons auxquels participe une entreprise. Parfois, il faut savoir faire simple et marier son événement à un grand moment d'actualité de cet ordre.

Éléments indésirables

Les conseils et interventions inutiles de membres de l'entreprise qui n'ont pas été liés à la mise en scène de la communication et à la compréhension de ses buts.

L'idée de dernière heure qui semble à la mode et qui copie trait pour trait ce que fait un concurrent.

MES CONSEILS

- Pour éviter de se laisser déborder et d'abandonner sa communication aux courants contraires de l'actualité ou à des pressions internes, quelques points fondamentaux sont à retenir :
  - être pédagogue et réexpliquer autant qu'il le faut, avec constance, le plan de communication et l'intelligence de ses choix ;
  - se doter des outils justes : un plan de communication fixe le cap et identifie les lignes stratégiques. En quelque sorte, il indique en vue de quoi on cherche à communiquer. Il se complète d'un calendrier d'actions précisant où, comment et auprès de qui il sera appliqué. En dehors de ce cadre, il ne faut tolérer aucune incartade !

- savoir rester souple... mais ramener chaque action de communication aux axes définis par le plan de communication en comprenant les contraintes de l'entreprise ;
- garder le cap : en toute théorie, il faudrait s'interdire toute action vers la presse s'inscrivant en dehors du plan de communication. Le chargé de communication ou le directeur de la communication ne doivent pas hésiter à imposer leurs vues et à faire valoir la ligne stratégique validée au plus haut niveau de l'entreprise. En pratique toutefois, il peut y avoir obligation de communiquer sur un thème extérieur à la stratégie. Tout le talent du communicant est alors de relier le nouveau sujet aux thématiques du plan de communication. Objectif : répondre aux attentes du client tout en trouvant, même avec cet inattendu imposé par le client, une cohérence avec la ligne stratégique ;
- être soi : sur un sujet difficile et attaqué, le risque est de se laisser déborder par les critiques et de s'abandonner à une stratégie de réponses par réaction.

CHECK-LIST

✓ Mettre à plat le contexte dans lequel évolue l'entreprise et le comprendre en saisissant les obstacles et critiques qui pourraient surgir.

✓ Définir des axes de communication pertinents avec l'identité de l'entreprise.

✓ Asseoir les messages que va véhiculer l'entreprise.

✓ Déterminer les moyens de communication qui vont au mieux illustrer la stratégie choisie.

✓ Planifier les étapes de communication en cohérence avec l'actualité de l'entreprise et l'actualité du secteur.

Plan de communication pour la médiatisation d'un ouvrage

Médiatisation de l'ouvrage *Retraites : le mensonge permanent*

Contexte et enjeux de la stratégie de communication

La question des retraites a toujours été un sujet brûlant, notamment tout au long des années 2000 lorsque les réformes à mettre en place ont franchi des points d'étapes toujours polémiques.

L'ouvrage publié à cette période par Gérard Maudrux, Retraites : le mensonge permanent, abordait avec originalité et pertinence la question. Restait à déterminer les conditions de médiatisation d'un livre traitant d'un sujet aussi largement débattu dans la presse : comment émerger, comment se faire entendre alors que les avis et prises de position de toutes sortes abreuvaient la sphère médiatique ?

Sollicitée par l'auteur et sa maison d'édition (Les Belles Lettres), l'agence Poissons Pilotes a mis sur pied une stratégie de relations presse fondée sur la rédaction d'un dossier de presse accompagné d'un plan média de rencontres avec les différents journalistes susceptibles de traiter le sujet. Actions classiques en apparence, mais pas tout à fait.

En effet, l'originalité du dossier de presse a été de proposer en première page un jeu sous forme de quiz : à travers différentes questions plus ou moins difficiles, chacun pouvait évaluer sa connaissance du sujet ; un bon moyen d'attirer l'attention sur un sujet difficile que beaucoup pensaient maîtriser sur le bout des ongles… et donc de donner envie de lire le dossier de presse, et a fortiori le livre.

• Planning de la campagne de presse Retraite

Messages – août

Écriture d'un dossier de presse faisant ressortir :

- les arguments de l'auteur ;

- les étapes d'un bilan ;

- sa thèse.

Mise en valeur des moments forts du livre… pour des journalistes qui n'ont pas toujours le temps de lire :

- la caisse de retraite ;

- la présentation de l'auteur, son parcours.

Un communiqué (sorte de résumé mettant en exergue les arguments les plus forts du livre) est extrait du dossier de presse.

Deux réunions stratégiques avec l'auteur permettent de terminer d'affiner le positionnement stratégique de toute la campagne de presse à mener. Ces réunions préparent aussi l'auteur à rencontrer les journalistes. Poissons Pilotes liste pour la seconde réunion toutes les questions difficiles et délicates auxquelles l'auteur aura à faire face de la part des journalistes.

Cibles du 15 août au 30 octobre

Poissons Pilotes prépare un fichier relié à tous les thèmes évoqués dans le livre.

En face de chaque thème choisi seront regroupés les médias qui peuvent être sensibles aux arguments criblés.

Ce fichier servira à :

- l'envoi de bonnes feuilles du livre (journalistes alliés) ;

- l'envoi réfléchi des ouvrages une fois édités avec le dossier de presse ;

- établir un plan média : la liste des journalistes à rencontrer par le biais de petits déjeuners de presse.

Toutes les deux semaines, l'auteur viendra deux jours à Paris. Il rencontrera à chaque voyage, 2 à 3 journalistes :

- la dernière quinzaine de septembre ;

- la première quinzaine d'octobre ;

- la deuxième quinzaine d'octobre ;

- la première quinzaine de novembre.

Cela établit alors un contact privilégié avec les 12 journalistes des médias considérés comme le « cœur de cible », compte tenu des propos tenus dans le livre.

L'auteur doit de plus être élu en septembre président d'une caisse de retraite.

Autant de faits d'actualité que Poissons Pilotes utilise pour aider à une plus ample médiatisation de l'ouvrage.

Dans cette phase I, Poissons Pilotes propose :

- un contact qualifié avec 120 journalistes ;

- la rencontre organisée par Poissons Pilotes d'au moins 12 d'entre eux ;

- le suivi qualifié de tout journaliste effectuant une demande spontanée ;

- une relance personnalisée suivie de 50 d'entre eux qui seront considérés comme les plus intéressants et mobilisables.

Un journal de bord retranscrit ces échanges.

Pour aller plus loin

Si fin octobre l'auteur veut prolonger sa campagne, Poissons Pilotes peut lui offrir un plan de campagne phase II qui sera présenté le 30 novembre pour continuer cette médiatisation dès le 1er décembre.

Par exemple : débat avec d'autres auteurs par le biais d'un déjeuner de presse avec des auteurs de renom tels que Raymond Soubie. D'autres types d'auteurs et de livres proches des thèmes de débat présentés par l'auteur pourront être suggérés à M. Martix s'il fallait en novembre envisager de faire rebondir le débat.

Moyens des relations presse

Moyens fournis dans cet abonnement :

- trois heures de consulting de Julia Declaire ;
- un plan d'action stratégique ;
- une revue de presse ;
- création et entretien d'un fichier relations presse (d'août à octobre – 120 à 180 noms) ;
- un calendrier des prises de parole et des messages à écrire pour effectuer le suivi des journalistes rencontrés ;
- comptes-rendus des rendez-vous tenus avec les journalistes ;
- un journal de bord hebdomadaire écrit et informatisé du travail effectué ;
- réponse à toute demande émanant d'un journaliste ;
- lettres de remerciements ou de suivi de rendez-vous ;
- l'animation pendant une journée et demie par semaine d'un chargé de communication affilié à son dossier ;
- coordination du ou des rédacteurs et autres prestataires nécessaires à la mission.

Plan de communication pour la Fédération française de la nutrition, de l'hygiène de vie et du développement personnel

Contexte et enjeux de la stratégie de communication

La Fédération française de la nutrition, de l'hygiène de vie et du développement personnel (Fénudev) est une association regroupant différents syndicats professionnels impliqués dans la nutrition et la qualité de vie par l'alimentation. Soucieuse d'accroître sa notoriété pour offrir une meilleure audience à ses communications auprès du grand public et de la presse, elle s'est adressée à Poissons Pilotes pour développer une stratégie de communication.

Compte tenu des enjeux et du contexte, l'agence a préféré requalifier son intervention en «communication d'influence». L'avantage et l'inconvénient de la Fénudev sont en effet de s'inscrire au sein d'un univers surmédiatisé – celui du bio, du développement personnel, de la médecine alternative –, certes porteur, mais duquel il est extrêmement difficile d'émerger.

Dans ce secteur saturé d'informations, le travail de médiatisation a donc consisté à «distinguer» la Fénudev pour la faire davantage connaître de la presse, mais aussi et surtout des experts et des relais d'opinion liés à l'univers de la Fénudev. D'où le terme de communication d'influence : c'est en s'appuyant sur la légitimité des experts et des relais d'opinion que la Fénudev peut bâtir sa propre crédibilité et s'imposer comme un porte-parole référent sur les thèmes qu'elle souhaite promouvoir. L'objectif est bien que la Fédération devienne un interlocuteur clé pour la presse, capable de clarifier et mettre en perspective les différentes informations circulant autour de l'univers du bio et de la nutrition.

Poissons Pilotes a ainsi bâti une stratégie de communication reposant sur une cartographie du secteur de la Fénudev, visant à identifier puis à conquérir les relais d'opinion. Des points d'informations rassemblant journalistes et experts ont été montés tous les trimestres sur des sujets d'actualité pour affirmer la position de passerelle entre la recherche et le grand public de la Fénudev. En complément, un grand événement a été organisé au salon Vie nouvelle et Bien-être, autour de tables rondes rassemblant philosophes, experts, journalistes...

Bien plus qu'une campagne de relations presse, la stratégie de communication de la Fénudev a ainsi réellement servi à construire une identité, une notoriété et une légitimité.

Cas pratique

Le plan de communication

Poissons Pilotes a été sollicité par Bernard Quignard, de la Fédération française de la nutrition, de l'Hygiène de vie et du développement personnel, appelée la Fénudev, pour aider à faire mieux connaître la filière nutrition, hygiène et bien-être auprès des leaders d'opinion du secteur de la santé et du bien-être, auprès du réseau des distributeurs et leurs publics.

Le contexte

La Fénudev représente les intérêts de l'ensemble de la filière nutrition/diététique, de la production à la distribution. Elle comprend 6 syndicats : Conseil Nature (distribution), Syna (transformation), Synafood (production), Disbio (distribution), les spa et distributeurs de beauté bio et le syndicat des coachs psy. La filière comprend les produits alimentaires issus de l'agriculture biologique, les compléments alimentaires, les cosmétiques naturels et aussi une partie de la filière des enseignants sportifs.

La Fénudev assure auprès de ses membres des missions de promotion, de formation, d'accompagnement, de veille des tendances et de recherche. Dans ce cadre, elle participe à l'organisation, au parc des Expositions de la Porte de Versailles à Paris, du Salon professionnel Nutritien, aux nombreux salons liés au bien-être et à tous les principaux événements reliant les grands courants de développement personnel ainsi qu'à certains salons du sport.

Le rythme d'organisation des salons et événements, tous les ans, est suffisant pour répondre aux objectifs commerciaux. En revanche, il ne permet pas de développer de manière optimale l'image de la filière Fénudev et de ses acteurs, car le rythme de communication demeure discontinu. La Fénudev souhaite renforcer son dispositif de communication à l'année.

Elle envisage donc de mener une action plus marquante par le biais d'un événement en 2011. Dans le même temps, la mise en place d'une stratégie de partenariat avec la recherche scientifique et le ministère des Sports, par le biais de l'attribution d'une bourse, est à l'étude.

Le dispositif de communication

Pour répondre aux attentes de la Fénudev, Poissons Pilotes propose d'organiser et de médiatiser en 2011 un événement à fort contenu intellectuel et pédagogique : Les Rencontres de l'alimentation et du bien-être.

Objectifs et stratégie événementielle

Les objectifs de communication assignés à cet événement concourent à :

- construire une image forte et cohérente de la filière nutrition de la Fénudev, de ses métiers ;
- renforcer la notoriété de la Fénudev, de ses membres et ses activités ;
- assurer la pérennité des salons en développant l'intérêt pour tous les sujets irrigués par Fénudev ;
- promouvoir et servir les adhérents.

Pour atteindre ces objectifs, la Fénudev doit adopter chaque année une posture d'expertise et de partie prenante active sur les débats d'actualité qui touchent ses différents métiers. La première année, la journée d'étude aura lieu sur la nutrition, l'année suivante sur le bien-être et la troisième année sur le sport et le développement personnel. La Fédération est un acteur légitime pour traiter des questions de société liées à l'équilibre alimentaire : santé et développement durable sont au cœur de son discours. En approfondissant les connaissances, en ouvrant des discussions intersectorielles ou pluridisciplinaires, elle «fait avancer» le sujet et se met au service des publics susceptibles de relayer son discours et son image.

La Fénudev a donc tout intérêt à créer un événement qui se fonde sur un contenu «intellectuel» solide en sollicitant des experts d'horizons divers ; ce type d'événement aura le second avantage d'aider la Fénudev à se construire un réseau d'alliés parmi les leaders d'opinion. Elle pourra aussi commencer de faire connaître les thèmes autres auxquels elle se relie sur le bien-être tels que les personnalités et le sport.

Les publics cibles

Dans cette première phase de construction de la notoriété de la filière nutrition, il n'est pas souhaitable de communiquer directement vers le grand public par le biais de cet événement.

Les cibles auxquelles la Fénudev s'adresse sont composées des publics prescripteurs d'opinion susceptibles d'influencer l'évolution des mentalités sur les thèmes liés à la nourriture saine ou d'influer sur l'environnement des acteurs de la filière :

- les membres de la Fénudev ;
- les professionnels de santé ;
- la recherche scientifique et universitaire ;
- les pouvoirs publics, les politiques, les institutionnels ;

- les associations de consommateurs et de patients ;

- les médias.

La mécanique de l'événement : Les Rencontres de l'alimentation et du bien-être

Les Rencontres de la nutrition se déroulent sur une journée, répartie en tables rondes, animées par un journaliste professionnel.

Chaque table ronde est composée de trois ou quatre experts issus de disciplines diverses : sciences humaines, médecine, sciences économiques, sociologie…

Les thématiques traitées dans chacune des tables rondes sont distinctes les unes des autres, mais constituent plusieurs facettes d'une approche globale : le « fil rouge » de la journée.

Ces moments de discussion peuvent alterner avec :

- des reportages ;

- des exposés qui introduisent la table ronde suivante en traitant un aspect particulier du thème qui va être abordé.

À l'issue de chacune des tables rondes, un collectif de journalistes se livre à une séance de questions-réponses avec les intervenants.

La journée est clôturée par la remise de la bourse accordée par la Fénudev à une équipe de recherche travaillant sur la nutrition-diététique.

Parmi les thématiques possibles, les premières Rencontres de l'alimentation et du bien-être en 2011 pourraient par exemple traiter des sujets suivants :

Le fil rouge de la journée : « la vocation de la diététique : bien-être ou curatif ? »

Quatre tables rondes :

- « Alimentation et cancer : l'exemple de l'importance de la nutrition » ;

- « Alimentation et recherche : les écoles de la nutrition » ;

- « Nutrition et obésité : la question du comportement alimentaire » ;

- « Nutrition et développement personnel : les liens ? »

Il est important de pouvoir remettre aux participants un dossier d'information sur les sujets traités, élaborés en collaboration avec les intervenants.

Ce dossier d'information comprend une présentation de la Fénudev et des Rencontres de l'alimentation et du bien-être.

La date et le lieu de l'événement

Poissons Pilotes suggère que les premières Rencontres de l'alimentation et du bien-être aient lieu à l'automne 2012, de préférence en dehors de la période du SIAL, Salon international de l'alimentation, qui se déroule le plus souvent en octobre.

Poissons Pilotes suggère d'organiser les Rencontres de l'alimentation et du bien-être dans un lieu central, à Paris. Indépendamment des contraintes budgétaires, le lieu devrait idéalement posséder une forte connotation institutionnelle, qui soit en cohérence avec la culture « intellectuelle » des milieux scientifiques. Ces « lieux de savoir » sont nombreux à Paris :

- la Maison de la recherche ;

- la Fondation de la Maison des sciences de l'Homme ;

- la Villette…

Ces lieux sont cités à titre d'exemple.

Une post-publication : *Les Annales de l'alimentation et du bien-être*

Pour prolonger la « durée de vie » de l'événement et disposer d'un support utilisable dans le cadre d'une stratégie de communication d'influence, Poissons Pilotes suggère de publier dans un ouvrage relié le contenu des Rencontres : *Les Annales de l'alimentation et du bien-être*. Ce document peut servir de support à une discussion avec les élus et les politiques, à l'organisation d'un groupe de travail, à un partenariat dans le domaine de la formation…

Poissons Pilotes suggère également une autre idée : Les Rencontres de l'alimentation et du bien-être peuvent être le prétexte à la conduite d'études de perception ou d'opinion, auprès des professionnels de santé, de la nutrition, du bien-être, du sport et du développement personnel ainsi que des journalistes, du grand public…

Des professionnels et des sociologues viennent commenter ces études à une table ronde constituée :

- d'un public de professionnels ;

- d'un public de journalistes ;

- d'un public d'hommes de la rue, de consommateurs.

Lors de cette table ronde, des questions complémentaires sont posées par ces différents publics. Les sociologues y répondent.

Il est par exemple envisageable, en début 2012, d'interroger le public ou les journalistes sur leur perception de ce que sont l'alimentation, le bien-être et le développement personnel aujourd'hui.

L'accompagnement de l'événement : les relations presse

Poissons Pilotes conçoit Les Rencontres de l'alimentation et du bien-être au cœur d'un dispositif de communication capable d'amplifier et de prolonger l'impact de l'événement.

Un programme de relations presse est développé autour de l'événement :

- envoi d'un communiqué d'annonce trois à quatre mois avant la tenue des Rencontres (juin si l'événement est en octobre) ;
- invitation d'une sélection de journalistes clés de la presse professionnelle et grand public, traitant des sujets sciences, santé, société, agro-alimentaire ;
- réalisation du dossier d'information ;
- médiatisation et publication, autour des *Rencontres*, et des thématiques traitées ;
- réalisation d'un site Web qui recueille des conversations et permet des échanges entre les publics et les professionnels.

Le site Internet de la Fénudev a naturellement aussi vocation à relayer l'information :

- annonce de l'événement sur la page d'accueil ; possibilité de s'inscrire en ligne ;
- création d'une page spécifique « Rencontres de la nutrition » pour rendre disponible en ligne tout ou partie des contenus.

Plan de communication pour une société de traduction

Contexte et enjeux de la stratégie de communication

Linguista est, au premier abord, une simple société de traduction. Mais, en y regardant de plus près, elle est un peu plus que cela. Revendiquant un positionnement haut de gamme, cette agence ne collabore qu'avec des traducteurs de langue maternelle et garantit l'un des délais de traduction les plus courts du marché, avec quelque trente langues traitées ; elle propose, aussi et surtout, d'autres activités, avec de la rédaction directe et un travail d'interprétation sur des textes sensibles, où une maîtrise de toutes les subtilités d'une langue est nécessaire.

Tout l'enjeu pour l'agence Poissons Pilotes a donc été de rendre compte de cette spécificité et d'éviter à Linguista d'être confondue avec la myriade de sociétés de traduction œuvrant sur le marché français.

Un travail sur l'identité de Linguista a ainsi été mené pour faire comprendre les spécificités de la société. Au cœur de cette intervention, la réalisation d'un dossier de présentation a permis de constituer pour Linguista une véritable matrice argumentaire de ses thèmes de prises de parole ; le discours était ainsi cadré, et disposait d'un support de référence pour garantir la cohérence des propos.

En complément, un bureau des messages a été créé à l'aide de différents supports permettant de varier les mises en scène et d'éviter le recours systématique au communiqué de presse : des notes de presse et des cas concrets ont été rédigés.

La campagne de communication s'est appuyée sur cette diffusion des messages, complétée d'un plan média de rencontres avec la presse et la participation à des événements existants pour renforcer la visibilité et la crédibilité de Linguista.

1. Rappel des besoins de Linguista

Identité et positionnement

Agence de services linguistiques aux entreprises proposant trois métiers :

- traduction/adaptation (30 langues proposées) ;
- rédaction ;
- interprétation.

Linguista évolue dans trois secteurs majeurs : le luxe, les agences de technologie de l'information et les services.

Linguista se présente comme une agence haut de gamme, fournissant un service de qualité, sur mesure et personnalisé.

Objectifs de la campagne de communication

Développer la notoriété de Linguista par le biais des relations presse.

Caractériser Linguista par le biais d'un blog qui se relie à l'activité et qui participe à l'établissement concret d'un dictionnaire en ligne de cas.

Élargir la visibilité institutionnelle de Linguista dans la presse nationale et dans la presse spécialisée pour gagner de la crédibilité.

Fidéliser ses clients et conquérir de nouveaux marchés en créant un outil récurrent adapté, un Web spécialisé pour la presse par exemple.

2. Mise en œuvre des relations presse : la stratégie des messages

Réalisation d'entretiens préalables avec les équipes de Linguista

Ces entretiens ont pour but de cerner l'identité de Linguista, de connaître l'actualité du groupe, de hiérarchiser les messages porteurs, de recueillir les documents utiles.

Ils sont indispensables à la réalisation du dossier de presse et à la création d'un flux de messages tels que des communiqués ou notes d'information sur le site presse.

Le dossier de présentation

Création et rédaction d'un dossier institutionnel bref, scandé, avec des exemples et des thèmes forts mettant en valeur les savoir-faire de Linguista, mais également sa position d'expert sur des thèmes porteurs à définir avec les équipes du groupe. À titre d'exemple : mondialisation, anglicisation...

Ce dossier, véritable structure argumentaire, carte de visite de la société les douze premiers mois, est la base de données du travail des journalistes. Il sera envoyé à un fichier de presse qualifié.

Les écrits suggérés par l'agence Poissons Pilotes pour créer des occasions de prises de parole régulières

Poissons Pilotes suggère l'écriture de communiqués de presse, de cas concrets mais également de notes de presse aux angles différents selon les cibles de presse.

Les notes d'information sont destinées à réaliser des focus sur des sujets marquants. À l'inverse d'un communiqué factuel, les notes de presse mettent en perspective une information traitée de manière approfondie, ponctuée d'exemples concrets et de témoignages.

Sortes d'articles clés en main, ces publications sont particulièrement appréciées des journalistes.

Ces documents de presse permettront à tous les journalistes d'être « nourris » régulièrement d'informations sur la vie de l'entreprise et d'approfondir chaque sujet.

L'agence suggère de bien différencier :

- les messages sur la vie spontanée de l'entreprise (nominations, nouveau partenariat...) ;
- et les messages à provoquer (cas concrets – domaine des technologies du luxe et des services, note d'information...) ;
- un calendrier indicatif de leur diffusion sera établi ;
- des relances ciblées seront effectuées. Un journal de bord des réactions obtenues sera établi.

3. Les moyens d'actions

Une revue de presse régulière

La revue de presse régulière permettra de cribler les articles intéressants, de le signaler à notre client, de connaître les angles privilégiés par les journalistes et de réactualiser en permanence le fichier de presse.

La revue de presse permettra aussi de suivre la culture du milieu et la communication des concurrents de Linguista.

Un outil qualifié pour agir : le fichier de presse

Le fichier de presse sera qualifié, codifié (alliés, neutres) et régulièrement réactualisé.

Le fichier servira de base pour la diffusion large du dossier de presse, pour la diffusion plus ciblée des communiqués ou cas concrets, pour les prises de rendez-vous.

Le fichier s'appuiera sur une veille des médias, un criblage des articles intéressants et des articles parus sur Linguista.

Outre la presse spécialisée (communication, langage) traitant directement des sujets liés aux métiers de Linguista, la presse généraliste écrite et audiovisuelle sera incluse dans le fichier.

Les rubriques visées pourront être les suivantes (liste non exhaustive) :

- communication ;
- ressources humaines, formation ;
- management ;
- économie ;
- certains correspondants de journaux internationaux en France ;
- ...

En fonction des cas concrets choisis, la presse spécialisée sera aussi contactée. À titre d'exemple, les thèmes retenus pourraient être :

- le luxe ;
- les technologies de l'information ;
- les services ;
- ...

À chaque envoi de document correspondra :

- une campagne d'appels auprès des journalistes du fichier ;
- une réactualisation régulière du fichier selon les ajustements signalés lors des appels téléphoniques ;
- la tenue d'un journal de bord des appels effectués qui consignera les réactions recueillies auprès des journalistes.

Des rencontres personnalisées avec la presse

Poissons Pilotes proposera un plan média : la juste circulation des messages existants et écrits pour les justes cibles et aux justes moments. Ce plan média propose, entre autres, un calendrier trimestriel de rencontres personnalisées pour le(s) porte-parole de la société avec les journalistes. Le plan média vise à offrir un équilibre entre les divers types de rencontres avec la presse généraliste, professionnelle spécialisée, économique…

Ces rencontres personnalisées permettront, à terme, de faire connaître avec qualité Linguista, de développer un réseau de journalistes et de créer de nouveaux « alliés » et prescripteurs d'opinion dans le cadre de relations durables.

Afin de fidéliser ces journalistes, il s'agira aussi de leur adresser à terme une newsletter qui sélectionnera tous les sujets les plus pointus présents dans la BDD.

Une cartographie des événements

Les événements auxquels Linguista peut participer

L'agence suggère d'appliquer la stratégie « kangourou » : c'est-à-dire de se servir d'événements professionnels existants et médiatisés, soit pour établir une veille, soit pour que Linguista impose un propos, une vision. Grâce à cette stratégie, on s'assure d'une présence dans les lieux où l'on doit être vu, et ce à un moindre coût.

La stratégie « kangourou » s'appuie sur l'établissement d'une liste actualisée des événements auxquels le groupe pourrait participer.

Deux mois après la signature du contrat, une première liste d'événements sera proposée. Elle sera régulièrement enrichie par la suite.

Cas pratique

Plan de communication pour une association de promotion de fruits et légumes frais

Contexte et enjeux de la stratégie de communication

Autour du slogan « 10 fruits et légumes par jour », un appel d'offres a été lancé pour réaliser, sur trois ans, une vaste campagne de communication alliant publicité, actions marketing et relations presse. L'agence Poissons Pilotes y a participé en partenariat avec un groupe de publicité, avec une réponse fondée sur la notion d'optimisme grâce à un porte-parole facilement identifiable : Marlène Jobert.

1. Actions auprès des enfants

Actions dans les milieux d'édition enfantins hors milieu scolaire

Édition et création de jeux ayant pour thème « 10 fruits et légumes par jour » :

- un jeu de l'oie ; par exemple, la case Hamburger aurait le rôle du puits de la version originale du jeu, la case « 10 fruits et légumes » permettrait de rejouer ;

- un jeu des 7 familles : « dans la famille agrume, je voudrais l'orange, dans la famille aromate le basilic ! », avec 10 cartes par famille.

Édition d'un CD 2 titres de Marlène Jobert, avec un conte « générique » et une histoire des « pommes ».

Édition d'un petit livre expliquant les vertus de la pomme à travers des anecdotes troussées par un humoriste enfantin (Pierre Perret). La pomme, c'est pour leur pomme : Adam et Ève, Guillaume Tell, contes parlant de pommes.

Actions en milieu scolaire

Principe d'association avec des éditeurs spécialisés en milieu scolaire :

- garantie à l'éditeur d'un certain nombre d'exemplaires financés par Promeurop ;

- diffusion des matériels et kits proposés en dotation par les organismes spécialisés associés à l'éditeur (kits pédagogiques pour les enseignants) ;

- dotation de lots de matériels pour les élèves, plus diffusion dans les circuits commerciaux classiques.

Pour les classes primaires jusqu'en classe de CE2 :

- le kit « pouces verts » comme matériel de classe : composé de plusieurs graines, d'un sachet de terreau et d'un guide d'observation dirigée, ce kit marqué aux couleurs de l'opération « 10 fruits et légumes par jour » permettra de faire pousser certains légumes et aromates pendant une période scolaire ;

- le livret de chants et de poésies sur le thème des fruits et légumes (*Le temps des cerises, Savez-vous planter les choux...* plus des chansons créées et chantées par Henri Dès) ;

- des chansons écrites par Jean-Jacques Goldman, père récent de trois petites filles, seront publiées dans ce recueil ;

- un chapitre spécifique sera consacré à la pomme ;

- on diffusera aux enfants des feuilles de musique qu'ils pourront coller dans leurs cahiers.

Tout au long de l'année, l'instituteur a ainsi la possibilité de sensibiliser ses élèves à la consommation de fruits et légumes.

Pour ceux qui enseignent aux plus grands :

- support pédagogique de type « focus » sur un quatre pages, interpellant l'enseignant sur les carences de consommation des jeunes et des enfants en matière de fruits et légumes ;

- présentation de la consommation de 10 fruits et légumes par jour comme un objectif pédagogique maintenant tonus et optimisme dans la classe.

Questions « bilans de connaissances »

Aspects traditions culinaires nationales et régionales

Aspects nutritionnels

Exercice pratique : « 10 fruits et légumes frais par jour, c'est facile »

Poster « la carte de France des fruits et légumes » pour les enfants

Ce poster comprendra un texte expliquant les fondements d'un bon équilibre nutritionnel suivant les saisons autour de la notion de 10 fruits et légumes frais par jour. Il servira de relais de communication familial.

Participation aux salons liés à l'univers de l'enfant

Salon international de l'enfant Playtime - Paris

Salon du livre de la jeunesse - Montreuil

Salon de l'agriculture - Paris

Foire de Paris

Foire de Tours

Principe de participation aux salons

Réalisation d'un stand et mise en place d'une équipe d'animation sur stand :

- diffusion sur le stand du matériel d'édition pédagogique (poster, livret de chansons, CD musicaux, kit pour faire pousser 10 fruits et légumes);
- participation aux ateliers et conférences du salon avec des conférenciers nutritionnistes;
- réalisation d'un dossier de presse et d'information adapté et intégré dans le dossier de presse de salons auxquels participeraient Promeurop.

2. Actions auprès des circuits médicaux

Les fiches d'information « 10 fruits et légumes par jour »

Actions auprès des patients, via les cabinets médicaux, les hôpitaux ou les antennes sociales.

L'originalité de notre approche : la personnalisation de cette fiche sinon par «classe thérapeutique», du moins par catégorie d'affections médicales. Il s'agit d'adapter le 10 par jour à des typologies de médecins et de patients. Par exemple affections cutanées et dermatologie, affections cardiaques, affections pulmonaires, etc. (les fiches sont structurées en fonction d'un besoin particulier recto d'appel sur ce besoin, verso détaillant les vertus des fruits et légumes répondant à ce besoin).

Pédiatres (les kiwis vitamine C, aromates éveil au goût, légumes verts et vitamines…).

Pathologies féminines, jambes lourdes (potages de légumes, légumes aux vertus dépuratives, vasodilatatives ou vasoconstrictives, etc.).

Cardiologie (apports en acides aminés, protéines végétales, aromates, ail, etc.).

Nutritionnistes (les fruits et légumes riches en oligo-éléments, en acides aminés, en fibres…).

Publication d'une fiche spécifique sur la pomme

Thème : «Mangez une pomme par jour», et diffusion chez les nutritionnistes et généralistes.

Participation à des salons liés à la santé :

- stand diffusant les fiches et des produits d'édition 10 fruits et légumes par jour. Explication de la démarche et des bénéfices santé des fruits et légumes;

- prise de parole des médecins du collectif à chaque salon : organisation de colloques et de tables rondes. Fourniture de fiches argumentaires répondant au thème du 10 par jour.

Salons liés à l'univers de la santé à titre d'exemples :

- Forme et santé – Paris ;
- Salon des fruits et légumes (Saint-Jean-de-Beauregard) ;
- Réalisation d'ouvrages de référence

Le Livre vert des fruits et légumes :

- un ouvrage destiné au grand public, aux femmes en particulier ;
- ce livre serait extrait de l'étude «Les fruits et légumes et la santé», publié par Danielle Rapoport Conseil en juillet 2002 ;
- il serait publié en partenariat avec le magazine *Elle*, sous la forme d'un petit fascicule d'une vingtaine de pages (semblable aux publications estivales par le magazine de nouvelles écrites par des auteurs célèbres).

Le Livre des 10 bienfaits « 10 fruits et légumes par jour » : parrainage d'un livre multi-auteurs avec des participations prestigieuses en matière d'hygiène alimentaire et de fruits et légumes (Jeanne Brugère-Picoux, Éric Ménat…)

3. Actions de relations presse et bureau d'information

Les soubassements de la politique de relais d'information

Un dossier d'information très construit sur une matrice argumentaire rigoureuse précisant les motifs et levant les freins du 10 fruits et légumes par jour :

- thématique de l'optimisme, arguments culturels et tradition ;
- arguments nutritionnels ;
- arguments éducatifs et familiaux ;
- arguments gastronomiques et éducation du goût.

Questions posées à des personnes phare :

- autorités en matière de nutrition comme Claude Fischler ;
- personnalités, sportifs, comédiens, grands patrons, journalistes.

Testimoniaux, résultats.

Un site Internet vivant, animé et optimiste[1]

Un espace de service et d'information ouvert et vivant

Un relais d'information pour la presse, une mine d'informations

---

1. Ce site a été conçu par Jean-François Variot.

Un magazine, avec actualité, dossiers, reportages, interviews, agenda

Un lieu d'échange et d'opinions

Un espace de curiosité

Un espace de jeux et de simulation «Fruits, légumes et découvertes»

Un «portail de référence» pour tous les éditeurs, ouvrages, livres, jeux, parlant de fruits et légumes

Gastronomie, traditions, recettes

Faire pousser des fruits et légumes

Économie, alimentation et place des fruits et légumes dans la nation

Actions presse en général : les marteaux et l'enclume

L'enclume est constituée de :

- actions télévision,
- radio,
- Internet,
- dossier d'info général.

Les marteaux :

- presse spécialisée,
- presse féminine spécialisée,
- presse santé,
- presse gastronomique,
- presse régionale,
- presse institutionnelle.

Exemples d'action presse féminine spécialisée

Une orientation plus «people». «Moi et mes 10 fruits et légumes favoris». Cette chronique aurait pour thème le rapport aux fruits et légumes de certaines personnalités. Personnalités pressenties : Marlène Jobert, Erik Orsenna, un cuisinier comme Michel Bras, un sportif de haut niveau, une comédienne comme Eva Green...

Publication de fiches santé sur les fruits et légumes. Des fiches s'inspirant de ce qui est proposé dans les cabinets médicaux pourraient être publiées. Une fiche par mois («Les Quatre saisons des fruits et légumes], sur un fruit ou un légume, en présentant son historique, ses bénéfices santé et ses différentes façons de le cuisiner.

L'enclume par excellence : la télévision

Un enjeu d'amplification

Démultiplier l'écho des actions grand public (campagne TV, actions promotionnelles…) par une présence à la télévision :

- informer et sensibiliser le grand public sur l'importance des fruits et légumes pour la santé ;
- inciter le grand public à multiplier les occasions de consommer « 10 fruits et légumes par jour ».

Démarche

Proposer et initier auprès des journalistes TV la diffusion de sujets ou de reportages sur les fruits et légumes frais :

- mettre en avant la collective en tant que porte-parole légitime.
- installer une relation durable avec le média le plus puissant, à savoir la télévision.

Méthode

Adopter une attitude proactive vis-à-vis du média télévision par la proposition de sujets : thématiques *vs* concept d'émission des chaînes ciblées selon les 5 typologies de consommateurs de fruits et légumes définies suivant la saisonnalité des fruits et légumes.

Message

Fonder les relations publiques auprès du média télévision sur :

- le plaisir ;
- la forme ;
- la santé ;
- la découverte d'une histoire, d'une information.

Mener des actions spécifiques sur les fruits et légumes en fonction de leur saisonnalité :

- fruits et légumes de saison ;
- fruits et légumes qui se consomment toute l'année.

Les angles d'attaque des journalistes télévision

Consommation :

- comment choisit-on les fruits et légumes frais ?
- quelle est la consommation en fruits et légumes frais ?
- pourquoi consommer des fruits et légumes ?

Économie : les fruits et les légumes, une part importante de l'économie française.

Gastronomie :

- les recettes les plus faciles à réaliser selon les différents fruits et légumes ;
- les recettes les plus connues selon les différents fruits et légumes frais ;
- les mélanges les plus insolites en termes culinaires selon les différents fruits et légumes frais.

Autres angles rédactionnels journalistes télévision

Nature :

- comment se partagent les cultures fruitières et maraîchères dans les différentes régions françaises ?
- le savoir-faire français en termes de culture des fruits et légumes frais ;
- les différentes manières de cultiver les fruits et légumes en Europe.

Santé / Beauté :

- les fruits et légumes frais : à consommer sans modération ;
- un atout beauté, santé et forme ;
- les complices des régimes.

Société :

- l'importance du marché des fruits et légumes dans la vie quotidienne ;
- un rendez-vous incontournable du monde agroalimentaire : le SIAL.

Les émissions cibles de notre action

Journaux télévisés : proposition de sujets aux différents services de rédaction des chaînes organisées par domaine de compétence : consommation, économie, santé, société.

Chaînes pressenties :

- hertziennes nationales : TF1, France Télévisions (France 2, France 3), Arte, M6 ;
- hertziennes régionales : France 3 Régions, M6 ;
- câblées : Canal +, LCI, TV5, BFM TV, i>Télé.

Gros plan sur les événements pour la presse

Diagnostic

Qu'est-ce qu'un événement-presse ?

Le chargé de communication se doit d'animer sa relation avec les journalistes et les leaders d'opinion. Ainsi, il peut organiser un événement déclencheur et créer des moments de relief dans un plan de communication.

L'événement est comme la « cerise sur le gâteau ».

Dans quel contexte est-il utilisé ?

Lorsqu'une information nouvelle et importante doit être mise en avant, le chargé de communication doit savoir le juste événement pour présenter cette information à la presse.

L'événement peut créer des points réguliers de rendez-vous plus nourris et festifs. Il peut être une démonstration et posséder une capacité d'analyse et d'illustration. Sa mise en scène apporte une dimension sensible et crée des relations de qualité.

Certains moments phare récurrents de l'entreprise, comme la présentation du rapport annuel, les vœux de l'année ou des publications d'études, peuvent également être des opportunités de rencontres, des rendez-vous spéciaux pour convier les journalistes, les publics « haut de gamme » et les personnalités qui font l'opinion.

Matrice

Méthode

3 moments à respecter

Préparation

CIBLES	MESSAGES
5 à 3 semaines avant envoi des invitations aux journalistes *3 à 1 semaine avant* Relances téléphoniques + mail en complément d'information. *2 jours avant* mail 20 appels téléphoniques aux cibles prioritaires.	Lettre d'invitation + mot Préparation d'un argumentaire téléphonique Communiqué de relance + mot manuscrit Extrait du dossier de presse Rappel de l'événement, du lieu, de l'heure à ceux qui ont dit oui Nouvel argumentaire téléphonique plus « serré »

Avant : pour le jour J

Établir un conducteur des actions à mener et de la répartition des rôles.

La veille : vérification de la régie et technique, vérification de l'accueil, répétition sur les questions délicates concernant le protocole.

Remettre le conducteur et le programme (horaires) de la journée à tous les acteurs de la mise en scène pour une bonne synchronisation.

Un assistant du chargé de communication coordonne la logistique.

Un autre assistant assure le brief des hôtesses.

La chef hôtesse, en liaison avec le chargé de communication, coordonne les prestataires (cocktail, photographes, équipe technique).

Accueil des invités VIP dans la salle (un responsable de l'entreprise et un responsable de la communication).

Accueil des VIP, des politiques, des personnalités, des journalistes venus pour la conférence ou pour le cocktail.

Penser aux principales personnalités que vous devez mettre en valeur et les faire se rencontrer.

Carnet de bord du suivi de l'événement (noter les questions, les documents à faire suivre, les rendez-vous à prendre…).

NB : une répétition du jour J devra avoir lieu dix jours avant l'événement.

Après : débriefing immédiat

L'après-midi :

* débriefing ;

* examen du carnet de bord de l'événement et répartition des tâches de suivi ;

* mail/courrier aux personnalités, politiques et aux journalistes qui ont répondu oui à l'invitation et qui ne se sont pas présentés, pour leur offrir l'opportunité d'un rendez-vous personnalisé avec l'entreprise.

Suivi : boucler la boucle

Le lendemain et plus tard :

* remercier : adresser des remerciements à toutes les personnalités, politiques et journalistes qui ont fait des échos dans la presse ou qui ont proposé de suivre le dossier dans leur sphère ou leur cabinet ;

* répondre :

  - élargir l'information en répondant aux questions posées (prix, sécurité, design…),

  - envoi sur demande d'autres documents complémentaires. Traiter toutes les interrogations, toutes les sollicitations ;

- reprendre contact : recontacter avec les journalistes ayant écrit les premiers papiers et qui pourraient aller plus loin, mais aussi ceux qui ont fait défaut alors qu'ils avaient répondu oui, leur proposer de rencontrer des personnalités disponibles ;

- ré-inciter : suivi spécifique, ré-invitation sur le sujet auprès de cibles complémentaires ;

- boucler : faire un bilan de l'opération dans un document regroupant tous les éléments constitutifs du dossier.

MES CONSEILS

Les différents moments d'un événement sont évidemment à prendre en compte pour s'organiser. Mais vous pouvez également raisonner et penser votre événement en termes de postes :

- la logistique : le bon choix de la date, la chronologie et la « chorégraphie » ajustée de l'événement, la salle (appel d'offres, budget, visite et choix) en cohérence avec le message, l'agencement-décoration (stands, affiches…), le cocktail, la signalétique, les hôtesses, les badges et mallettes, le fleuriste, les outils de projection et le diaporama, le photographe et le matériel d'enregistrement vidéo et sonore ;

- les outils : les invitations presse (impression, envoi), les dossiers de presse, le livret pour les non-journalistes, les cadeaux, les textes des orateurs (discours) à préparer, la table des orateurs, les chevalets, les micros, la retranscription – enregistrement –, la table de presse à l'accueil, le conducteur et fiches de déroulement du jour J pour les différentes parties prenantes, l'édition de la liste alphabétique des invités, l'édition de la liste alphabétique des invités VIP, politiques et journalistes, les programmes et horaires ;

- la coordination : informer en interne les différentes directions des étapes de la conception de l'événement, le parking des invités, l'accueil, les autorisations par la Mairie (stationnement, livraisons…), la sécurité, les assurances, le protocole, les susceptibilités des personnalités, la gestion de l'aléa – par exemple, prévoir un moyen de repli en cas de pluie, grève de transport.

CHECK-LIST

✓ Être relié à deux dirigeants de l'entreprise pour pouvoir les consulter en cas d'aléa à tout moment.
✓ Penser son événement dans le temps.
✓ Adapter l'envoi de l'invitation à vos cibles.
✓ Vérifier l'ensemble de la logistique, de la coordination et des outils avant l'événement.
✓ Répartir vos équipes par postes de responsabilités. De courtes fiches doivent leur être remises reprenant les points clés de leurs parties de mission.
✓ Débriefer « à chaud » dès la fin de l'événement.

Cas pratique

Conducteur d'un événement pour un ministère

<table>
<tr><td colspan="2" align="center">6 juin 2010 : matinée</td></tr>
<tr><td>Durée de l'événement :
5 heures
Horaire : 9h00 – 12h30 
Déjeuner : 13h00 – 14h00</td><td>Répartition en 3 phases
L'accueil : 9h00 – 9h30
Présentation des travaux : 9h30 – 12h45
Le déjeuner : 13h00 – 14h00</td></tr>
</table>

Première phase : accueil du public (9h00-9h30)

Accueil des différents publics (voir en annexe) + remise de documents
Accueil des institutionnels VIP + remise des badges + remise de documents
Accueil des journalistes + remise des badges + remise du programme

Deuxième phase : Regards d'étonnement (9h30 – 12h30)

Accueil par les représentants du ministère et présentation du cursus de l'ISM.

Première partie – Regards d'étonnement sur les relations mode et société *(1 heure)*

• Rapport d'étonnement sur les relations mode et société à partir de 4 cas :

Les matières premières de la mode
L'évolution des nouvelles technologies ; les nouveaux tissus
Les tendances, les bureaux de style dans le monde
L'application de la haute couture vers le prêt-à-porter et la grande distribution

Deuxième partie – Table ronde sur «Quel espace public pour débattre des relations entre la mode et la société ?» *(1h30)*

Comment la recherche peut-elle prendre en compte des demandes de la société qui ne s'expriment pas en termes scientifiques sur les nouvelles matières ?

Peut-on raisonner un processus dans le temps sur les goûts inconscients des consommateurs et consommatrices ?

Quels sont les problèmes posés par les nouvelles formes collaboratives de diffusion des connaissances ? Quelle est la fiabilité des sources d'information, le statut et le rôle des scientifiques et des stylistes dans ces nouveaux dispositifs d'échanges et de production de connaissances, quelle est la confiance qui est accordée aux scientifiques par les gens de la mode ?

Comment peut-on structurer ou faire émerger des débats autour des comportements de tenues et de l'évolution de l'habillement ? Selon les cas, quelles sont les formes de débat et de médiation à envisager pour organiser le dialogue entre scientifiques, gens de la mode et personnalités de la grande distribution ?

Troisième partie – Intervention de Christian Blanc – pressenti *(30 minutes)*

Troisième phase : le déjeuner (13h00 – 14h00)

Afin de faciliter les échanges entre les intervenants et le grand public, un styliste animera la conférence. Il en fera l'introduction, animera les différents débats et clôturera l'événement.

---

6 juillet 2010 : après-midi

Durée de l'événement :	**Répartition en 3 phases**
3 heures	Film : 14h00 – 14h15
Horaire : 14h00 – 17h00	La conférence : 14h15 – 16h00
	Le cocktail : 16h00 – 17h00

Première phase : le film (14h00 – 14h15)

Introduction : film de présentation « Regards croisés de l'ISM sur l'évolution des tendances de la mode dans le monde » *(15 minutes)*

Deuxième phase : la conférence (14h15 – 16h00)

Session de clôture de la première promotion de l'ILM

Table ronde placée sous la présidence de Pascal Morand

Allocution de Marc Jacobs sur les relations entre beauté et société *(20 minutes)*

Cérémonie de clôture : interventions de Mme de Plinval *(10 minutes)*, du ministre de la Culture, de Marc Jacobs et de Christian Lacroix

Échanges entre la ministre et les auditeurs, remise d'un cahier de coloriage créé par la Fondation Pierre Bergé-Yves Saint Laurent édité chez Petit Glénat et qui reprend quelques-uns des croquis haute couture inédits d'Yves Saint Laurent *(10 minutes)*

Troisième phase : le cocktail (16h00 – 17h00)

Cocktail *(1 heure)*

Fin de l'événement (17h00)

Lettre de suivi pour les journalistes qui n'ont pu se rendre à l'événement presse

Madame, Monsieur,

Vous aviez semblé porter un intérêt certain à la présentation de notre événement mode qui s'est tenu ce 6 juillet.

Ce premier opus réalisée à l'initiative de l'ISM (Institut de la science et de la mode) s'inscrit dans le prolongement de la tendance de ces dernières années : placer la mode au cœur des questions de société.

Je sais à quel point, en cette rentrée, votre temps était compté. Vous n'avez pu hélas assister à notre événement. C'est pourquoi nous vous adressons :

le résumé des débats qui se sont tenus ;

le cahier de coloriage créé par la Fondation Pierre Bergé-Yves Saint Laurent qui reprend quelques-uns des croquis haute couture inédits d'Yves Saint Laurent.

Ce travail reste précurseur. Les sciences continueront sûrement de s'ouvrir et de venir à la rencontre du monde de la mode.

Si vous le souhaitez, il est possible d'organiser un entretien téléphonique avec l'un des stylistes ou scientifiques que vous pourriez choisir d'interroger parmi ceux qui ont participé à cet événement.

Enfin, nous pouvons aussi vous proposer un entretien avec la responsable de l'ISM afin qu'elle vous expose les raisons de cette démarche entreprise par cet institut.

N'hésitez pas à nous joindre pour toute question.

Nous restons à votre écoute.

Je vous prie d'accepter, Madame, Monsieur, mes chaleureuses salutations.

Odile Tardieu
POISSONS PILOTES

Focus sur la rencontre avec un journaliste

Diagnostic

Qu'est-ce qu'une rencontre avec un journaliste ?

La rencontre avec le journaliste est l'un des moments majeurs de la relation de l'attaché de presse et du chargé de communication. Il peut s'agir d'une première rencontre, d'un déjeuner qui nourrit une relation ou d'un déjeuner de travail au cours duquel a lieu une interview.

La rencontre sert à faire passer les messages que l'on souhaite voir apparaître dans les médias, ou simplement à faire le point car il ne s'agit pas toujours d'obtenir un article.

La rencontre est toujours un moment délicat : moment d'échanges chaleureux et de détente, mais balisé par des codes subtils. Pour espérer, à terme, obtenir des articles régulièrement, pour collecter des informations précieuses sur le journal, sur le milieu journalistique, pour s'assurer du soutien « d'alliés » dans des situations sensibles ou en crise, il est important de créer une relation forte, régulière et stable avec un réseau de journalistes et de l'agrandir régulièrement.

Rencontrer un journaliste reste une affaire réfléchie, construite et strictement professionnelle. Le journaliste ne se déplacera que pour ce qu'il estime important. Un sujet est intéressant pour un journaliste s'il est source d'informations.

L'échec de la rencontre tient essentiellement au fait que l'on n'a pas su accrocher, attirer l'attention, susciter l'intérêt.

Différents types de rencontres

On peut rencontrer un journaliste de plusieurs manières :

- dans un cadre informel, on initie la relation, sans chercher à obtenir un article ;

- de façon plus formelle, on accompagne un dirigeant ou un porte-parole, soit pour qu'il échange « en face à face » avec un journaliste, soit parce que le journaliste le connaît déjà et a décidé d'aller plus loin ;

- le déjeuner « de suivi », car il faut savoir revoir régulièrement le journaliste conquis lors de la première rencontre et maintenir une relation nourrie où l'on sait autant donner que rendre.

Matrice

Mémo pour une rencontre « informelle »

Même un déjeuner informel qui n'a pour objectif que de nouer un premier contact et n'a pas pour vocation immédiate la parution d'un article nécessite une préparation sérieuse.

Avant

Choisir des médias qui peuvent développer votre information et savoir sous quel angle ils sont susceptibles de le réaliser.

Savoir qui est, au sein de la rédaction, la personne qui s'occupe des sujets que vous proposez.

Se renseigner au préalable sur le parcours du journaliste, ses fonctions actuelles au sein de la rédaction pour laquelle il écrit, pour savoir à qui vous avez affaire et comment s'y prendre pour le rencontrer.

Se faire une note sur le média que le journaliste représente.

Lire ses papiers régulièrement, avoir lu ses derniers articles, avoir écouté ou regardé ses émissions.

Bien choisir le lieu et préciser les raisons de la rencontre.

Savoir exactement ce que vous souhaitez présenter de votre entreprise ou de votre client, de son activité, de son secteur. Lors de votre appel téléphonique, le journaliste aura besoin d'avoir une idée des sujets que vous voulez évoquer avec lui.

Se munir d'un dossier de presse ou d'information au cas où. Il faut sentir ce que vous devez donner ou non.

Éléments indésirables

Ne pas savoir écouter, ne parler que de votre client ou sujet.

Choisir des lieux trop bruyants, des cadres luxueux où l'addition est exorbitante, des restaurants où l'attente est interminable, où vous croisez votre réseau de relations ou vos compagnons de travail.

Enfermer les journalistes dans les sujets, les spécialités qu'ils ne suivent pas toujours.

Pendant

Arriver avant l'heure et se montrer courtois, même si votre matinée s'est révélée exténuante. Votre bonne humeur est votre premier atout.

Avoir à portée de main un exemplaire du journal où travaille le journaliste que vous rencontrez.

Évoquer l'identité et le style de son agence, de son client (ou de son entreprise) en quelques mots, avec gaieté, doigté, sans être « amidonné ».

Écouter le journaliste. Il est essentiel de découvrir le journaliste à travers ses mots à lui : il faut le faire parler de son journal, de son métier, de ses centres d'intérêt, de ses réseaux ; c'est le seul moyen de comprendre de façon précise ce que sont ses besoins, ses goûts, ses contraintes, ses quêtes secrètes. Sa façon de vous expliquer pourquoi il a accepté de vous rencontrer donne souvent des indices précieux sur la manière dont il envisage et exerce son métier. Tenter de cerner sa personnalité.

Raconter l'entreprise à votre interlocuteur dans un langage de vérité, sur le juste ton. Votre récit doit étonner, éveiller sa curiosité et votre enthousiasme doit entraîner le journaliste. Vos arguments doivent être factuels, justes et rationnels.

Suggérer au journaliste des thèmes nouveaux, inhabituels d'articles.

Faire réagir le journaliste sur les propositions de sujet, élargir son horizon.

Surmonter les difficultés potentielles :

* être crédible quand on propose un sujet ;

* ne pas se laisser piéger par le « off » ;

* faire en sorte que l'entreprise soit reliée au sujet général qui sera traité ;

* s'assurer que le journaliste dispose d'assez d'informations pour bien comprendre.

L'intérêt du journaliste peut dans certains cas faire émerger de la conversation l'idée d'un article dont les échéances sont concrètes. C'est le signe du succès d'un déjeuner.

Éléments indésirables

Confondre le déjeuner de presse avec un discours marketing et faire la publicité de l'entreprise en mettant trop d'accent sur certains aspects du sujet = forcer la main du journaliste.

Négliger les arguments, les preuves, les exemples.

Être pesant.

Se comporter comme un vendeur porte-à-porte tentant de persuader lourdement le journaliste.

« Lâcher » des informations que le journaliste utilisera ou déformera dans un article.

Après

Remercier le journaliste de façon courte, naturelle et sobre par le biais d'un courrier ou d'un e-mail personnalisé. L'échange doit rester régulier pour rendre plus solide la relation.

En interne, veiller à établir la traçabilité de la relation dans les fichiers de base de données, de manière à ce que les informations recueillies lors du déjeuner soient accessibles à toute l'équipe de communication.

Faire parvenir au journaliste un dossier sur le sujet ou le client pour lequel il a manifesté de l'intérêt ou bien un échantillon du produit pour qu'il puisse l'essayer.

Continuer de lui adresser des informations plus qualifiées sur le client dans les mois qui suivent et le milieu du client.

Transmettre au journaliste avec gratuité, élégance et gentillesse, des articles ou des informations liés à ses univers d'intérêt, sachant qu'il ne faut pas fournir que des informations directement utiles.

Partager le réseau. Demander au journaliste, si vous êtes en contact régulier avec lui depuis un certain temps, de vous recommander à ses alliés journalistes, ou alors de vous renseigner sur ses confrères avec lesquels il sait que vous pourriez établir une relation féconde.

Lui faire des signes à des moments libres et gratuits, par simple fidélité, où l'on n'a rien à demander, l'inviter à une célébration, à une conférence interne où aucun autre journaliste ne sera présent. Lui donner des « petits plus », témoignages d'une relation de confiance qui s'amplifie.

Élément indésirable

Envoyer des petits ou des gros cadeaux pour remercier le journaliste. Il n'y a rien de pire que de lui faire sentir que l'on chercherait à l'acheter.

Mémo pour une rencontre «formelle»
(lorsque l'on accompagne un dirigeant)

L'harmonie est le maître mot d'un déjeuner de presse en trio : il faut que l'attaché de presse soit «en phase» avec le porte-parole en incarnant une image cohérente de l'entreprise et de son projet auprès du journaliste.

Avant

Organiser un brief interne entre le chargé de communication et le porte-parole. Celui-ci doit avoir les informations les plus importantes sur son interlocuteur afin de pouvoir réagir de façon adéquate au cours de la conversation. Les informations stratégiques ne sont pas toujours les plus générales. Elles sont parfois de tout petits détails qui peuvent avoir leur importance pour expliquer le contexte dans lequel se déroulera l'entretien.

Lire les derniers articles écrits par le journaliste et prendre connaissance de son parcours professionnel, des faits marquants qui le concernent.

Définir clairement l'objectif de la rencontre.

Déterminer ensemble les trois messages que l'on veut passer en priorité, l'ensemble des thèmes qui seront balayés.

Lister les questions potentielles du journaliste et préparer les réponses à y apporter.

Répertorier la position à adopter sur les sujets délicats qui pourraient être abordés, évaluer la contre-argumentation que le journaliste pourrait opposer pour s'y préparer.

Se mettre au courant de la toute dernière actualité susceptible d'être évoquée.

Organiser une session de média training si le porte-parole n'a jamais été en contact avec les journalistes.

Pendant

Le porte-parole	Le chargé de communication
Être à l'écoute du journaliste, montrer tout de suite son intérêt. Évoquer le sujet, mais surtout chercher à avoir la réaction, l'avis de son interlocuteur à ce propos. S'adapter au journaliste tout en gardant son identité. Conserver un comportement exemplaire, une attitude calme, posée. Laisser l'enthousiasme se manifester par intermittence. Rester au cœur du sujet et des messages. Rester clair et concis : surtout placer le message essentiel en début de réponse. Placer la conversation dans une dimension rationnelle, dépassionnée. Débattre avec le journaliste est souhaitable, mais avec réflexion, tact et diplomatie. Répondre clairement et calmement aux inquiétudes, aux hésitations, aux objections du journaliste. Savoir faire parler le journaliste pour sentir ce qu'il a pu ne pas bien comprendre. Divertir, faire rire, détendre l'atmosphère avec tact. Utiliser intelligemment quelques anecdotes, laisser quelque chose de rare à croquer sur l'entreprise (événement…) qui donne du piquant.	Faire les présentations en début de rencontre et introduire le sujet. Détendre l'atmosphère des premiers instants. Faire preuve de finesse, d'écoute et de mémoire, votre intervention doit être légère, discrète et servir de lien. Les interventions de l'attaché de presse doivent être toujours adroites et bien pesées : • apporter un éclairage technique ou une précision, des chiffres, dates, si nécessaire ; • aider à la pédagogie pour faire comprendre les sujets délicats ; • relancer si besoin est la conversation selon son fil rouge ; • faire diversion avec un sujet de transition culturel ou sportif ; • donner des moyens au porte-parole de rebondir sur les sujets ; • aider à nourrir le débat ; • temporiser si le ton monte. Assurer les moments de pause, veiller au rythme de la discussion. Percevoir le moment où les deux interlocuteurs ne se sont pas compris. Veiller à l'équilibre des temps de parole si le PDG de l'entreprise vient avec un expert. « Tenir le chrono » et être le garant du déroulé décidé et établi en amont. Prendre des notes : ne pas écrire tout le temps, mais relever les informations stratégiques. Reprendre la parole pour le mot de la fin. Reprendre les points principaux et dresser le récapitulatif. Remettre de la documentation sur les points évoqués si besoin est.

Après

Faire une évaluation approfondie *a posteriori*.

Assurer le suivi de l'entretien : transmission des informations manquantes, remerciements et discussion des modalités d'un éventuel article si cela a été abordé.

Mémo pour une rencontre de suivi

On ne peut plus surprendre le journaliste, il faut donc de façon posée :

* continuer à l'écouter ;

* comprendre ce qu'il a désormais compris ;

* saisir comment il a évolué ;

* lui conter les évolutions de vos dossiers sans lui « redire toute l'histoire ». Les anciens sujets restent à l'ordre du jour, mais l'écoute est plus subtile, vous entendez mieux tout ce qu'il a déjà pu vous dire ;

* penser, venir cette fois avec des dossiers nouveaux ou plus approfondis que vous pouvez lui présenter, lui commenter.

Le succès, ce sera quand, pour la prochaine rencontre, le journaliste prendra lui-même l'initiative.

Il sait désormais que vous avez de la ressource, de la matière, de la curiosité intellectuelle, du jugement, de l'humour et surtout de la crédibilité.

MES CONSEILS

* Une rencontre doit être un moment agréable, convivial, chaleureux. Restez à chaque fois inspiré pour sentir ce qu'il est juste de faire. Chaque rencontre est un moment unique. Soyez naturel.

* Savoir écouter avec intelligence et cœur.

* Le chargé de communication doit penser en termes d'échange, de partage d'informations constructives élargies, pas seulement à propos de celles qui lui sont directement nécessaires pour communiquer. La relation n'est pas factice, elle possède une dimension de générosité, d'entraide : il faut être réellement intéressé par l'autre.

* Il faut connaître l'état d'esprit du journaliste, sentir l'état d'esprit de la rencontre.

- Il est souhaitable de présenter une vision, une réflexion, d'élargir les questions posées. N'ayez pas un discours trop étroit, trop resserré sur vos intérêts ou celui de votre sujet immédiat.
- Il faut « sentir » de quelle manière le journaliste perçoit le propos et lui laisser le temps de reformuler certains propos compris et abordés. Répéter quand il faut et veiller à obtenir son feed-back. Laissez-le noter, laissez-le respirer.
- Il faut savoir équilibrer son discours entre ouverture sur le sujet et identité de l'entreprise, pour éviter le piège de l'inexactitude, mais il est aussi nécessaire de prendre le temps de signifier l'identité de son client, d'expliquer de manière très pédagogique pourquoi en parler apporte en plus.
- Ne pas être trop précis, ne pas être trop rapide, mais privilégier la clarté dans la présentation de son sujet (même si le journaliste connaît bien le secteur d'activité). À tout moment, même lorsque vous parlez de recherche et développement, de marketing ou d'autres sujets, veillez à ce que le journaliste comprenne l'identité de votre entreprise et ses spécificités.
- Ne pas hésiter à poser des questions aux journalistes.
- Il ne faut à aucun moment oublier que le centre de l'attention, celui qui parle, qui anime la conversation, conduit l'entretien où il veut le mener, c'est le porte-parole.
- Il faut se méfier de dire quelque chose en « off », évoquer un sujet non prévu au programme de l'interview. Cela signifie confier au journaliste quelque chose que l'entreprise ne veut pas rendre public... ce qui est le meilleur moyen pour que le journaliste en parle.
- Répondre franchement sans mentir, dissiper les malentendus, reconnaître ses erreurs et ses ignorances est une exigence.
- On ne saurait trop insister sur le soin particulier qui doit être porté à la rédaction d'une lettre puisqu'elle véhicule l'image de son émetteur.

CHECK-LIST

✓ Rester naturel.

✓ Ne pas trop communiquer, mais de façon pertinente, en direction des bons interlocuteurs.

✓ Parler juste dans un langage de vérité ; fournir des informations fiables, complètes et de qualité.

✓ Fixer les frontières et veiller à respecter les règle d'éthique professionnelle ; il est parfaitement envisageable que le journaliste vous sollicite pour que vous usiez de votre influence auprès de vos contacts afin de lui faciliter la tâche lors d'une enquête.

Cas pratique

Préparation d'un entretien avec un journaliste

Objet de l'interview

Le communiqué « widesourcing », la plateforme de développement

Profil du journaliste

Presse économique régionale

Points délicats à anticiper

La plateforme régionale : la plateforme de développement n'est pas encore constituée, Faler attend des réponses pour les aides régionales. Le projet liant le lancement de STAE aux partenariats offshore pose un problème politique (un élu de la région, Madame A., défend une position anti-délocalisations).

Les partenariats offshore.

Problématique de l'entretien

Comment délivrer au journaliste une information cohérente avec le communiqué « widesourcing », axée sur la région, sans donner des informations qui pourraient embarrasser Faler ?

Proposition de plan pour l'entretien

Une explication très didactique de l'offre, mettant en valeur le passage à un nouveau modèle économique. Cette explication pourrait être illustrée par un document PowerPoint.

Dispositifs mis en place par Faler pour relayer cette offre.

Perspectives à venir : présenter en avant-première « on » ou « off » au journaliste.

But de la préparation

Anticiper les questions délicates et savoir y répondre en gardant l'avantage.

Définir clairement les messages que Faler veut faire passer dans la presse régionale.

Type de questions à préparer avant l'entretien

Compte tenu du type d'informations recherchées par le journaliste et suggérées dans le communiqué, il est difficile de contourner la dimension régionale, pourtant épineuse.

Voici les questions délicates à préparer avant l'entretien :

- Où est implantée la plateforme ? Combien de personnes y travaillent ?
- Quelles sont les entreprises partenaires en offshore ?
- Comment créer de l'emploi en délocalisant ? Pourquoi « sous-traiter » à l'étranger ?
- Quelles retombées pour la région ?
- Sur quel dispositif d'aides publiques comptez-vous ?

Mémo pour un client à propos du profil d'un journaliste

B. Hachet connaît bien le contexte de la pollution en France. Il est correspondant environnement du *Monde*, rubrique « Régions ».

- Il a interviewé D. Bois le 25 février. Il s'intéressait particulièrement à la fermeture d'usines et aux aspects de mise en conformité : discussion sur Le Havre, évolution de la législation…
- Il a questionné D. Bois sur la durée de vie des molécules polluantes.
- Il a demandé le coût d'une usine d'incinération.

Interview restée en off

Il a interviewé G. Ducloux le 3 mars 2009 sur le contexte des déchets en Alsace :

- il l'a interrogé dans le cadre de la polémique locale sur le thème des déchets des portes d'Alsace envoyés provisoirement sur le Territoire de Belfort ;
- G. Ducloux lui a expliqué le contexte général des déchets en Alsace ainsi que le contexte particulier des portes d'Alsace.

Interview restée en off

Il a interrogé M. Dartier en décembre 2009 dans le cadre de l'application de la loi de 1992.

Cf. article que nous vous avons fait parvenir

Deux articles spécifiques sur l'incinération signés B. Hachet en avril 2007 et janvier 2008 sur la fermeture d'incinérateurs hors normes. À noter : n'a pas traité « l'affaire Duval ».

Pas de demande particulière, mais il est essentiellement intéressé par les usines ancienne génération.

Documents à laisser :

- étude sur l'incinération ;
- rapport environnement ;
- communiqué sur les nouvelles ouvertures d'usines ;
- dossier de presse.

Note de conseil pour un nouveau client en vue d'une rencontre avec un journaliste

L'interview du 11 février avec Armande Bataille de *La Tribune* étant votre première prise de parole, elle est très importante car elle doit permettre de « prendre la main », d'amener la journaliste à aborder les sujets qui vous importent. Le reste en dépend…

En préparation de l'interview

Donnez-vous du temps pour réfléchir à l'interview :

- étudiez les messages clés que vous souhaitez développer afin de tenir un discours structuré ;

- préparez quelques dates et chiffres clés ;

- lisez les récents articles rédigés par la journaliste que je vous ai adressés afin de pouvoir lui en parler au début de l'entretien (les journalistes sont toujours flattés d'être lus et que l'on fasse référence à leurs articles).

Avant de débuter l'interview

Essayer de lui parler d'elle en premier ou des récents changements que vient de subir *La Tribune*.

Définissez d'emblée le temps que vous pouvez consacrer à l'interview : dites à la journaliste que vous êtes attendu chez Poissons Pilotes à 11 h 00, par l'un de vos clients.

Pendant l'interview

Commencez l'entretien en vous présentant très brièvement (votre parcours, le groupe, son positionnement, etc.).

Soyez pédagogique, n'hésitez pas à utiliser des exemples concrets.

Assurez-vous que la journaliste a bien compris votre propos.

Arrêtez-vous régulièrement. Si la journaliste peut avoir l'opportunité parfois de reformuler l'un de vos propos, cela est sain et cela limite la précipitation et les malentendus.

N'hésitez pas alors à répéter vos dires d'une façon différente.

Essayez de demander à la journaliste si vous êtes clair et non pas si elle a compris.

La journaliste n'est ni un client, ni un prospect. Soyez à son écoute en répondant précisément à ses questions.

N'hésitez pas à prendre quelques notes.

Donnez de la chaleur à l'entretien sans toutefois basculer dans la familiarité ou les longueurs. Important : ne pas être trop long.

Une fois l'interview achevée, faites toujours attention à vos propos. Pas de «off», même si l'interview semble achevée, vous avez toujours affaire à une journaliste.

Recueil des questions posées lors d'une rencontre

Liste chronologique des questions posées par le journaliste

Quelle est votre fonction exacte ?

BTA est-elle une entreprise américaine ?

Quel est le groupe américain auquel BTA appartient ?

Quelles sont ses activités ?

Quel est le principe de base de ce groupe ?

Le multimédia est-il à la base de votre méthode ? ou représente-t-il juste un outil ?

Combien y a-t-il d'instituts dans le monde ? Dans combien de pays ?

Sont-ils tous franchisés ?

Pourquoi y a-t-il autant de centres en Espagne ?

Combien y a-t-il de centres en France ? Dans quelles villes sont-ils présents ?

Comment vous positionnez-vous ?

Comment organisez-vous votre publicité ? Depuis combien de temps ? À l'aide de quels outils ?

La méthode a-t-elle été conçue au niveau international ?

Avez-vous une obligation de résultats ?

Comment organisez-vous les plans de formation ?

Comment motivez-vous vos clients ?

De quoi est constituée votre méthode ?

Combien avez-vous de particuliers en France ?

Combien avez-vous d'entreprises clientes en France ?

Dans l'ensemble de vos clients, quel est le pourcentage de particuliers ? et d'entreprises ?

Depuis combien de temps existez-vous en France ?

Quel est votre objectif en termes de nombre de centres en France ?

Voulez-vous à terme privilégier plutôt les particuliers ou les entreprises ?

Quel est votre budget de développement en France ?

Quel est votre chiffre d'affaires en France ?

Êtes-vous bénéficiaire ?

Quel est le profil type des franchisés ?

Quel est le pourcentage de réussite de votre méthode ?

La relation avec le client

L'ordre du jour de la réunion de communication

Diagnostic

Qu'est-ce qu'un ordre du jour ?

L'ordre du jour est un document qui énumère la liste des sujets ou des questions qui seront discutés lors d'une réunion. Il est habituellement inclus dans le texte même de l'invitation à la réunion.

Dans quel contexte est-il utilisé ?

L'ordre du jour est élaboré par l'organisateur de la réunion – directeur de communication ou responsable de la communication interne – avant chaque point de communication.

Matrice

Méthode

La date et le lieu de la réunion.

Les personnes présentes et les fonctions.

L'énumération des sujets à traiter. On veillera à ce que les divers points soient présentés de manière homogène. De plus, pour éviter la confusion et les digressions, le libellé doit être suffisamment explicite pour engager correctement le débat.

Questions diverses.

Choix de la date, de l'heure et du lieu de la prochaine réunion, s'il y a lieu.

La répartition du suivi des missions par personne.

- Les points importants de l'ordre du jour devront préférentiellement être abordés en début de réunion, où la concentration est maximale et où toutes les personnes sont encore présentes.
- L'énoncé du sujet doit être clair. Un ordre du jour bien contextualisé et détaillé facilitera la tâche de la personne qui aura à rédiger le compte-rendu de la réunion.
- En prenant connaissance à l'avance des points qui seront débattus, les participants à la réunion ont le temps nécessaire pour se préparer à la discussion et avoir à disposition les documents nécessaires qu'ils veulent montrer. Si la majorité des points à l'ordre du jour sont déjà déterminés, il est toujours possible, dans le cadre d'une réunion, d'ajouter des sujets au point Questions diverses, si cela est demandé avec pédagogie et dès le début.
- Parfois, il est nécessaire de prévoir une réunion préparatoire au cours de laquelle les participants préparent les questions qu'ils souhaitent inscrire à l'ordre du jour.

CHECK-LIST

- ✓ Déterminer les participants au point de communication et leurs différents rôles.
- ✓ Rédiger des points clairs de la réunion de communication.
- ✓ Valider l'ordre du jour auprès de l'ensemble des participants.
- ✓ Écrire un « à suivre » qui répartit les rôles et travaux à effectuer par chacun des membres présents.

Ordre du jour d'une réunion mensuelle de communication entre Poissons Pilotes et Synergie Pharma

Ordre du jour
Synergie Pharma – Réunion de communication – 30 juin 2009
Participants :
Synergie Pharma : Marc Monet – Danielle Rose
Poissons Pilotes : Julia Declaire – Odile Tardieu – Robert Minelli

L'*Encyclopédie des mots du sida*

Présentation des derniers contacts les plus positifs dans le cadre de la mission de diffusion de l'*Encyclopédie des mots du sida.*

Listing des axes de diffusion à suivre et à approfondir :

- une relation privilégiée est établie avec la Maison des patients du Centre Curie ;
- prochain rendez-vous avec Dominique Noir, directeur artistique des Correspondances de Manosque pour une lecture de *L'Encyclopédie* ;
- lecture de *L'Encyclopédie* par Mme Veil, ancienne ministre de la Santé ;
- prochain rendez-vous avec M. Adamant pour un partenariat dans le magazine *Hope* et présentation de *L'Encyclopédie* dans le magazine de la Médecine du travail ;
- intérêt pour *L'Encyclopédie* de la part des centres d'accueil SIDA de la Ville de Paris, circulation au sein de la hiérarchie (élus) ;
- mise en place d'une diffusion test sur le département Charente-Maritime durant l'été ;
- avancées dans le projet d'une mise en scène au théâtre expérimental de Robin Renucci pour la saison prochaine ;
- prise de contact avec Mme Bruni-Sarkozy.

Débriefing de la table-ronde du 24 juin à la Maison des patients du Centre Curie : les mots des patients sont recueillis.

Julia Declaire recueillera auprès de Marc Monet un briefing au sujet des mots du tome 3 de *L'Encyclopédie*, lors de leur rencontre à Avignon.

PRÉSENCE AU FESTIVAL D'AVIGNON

- Le Dr Lenoir et sa femme assisteront le 8 juillet au spectacle de Christophe Brun au Festival d'Avignon.

- Julia Declaire et Marc Monet arrivent le 12 juillet à Avignon et retrouveront Danielle Blanche. Ils assisteront le 12 juillet au soir au spectacle de Christophe Brun.

- Un déjeuner est organisé le 13 juillet à 14 h 30 entre Christophe Brun, Danielle Rose, Marc Monet et Julia Declaire.

- Le 15 juillet, Julia Declaire interroge le Dr Lenoir à Avignon, sur *L'Encyclopédie* et réévoquera avec lui le spectacle de Christophe Brun et le déjeuner du 13 juillet, et toutes les idées que le Dr Lenoir peut avoir à propos d'une éventuelle pièce de théâtre.

- Julia Declaire recoordonnera auprès du Dr Lenoir tout ce qui se sera passé depuis le 8 juillet qui peut être utile à son projet de théâtre. Par son propre réseau, Julia Declaire peut connaître des scénaristes et producteurs intéressés par la création de cette pièce. Ainsi, Julia Declaire connaît trois directeurs de théâtre à Paris.

Mise en place des différents éléments du tome 3

La table ronde de la Maison des patients le 24 juin fut un succès. Des premiers verbatim sont établis et la restitution des textes est en cours.

Les textes définitifs seront remis le 8 juillet à Poissons Pilotes. Synergie Pharma pourra sélectionner les textes fin août.

Dessins d'enfants : Julia Declaire se rendra à l'hôpital de Bordeaux les 16 et 17 août avec Christophe Brun pour lancer le dossier, tout mettre en place et rencontrer les autorités de l'hôpital. Les rendez-vous sont fixés.

Proposition de Julia Declaire : insérer des pages blanches afin de laisser les lecteurs écrire leurs commentaires.

Postface sur la confiance : Quels auteurs ? Un contact va être établi avec André Comte-Sponville et Michel Onfray.

Cas pratique

Suivi des journalistes

Rencontres tenues

Odile :

Grande presse nationale :
Audrey Tonnaire – *La Tribune*

Presse Management :
Marie Luse – *Management*
Florence Mendez – *Actuel RH*

Presse littéraire : Philippe Lebleu – *Lire*

Julia :

Grande presse nationale :
Laurant Bern – *Les Échos*

Presse Management :
Gilles Court – *Courrier Cadres*

Rencontres à venir

Odile :

Grande presse nationale :
Patrick Scale – *Le Monde*
Adriane Bristol – *Le Figaro*
Christophe Mount – *Libération*

Télévision :
Jérôme Boon –
producteur Intersciences
Film
Classique
Laurent Babou –
Maison de production Diva Prod'

Julia :

Grande presse nationale :
Françoise Dupret – *La Tribune*
Bernard Fox – *Le Figaro/Challenges*
Catherine Mollet – *Libération*

Presse Économie :
Philippe Leclerq –
Le Nouvel Économiste

Radio : Emmanuelle Roche – Radio

Télévision : Jean-Jacques Lebon –
Oméga TV

Calendrier des prochains mois à propos des prochaines étapes des dossiers de communication

Tour de table des différents dossiers de communication avant conclusion de la réunion

Ordre du jour d'une réunion de communication entre Poissons Pilotes et les industries Leblanc

Réunion du 14 septembre 2009

1) Communiqués de presse

- Rédaction d'un communiqué de presse «bilan des championnats» et mise en exergue du partenariat qui lie Leblanc à la Voile Team ; les liens du sport et du management
- Rédaction d'un communiqué concernant la cession de la division Leblanc

2) Réflexion sur le dossier

- Modification du dossier de presse (confirmation de l'opération de cession)
- Réactions aux changements

3) Événement

- Réflexion sur le prochain événement Leblanc : «Cap Nouveau» :
    - déterminer la date et le lieu ;
    - angles ;
    - nombre de journalistes à inviter ;
- Organisation de l'événement

4) Plan média : continuer un réseau d'alliés

- Octobre 2010 : Mme Vertu rencontre deux journalistes du secteur des ressources humaines.
- Mai 2011 : Mme Vertu rencontre trois journalistes du sport

5) Une tribune d'Elisabeth Vertu

- Alexis Deregard s'est-il manifesté ?
- Rencontre avec l'École de Paris, haut lieu de réflexion sur le management
- Envisager deux thèmes d'écriture pour Mme Deregard

6) Thèmes de perfectionnement à l'expression

- Écriture de chartes ou cahiers des méthodes pour les divisions de l'entreprise Leblanc auprès de Mme Vertu

Cas pratique

Ordre du jour d'un point de communication
entre Poissons Pilotes et Sarion

Réunion du 20 octobre 2008

Objet : Comment coordonner l'organisation et les actions de communication en 2011 pour accompagner le développement commercial de Sarion en augmentant la visibilité et la notoriété du groupe restructuré ?

Les actions

- Événements : salons, autres (organisation d'événements propres…)
- Conférence de presse
- Rencontres personnalisées avec des VIP
- Cas concrets à rédiger sur des opérations réussies en 2009 et 2010

Les écrits

- Communiqués : régularité ? forme ?
- Cartographie des écrits distribués en interne et en externe
- Autres

Les thèmes de communication

- Institutionnel ; rachat, nominations…
- Produits/services ; innovation, produits traditionnels phares
- Marchés/Secteurs en développement
- Métiers nouveaux
- Clients ; grands comptes récents acheteurs d'opérations nouvelles
- Communication financière réglementaire, précision des relations avec le service communication
- Image de Sarion dans la presse ; positionnement face à la concurrence

Les cibles médias

- Presse économique
- Presse innovation
- PQR/PQN
- Presse professionnelle
- Quels sont les supports principaux ? les articles publiés en 2008-2009 ?

- Quels sont les journalistes rencontrés par Bertrand Laine ? les journalistes alliés ?
- Fichiers ?
- Assurer une cohérence entre l'actualisation des fichiers VIP et média de Sarion et de l'agence Poissons Pilotes

Le compte-rendu de la réunion de communication

Diagnostic

Qu'est-ce qu'un compte-rendu ?

Le compte-rendu est un document professionnel qui rapporte, de façon objective, des faits, des activités, des propos échangés lors d'une réunion, d'une conférence.

C'est un document neutre, impersonnel. Il ne fait que restituer par écrit les points abordés lors de la réunion. Il est purement factuel.

Fonction d'un compte-rendu

Le compte-rendu transmet aux personnes présentes des informations sur l'événement afin qu'ils puissent s'en faire une représentation fidèle et la plus juste possible. Il laisse également une trace écrite pour tout autre destinataire non participant.

Matrice

Méthode

L'en-tête du compte-rendu :
- l'en-tête complet de l'entreprise ;
- le type de document (compte-rendu) ;
- la date et le lieu de la réunion ;
- le titre du compte-rendu (objet) ;
- l'identité des destinataires : le nom et la fonction des personnes présentes et absentes. La liste doit faire clairement apparaître la distinction entre les personnes de l'extérieur (client) et les membres de l'équipe et des agences prestataires.

L'introduction : une phrase d'introduction qui rappelle la mission, indique l'heure de la réunion et annonce l'ordre du jour et contextualise les sujets.

Le développement : il expose les faits, restitue les avis exprimés par les personnes présentes et les débats, dans un ordre soit chronologique, soit thématique. Les échanges entre les intervenants sont reformulés, synthétisés.

La conclusion : l'exposé du dernier thème abordé, annonce de la clôture des débats. L'heure de fin de la réunion est précisée. S'il y a lieu, la date, l'heure et le lieu de la prochaine réunion sont indiqués. Les décisions éventuellement prises sont notées. C'est ici que le rédacteur peut éventuellement émettre sa propre opinion, qu'il doit alors signaler.

Présentation synthétique et mise en perspective des points qui ont été les plus étudiés et débattus.

Éléments indésirables

Prendre position comme faire un commentaire ou un jugement personnel. Il s'agit seulement de relater les faits de manière impartiale.

Le style questions/réponses n'est pas adapté à ce type d'écrit. Il est préférable de reprendre les points évoqués de façon concise.

Les pronoms personnels « je » et « nous » sont généralement à éviter ; si une opinion est émise, elle doit être signalée.

MES CONSEILS

- Ne pas oublier d'évoquer les circonstances de la réunion. Le destinataire supposé ignorant doit pouvoir se représenter avec précision lieu et moment, participants, contexte, etc.
- Il faut rester fidèle à l'objet du compte-rendu, décrire la réunion avec précision. La valeur de ce type de document tient avant tout à l'exactitude des faits rapportés.
- Il faut adapter le compte-rendu à l'usage auquel il est destiné, sachant que, le plus souvent, il est rédigé à l'intention d'un vaste public.

- Avant la rédaction, un travail de classement des informations s'impose. Il faut identifier les thèmes essentiels et sélectionner les éléments à conserver pour la rédaction, en fonction du destinataire, de l'usage auquel le texte est destiné et des dimensions assignées.
- Il faut élaborer un texte fluide, continu.
- Il est recommandé de structurer et d'organiser le texte. Cela doit faciliter l'accès à l'information pour le lecteur. Les paragraphes du compte-rendu doivent être homogènes, progressifs et articulés entre eux. Sa mise en pages doit mettre en évidence la structure du texte (intertitres, alinéas, paragraphes, ponctuation, pagination, marges, soin, etc.).
- Ce document doit être diffusé auprès de chaque participant et à toutes les personnes absentes le plus rapidement possible. Le compte-rendu est un aide-mémoire précieux sur les décisions prises et les tâches à effectuer.
- Les notes prises lors d'une réunion aident à rédiger le compte-rendu et à ne pas déformer les propos des divers interlocuteurs. Mais il faut faire attention aux nuances personnelles, car on a souvent tendance à noter de façon plus complète une idée que l'on juge intéressante, et à abréger telle intervention que l'on estime hors sujet.
- Ne pas oublier que ceux qui prennent la parole lors d'une réunion ou d'une conférence ne sont pas des professionnels de la communication. Si certains savent s'exprimer de façon claire avec un discours préparé et bien structuré, d'autres peuvent présenter leurs idées de façon confuse.

CHECK-LIST

- ✓ Prendre des notes pendant la réunion.
- ✓ Retranscrire ces notes en adoptant un ton neutre.
- ✓ Synthétiser les points essentiels de la réunion.
- ✓ Conclure avec les sujets à suivre.

Compte-rendu d'une réunion mensuelle de communication entre Poissons Pilotes et Synergie Pharma

Les dossiers de communication de Poissons Pilotes pour Synergie Pharma

Réunion du 5 juin 2009

Présents :

Synergie Pharma – Marc Monet

Danielle Rose

Poissons Pilotes – Julia Declaire

Odile Tardieu

Sur le tome 2 de l'Encyclopédie des mots du sida

Les réactions continuent d'être positives. Nous poursuivons nos rencontres avec les journalistes.

Lors de l'ACME 2009, Marc a rencontré Jean Pierrot, journaliste au *Monde* invité au congrès par Synergie Pharma. Ce dernier avait été vu par Odile Tardieu il y a un mois. Dans son article daté du 3 juin sur LeMonde.fr intitulé « La lutte contre le sida devient l'axe de recherche prioritaire des laboratoires », le journaliste cite à de nombreuses reprises le laboratoire Fox et peu Synergie Pharma, bien que Marc ait passé de nombreux moments « pédagogiques » en sa compagnie.

Les rendez-vous en cours d'Odile Tardieu et Julia Declaire ont été présentés lors de cette réunion (cf. ordre du jour et dossiers remis).

Marc Monet a annoncé que le Pr Lenoir et quelques autres médecins veulent faire écrire et produire une pièce de théâtre à partir du tome 2 de l'*Encyclopédie*. Marc Monet et Julia Declaire vont donc se rendre à Avignon avec le Pr Lenoir pour rencontrer Christophe Brun qui se produit lors du festival de théâtre.

Par le biais de Christophe Brun, Julia a obtenu des places les 12 et 13 juillet au Festival d'Avignon pour assister à son spectacle ainsi qu'à la représentation du spectacle de Sébastien, l'accordéoniste de M. Brun. Ces places seront destinées à Marc Monet, Danielle Rose, Julia Declaire, le Pr Lenoir et son épouse.

Programme du voyage à Avignon

12 juillet : spectacle de Christophe Brun en présence de Marc Monet, Danielle Blanche, Julia Declaire, le Pr Lenoir et son épouse.

13 juillet : déjeuner de travail à 14h30 en présence de Marc Monet, Danielle Rose, Julia Declaire et du Pr Lenoir.

13 juillet au soir : spectacle de Sébastien en présence de Marc Monet, Danielle Rose, Christophe Brun, Julia Declaire, le Pr Lenoir et son épouse.

Julia Declaire essaiera de se rendre à Avignon plus tôt, dès le 11 juillet afin de rencontrer éventuellement le directeur de cabinet du préfet.

Concernant la diffusion de l'*Encyclopédie des mots du sida*, des points réguliers ont lieu entre Poissons Pilotes et Danielle Blanche. Des reportings sont également établis afin de faire part à Synergie Pharma des avancées à propos de la diffusion.

Ces trois derniers mois de travail sur la diffusion de l'*Encyclopédie* ont entre autres permis la mise en place de la prochaine table-ronde à la Maison des patients. C'est d'ailleurs ce qui permet d'enrichir le tome 3 cette année des réactions des patients.

Sur le tome 3 de l'Encyclopédie des mots du sida

Sur la base des mots proposés par Poissons Pilotes, une sélection définitive a été effectuée par Synergie Pharma et l'agence d'une liste de mots (techniques et non techniques). La définition des nouveaux mots sera rédigée par M. Pierrot. Les définitions parallèles seront établies à partir des patients de la Maison des patients du Centre Curie pour 8 mots, et des enfants de l'hôpital de Grenoble pour 7 autres mots :

- 8 mots seront présentés lors d'un atelier de la Maison des patients du Centre Curie le 24 juin. Les patients réagiront lors d'un groupe de paroles à ces 8 mots en présence de Julia Declaire et Emmanuelle Lebon ;

- 7 autres mots seront illustrés par des dessins d'enfants. Ils seront présentés au cours d'une visite de Julia Declaire et Christophe Brun à l'hôpital de Grenoble. Cette visite aura probablement lieu pendant la première quinzaine d'août.

La collaboration avec la Maison des patients du Centre Curie se poursuit de façon positive. Julia Declaire et Emmanuelle Lebon se sont rendus à la Maison des patients le 4 juin. Elles y retournent le 24 juin afin d'écouter l'atelier de la Maison des patients et entendre le recueil des définitions des 8 mots par les patients.

Le formulaire de renoncement aux droits a été adressé aux patients. Les noms des patients dont les réactions auront été retenues seront indiqués dans l'ouvrage afin de les remercier de leur participation (les prénoms seront à la fin du livret).

Il a été convenu que, lors des prochaines conventions internes de Synergie Pharma, prévues en décembre 2009 à Paris, l'*Encyclopédie* 3 serait présentée aux médecins conviés. Sera également exposée, lors de cet événement, la totalité des dessins d'enfants. Des journalistes alliés seront invités à cette convention interne.

Marc Monet suggère de créer un événement d'importance pour l'édition réunissant les 3 tomes de l'*Encyclopédie*. Julia Declaire propose alors de lancer un dîner de «fundraising» de prestige au cours duquel seraient proposées à la vente et à destination d'un public de VIP des versions numérotées des trois tomes de l'*Encyclopédie*, reliées en un seul ouvrage ou proposées dans un coffret. Cet événement pourrait avoir lieu en juin 2010. Les dons recueillis pourraient soutenir un projet de recherche.

Cas pratique

Compte-rendu d'une réunion sur la préparation d'un plan de communication financière entre Poissons Pilotes et Sarion

Intervenants : Odile Tardieu et Julia Declaire pour Poissons Pilotes, Elizabeth Rassoul pour Sarion

Objet de la réunion : préparation du plan de communication 2011

E. Rassoul fait un point global sur les actions et outils de communication de Sarion.

Communication financière

Depuis deux ans, la stratégie de communication de Sarion est réduite à la communication financière, orchestrée par E. Rassoul. Cette réduction s'explique par la crise structurelle du secteur dont Sarion a été victime entre 2007 et 2009.

Obligations légales : parution du CA quatre fois par an et des résultats deux fois par an. Le dernier communiqué de presse sur les résultats remonte au 30 septembre.

Communiqués, conférence call avec les journalistes.

Une opération de prestige : voyage en Pullman pour les analystes financiers, les actionnaires, les gestionnaires de fonds.

Sarion est aussi tenu de publier un avis financier dans au moins un quotidien national. Cibles visées : analystes, gestionnaires de fonds d'investissement. Le dernier en date est paru dans *La Tribune*.

Pour rencontrer les gestionnaires, Sarion participe à des forums financiers comme Euronext ou Middlenext. Sauf ces deux dernières années.

Stéphanie Daru organise la communication avec les journalistes financiers.

Lettres aux actionnaires régulières.

Communication générale

Bilans écrits par Sarion en 2008 : 6 communiqués financiers, un communiqué «nomination».

2008-2009 : pas de plan média, pas de relais dans la presse professionnelle, pas de relais dans la presse Entreprises.

Problème de culture interne : cloisonnement de l'information.

À *évoquer lors de la prochaine réunion*

Poissons Pilotes propose d'évoquer le plan de communication selon le schéma suivant :

Communication institutionnelle				
Communication financière	Communication économique	Communication métier	Communication interne	Communication personnelle
Événements financiers Obligations légales	Journalistes vus en 2009 Fichier Conférence de presse Discours	Événements Messages Fichier	Cartographie Événements/ Raouts	Ordre national du Mérite Fichier VIP

Le journal de bord

Diagnostic

Qu'est-ce qu'un journal de bord ?

Le journal de bord est un outil de suivi essentiel pour le chargé de communication.

Un journal de bord est écrit en fonction d'une mission de communication pour un client.

Il décrit les actions de communication que le chargé de communication a menées dans le cadre de sa campagne.

Pourquoi un journal de bord ?

Le journal de bord est à la fois utile pour le client et le chargé de communication.

Le chargé de communication peut l'utiliser comme un « pense-bête » et y répertorier l'ensemble des actions de back office et de front office qu'il effectuera pour son client.

Le client peut consulter le journal de bord afin de connaître l'évolution du travail de communication effectué par le chargé de communication et les moyens mis en œuvre pour le servir.

Matrice

Méthode

Décrire l'ensemble des actions menées dans le cadre d'une mission de communication avec minutie.

Classer ces actions par catégories selon l'action commandée par le client ; différents modes de classement peuvent être retenus.

Décrire les actions de façon chronologique.

Diffuser le journal de bord régulièrement auprès du client ; la périodicité de diffusion la plus fréquente est mensuelle.

Éléments facultatifs

Il est possible de faire figurer, dans le journal de bord, les titres des articles obtenus dans le mois ou, dans la liste des articles de la revue de presse pigés, ceux qui présentent un intérêt particulier.

Un journal de bord est descriptif. Parfois il peut comprendre quelques commentaires voire certaines mises en perspective. Toutefois, ces deux derniers points sont plutôt réservés aux points stratégiques. Par exemple, pour une relance téléphonique qui n'a pas abouti, le chargé de communication peut ajouter qu'il enverra un mail de relance ou rappellera à un moment précis.

MES CONSEILS

- Votre journal de bord doit avoir une logique pour vous comme pour le client. Trouver une méthode commune pour présenter vos actions permettra d'être clair.

- Votre temps est compté et il est donc précieux pour vous de tenir votre journal de bord régulièrement, c'est-à-dire hebdomadairement. Ainsi, vous serez susceptible de n'oublier aucune action et de ne pas vous laisser déborder lors de la rédaction mensuelle du rendu du journal de bord au client. Le client peut parfois demander à consulter un de vos journaux de bord hebdomadaires précis. Toutefois, des moyens que vous avez mis en œuvre (par exemple joindre 6 à 8 fois un journaliste pour échanger avec lui) nécessitent parfois d'être mentionnés pour que le client comprenne les aspects cachés et ingrats du temps que vous consacrez à sa mission.

- Il faut décrire les actions et savoir sélectionner celles qui méritent d'être décrites parce qu'elles mènent vers un résultat.

CHECK-LIST

✓ Décrire l'ensemble des actions menées.
✓ Les regrouper et les classer selon une logique décidée entre le client et le chargé de communication.
✓ Diffuser le journal de bord auprès du client au moins une fois par mois. Il doit partager avec vous ce que vous êtes amené à mettre en œuvre pour lui.

Journal de bord de la campagne de presse menée pour un client du secteur de la recherche

**Bilan des actions menées pour l'UDES
Octobre 2008 – Mai 2009**

Conseil opérationnel

Messages institutionnels

Julia Declaire et Odile Tardieu ont réfléchi au plan du dossier de presse de l'UDES afin de présenter les missions de l'UDES de façon claire et précise aux journalistes personnalisés à joindre.

Le portrait de Mme Leblanc a été également conçu en collaboration avec Bernard Creux, allié de Poissons Pilotes. Ce communiqué confirme la place de Mme Leblanc en tant qu'experte dans le domaine des sciences et de l'innovation.

Ces deux outils ont servi à la prise de rendez-vous avec des intellectuels. Ils accompagnent également systématiquement tout envoi de documents de communication à tout institutionnel afin de faire connaître l'UDES et ses actions.

Messages reliés aux actions de l'UDES

L'accent a été mis sur les cycles de perfectionnement que propose l'UDES.

Une première note annonçait l'ouverture du cinquième cycle sur le thème de l'Europe et de la société.

Dans un deuxième temps, Poissons Pilotes s'est concentré sur le recrutement de nouveaux potentiels pour le sixième cycle 2011. Un communiqué d'annonce a également été écrit.

Ces deux messages ont permis de présenter les séances de perfectionnement que propose l'UDES.

Il était juste de faire parvenir aux journalistes alliés de l'UDES des exemples de travaux réalisés par les anciens membres formés afin de leur faire suivre les actions pédagogiques de l'UDES.

➤ L'accueil a été modéré. Il faudrait faire témoigner les anciens membres et expliquer les résultats positifs qu'une telle série de séminaires provoque pour les hauts potentiels.

Événements de communication

Rencontre régionale d'Orléans – 28 avril 2010

Médiatisation de la rencontre régionale d'Orléans « Les politiques pédagogiques d'innovation et leur accompagnement par l'Union européenne ».

• *Conception d'un communiqué de presse d'annonce*

Une note annonçait l'événement et les thématiques traitées au cours de cette rencontre aux institutionnels.

Un communiqué de presse a été diffusé auprès de la presse économique, scientifique et des journalistes locaux et journalistes traitant des thèmes européens.

Le portrait de Mme Leblanc fut également transmis aux journalistes intéressés pour une interview avec tout autre dirigeant de l'UDES.

• *Fichier conçu et appels personnalisés de journalistes*

AFP Orléans

La République du Centre

Le Journal de la Communauté urbaine d'Orléans

France 3 Centre

France Bleu Centre

Europe 1 – correspondant local

RTL – correspondant local

France Inter – correspondant local

• *Journaliste rencontré par Mme Leblanc dans le cadre de l'événement*

Jeanne Leroi AFP Orléans (interview téléphonique)

• *Retombées presse dans le cadre de l'événement*

La rencontre régionale fut annoncée dans les agendas de différents supports locaux : obtention d'un entretien avec le correspondant local d'Europe 1.

Il est à noter que la date de cette rencontre régionale coïncidait avec une visite de M. François Fillon et de M. Luc Châtel. La majorité des journalistes ont été mobilisés par cette venue.

Club UDES «Agora» - 4 mai 2010

• *Suivi de l'organisation du club UDES «Des Belles Paroles»*

Odile Tardieu et son équipe ont suivi l'ensemble des étapes de la mise en place de l'événement en coordination avec les équipes de l'UDES.

Julia Declaire et Odile Tardieu se sont rendues à l'événement.

• *Événement*

Établissement d'un décor minimum : fleurs

Visite du lieu de l'événement

Demande de devis à différents traiteurs selon le budget alloué

Vérification des différents supports techniques (écran, vidéo, lumières, enregistrement, photos)

Gestion des réponses des invités au club (reporting quotidien) par l'UDES et par Poissons Pilotes

- *Presse et VIP*

Sélection des VIP et des journalistes invités

Appels personnalisés à ces VIP et journalistes

Relances après l'événement des journalistes qui avaient montré de l'intérêt et n'ont pu venir

Médiatisation du club UDES «Agora» vers nos journalistes alliés, les journalistes économie, science, recherche :

- *Journalistes qui ont indiqué leur présence à l'événement*

Clarisse Jay, *La Tribune*

Aurélie Barbaux, *L'Usine nouvelle*

Théo Haberbusch, AEF

Nathalie Samson, www.pourseformer.fr

David Larousserie, *Sciences et Avenir*

Journalistes qui sont effectivement venus

Aurélie Barbaux, *L'Usine nouvelle*

Théo Haberbusch, AEF

David Larousserie, *Sciences et Avenir*

VIP alliés de l'Institut

Sur un fichier de 1 200 noms haut de gamme, nous avons invité à « Agora » 120 VIP venant du monde des ministères, de la science et de l'édition.

Forum Européen de Strasbourg – 19 mai 2010

Médiatisation de l'événement auprès des supports de la région

- *Presse*

Sélection des personnalités et des journalistes

Appels personnalisés aux journalistes

Suivi auprès des journalistes qui ne sont pas venus, et envoi des documents demandés par les journalistes qui se sont bien présentés le 15 mai

Odile Tardieu s'est rendue à Strasbourg le 19 mai afin d'accompagner les journalistes présents.

- *Journalistes qui ont indiqué qu'ils seraient présents le 19 mai*

DNA, Hervé Baritton

France 3 Alsace, Dominique Schwindreim

France Bleu Alsace, Bernard Krutz

Le Journal des entreprises, Guénola Rivière

• *Journalistes rencontrés par Mme Leblanc le 19 mai, dans le cadre de l'événement*

DNA, Hervé Baritton

France 3 Alsace, Dominique Schwindreim

• *Retombées presse dans le cadre de l'événement*

Les deux journalistes ont indiqué qu'ils rédigeraient un article à paraître dans la semaine qui suit l'événement.

Session de Clôture – 20 mai 2010

Création d'une liste de journalistes à convier à l'événement et envoi de cette liste à UDES

Rédaction d'un « abstract » du dossier de presse

« Agora » – 31 mai 2010

Envoi de l'invitation au fichier de journalistes ciblés et à tous les élus et personnalités des villes visitées en 2009 et 2010 par l'UDES

Rédaction d'un livret à propos de l'événement qui vient résumer toutes les autres actions de communication menées.

Journal de bord hebdomadaire pour un client du secteur du développement durable

Semaine du 10 mai au 14 mai

Cas pratique

Relations presse

Suivi de relances téléphoniques pour les visites du 12 mai et du 10 juin 2010.

Envoi d'un mail de proposition et d'une fiche descriptive sur l'usine de Versailles.

Envoi d'un deuxième mail de confirmation aux journalistes deux jours avant la visite.

Organisation avec Brigitte Finette de la visite du 12 mai.

Présence de :

Benoît Hopquin – *Le Monde*

Laure Noualhat – *Libération*

Envoi ce même jour d'un mot de remerciement aux journalistes.

À la demande de Brigitte Finette, Eva Delanova a rédigé une lettre à destination de Denis Delbacq – *Libération* à la suite de la parution de l'article « La magie du recyclage à l'Assemblée ».

Les journalistes ayant déjà confirmé leur présence pour la visite du 10 juin sont :

Muriel Frat – *Le Figaro*

Guillaume Maincent – *Environnement Magazine*

Marc Michaux – *L'Expansion*

Bruno Mortgat – *Environnement & Techniques*

Travail sur le plan média :

compléter les contacts selon les relances téléphoniques effectuées pour chaque support ;

réactualiser et compléter les émissions radio et TV.

Relances téléphoniques quotidiennes à partir du fichier : organisation, en cours, de nouveaux rendez-vous de presse avec les journalistes du plan média pour le mois de juillet 2011.

Actions institutionnelles

Envoi d'un argumentaire à tous les parlementaires impliqués dans le sujet développement durable.

Prises de rendez-vous auprès des invités parlementaires majeurs.

Dépôt en avant-première d'un « livre vert ».

Relations client

Divers entretiens téléphoniques avec Claudia Gross concernant l'organisation de la visite de l'usine de Versailles.

Point sur :

les documents à donner aux journalistes ;

la présentation du film et des transparents ;

le cadeau/goodie à laisser aux journalistes ;

les salles à ne pas visiter.

Organisation d'un déjeuner client avec Brigitte Finette et Eva Delanova le 12 mai après la visite de l'usine : point informel sur les actions de communication de Natergie.

Divers échanges avec Brigitte Finette au sujet de la lettre destinée à *Libération*. Brigitte Finette la relit, ainsi que M. Deru, puis nous transmettra par mail ses éventuels ajustements.

Annulation du rendez-vous client prévu le 14 mai. Ce rendez-vous avait pour objectif de faire un point sur les deux visites d'usines. Comme la deuxième visite a été reportée au 10 juin, le rendez-vous client aura lieu le 14 juin à 11 h 00.

Culture client

Recherche et liste de salons/expositions liés à l'incinération et à l'environnement.

Criblage de la revue de presse envoyée à Natergie.

Suivi de tous les experts et auteurs de renom écrivant sur le recyclage.

Cas pratique

Journal de bord d'une campagne de communication d'une durée de 2 mois

Campagne de relations presse menée du 2 avril au 30 mai

250 contacts

Relances téléphoniques quotidiennes concernant le communiqué de presse à partir du fichier (200 contacts). Ce fichier regroupe les journalistes de supports nationaux et régionaux.

Criblage de tous les fichiers de presse de l'agence afin de lister les journalistes privilégiés et alliés pour B.

5 vagues de 50 documents

Poissons Pilotes a pris contact avec 50 journalistes par semaine et envoyé environ 250 communiqués de presse (5 vagues de 50 documents).

Un fichier presse constamment réactualisé

Fichier presse et cahier de relances réactualisés selon les appels.

À partir du fichier constitué, de nouveaux contacts ont été pris sur les conseils des journalistes joints.

Renvoi par fax ou par mail du communiqué de presse aux journalistes du fichier initial et aux nouveaux contacts (journalistes remplaçants, nouveaux journalistes, pigistes…).

Un travail détaillé de suivi

À titre d'exemples

Envoi du communiqué, par mail, à **Frédéric Nobet** (journaliste de *Management* pour la rubrique « Dix trucs pour… » afin de lui proposer de faire un sujet type « Dix trucs pour … améliorer son CV », ou « Dix trucs pour… mieux préparer son entretien d'embauche »…

Envoi du communiqué, par mail, à **Claire Ardeme** (*Enjeux Les Échos*, rubrique « Management »).

Envoi du communiqué, par courrier, à **Michel Dupuis** (rubrique « Régions »), à **Chantal Desbois** (rédactrice en chef adjointe, rubrique « Régions »), à **Damien Leroy** (rubrique « Management social »), et à Francis Marais (rubrique « Management social ») d'*Enjeux Les Échos*.

Renvoi du communiqué, par courrier, à **Jean-Luc Lavandier** (*La Vie financière*).

Envoi du communiqué, par mail, à **Romain Bardet** (rubrique « Régions ») et à **Sylvain Fauroux** (rubrique « Actus ») de *L'Entreprise*.

Envoi du communiqué, par mail, à **Elisabeth Varoix** («La 35e Heure») pour lui proposer, par exemple, un sujet sur les changements remarqués dans les cabinets de recrutement depuis l'avènement des 35 heures, et à **Solène Delacroix** («BFM Entreprises») de BFM.

Envoi du communiqué, par fax, à **Fabrice Colin** (rubrique «Régions») et à **Natacha Delarue** (rubrique «L'entreprise au quotidien») de *La Tribune*. Pour information, F. Colin parle, chaque jour, soit d'une entreprise dont le siège et l'activité sont en province, soit d'une entreprise dont le siège est à Paris mais qui développe des filiales régionales

Envoi du communiqué, par fax, à **Thomas Jacquet** pour son émission «Histoires d'entreprises» sur BFM, afin de lui proposer de monter un sujet sur l'histoire de B.

Renvoi du communiqué, par mail, à **Laurent Vareux**, **Vincent Riotti** et **Christine Frolet** (rubrique «Style de management») du *Figaro Entreprises*.

Renvoi du communiqué, par fax, à **Valérie Rillot** de *Défis*.

Renvoi du communiqué, par fax, à **Ariane Gacorica** (rubrique «Emploi» à l'AFP) sur les conseils d'**Hassen Soufri**, l'emploi étant traité par le service Social à l'AFP.

Renvoi du communiqué, par mail, et sur les conseils de **François Lavantre**, à **Guislain Demontrel** du *Figaro Magazine*, qui s'occupe de tout ce qui est lié au management.

(Liste non exhaustive)

Accroches et rendez-vous organisés

Les Échos

Prise de contact avec Isabelle Geoffroy (qui travaille avec O.A. – *Les Échos*). Cette journaliste cherchait, pour l'écriture d'un article dans la rubrique «Management», des exemples / cas de salariés «rebelles».

Poissons Pilotes lui a proposé de la mettre en contact avec G. Favreau en lui organisant un rendez-vous téléphonique avec ce dernier.

Entretien téléphonique avec G . Favreau le 17/04 au sujet du rendez-vous téléphonique à organiser avec Isabelle Geoffroy *(Les Échos)* pour son sujet sur les salariés rebelles.

→ G. Favreau propose qu'elle puisse le joindre vers 18 h-18 h 30 chez Boost Emploi.

- Entretien téléphonique avec G. Favreau le 18/04 au sujet du rendez-vous téléphonique avec I. Geoffroy : celui-ci s'est très bien déroulé. Par contre, la journaliste n'a pas précisé si B. serait cité dans l'article, et n'a pas communiqué de date de parution.

- Envoi du communiqué de presse par mail et relance de la journaliste suite à son entretien téléphonique avec G. Favreau afin de connaître la date de parution de l'article : T et C leur ont laissé un message à ce sujet.

L'Usine nouvelle

Prise de contact avec Agnès Lacroix de L'*Usine nouvelle* qui s'occupe de la rubrique « La vie qui va » (petite fiction sur le monde du travail, illustrée d'un dessin humoristique et commentée par des spécialistes des ressources humaines).

→ Elle souhaiterait faire participer un dirigeant du bureau lyonnais de Boost Emploi.

- Entretien téléphonique avec G . Favreau le 24/04 au sujet du rendez-vous téléphonique à organiser avec Agnès Lacroix *(L'Usine nouvelle)* et un dirigeant du bureau lyonnais de B. pour sa rubrique « La vie qui va ».

→ G. Fournier propose à Agnès Lacroix de joindre Marc Gavroche si celui-ci donne son accord, précise qu'il a lui-même été interviewé il y a trois semaines par Marie Tetard pour le même magazine, et demande donc à Poissons Pilotes de se renseigner pour savoir si Agnès Lacroix est au courant de cette interview.

Celle-ci était au courant mais précise que ce n'est pas pour la même rubrique.

- Entretien téléphonique avec Marc Gavroche le 24/04 au sujet du rendez-vous téléphonique à organiser avec A. Lacroix : M. Gavroche est d'accord sur le principe.

→ Une revue de presse de la rubrique d'Agnès Lacroix (journaliste à *L'Usine nouvelle)* est envoyée à M. Gavroche et à M. Charbonnier afin qu'ils puissent étudier le type de sujet, le style d'écriture et les angles adoptés. Il est convenu que T et C les rappellent le 25/04 afin de prendre une décision à ce sujet et d'organiser le rendez-vous téléphonique si l'accord est donné.

Cf. revue de presse jointe

- Entretien téléphonique avec Marc Gavroche, le 25/04, au sujet de l'article dans *L'Usine nouvelle* :

  – Marc Gavroche donne son accord mais souhaite que ce soit René Charbonnier qui intervienne dans l'article ;

  – René Charbonnier propose trois créneaux horaires : lundi 29/04 entre 16 h et 18 h, vendredi 03/05 en fin de matinée ou vendredi 03/05 entre 14h et 16 h et souhaite que T et C le rappelle, une fois la journaliste jointe, afin de lui préciser l'horaire choisi.

Enjeux Les Échos

Prise de contact avec Claire Ardeme d'*Enjeux Les Échos* qui s'occupe d'une rubrique «Vos enjeux» (*Management*).

➔ La journaliste souhaiterait rencontrer l'équipe de B. lors d'un petit déjeuner afin de parler, d'une manière générale, du recrutement.

- Mail envoyé le 25/04 pour lui proposer une rencontre avec l'équipe dirigeante de B (communiqué joint au mail)
- Réception, le même jour, d'un mail de la journaliste avec un accord de principe pour une rencontre fin mai
- Envoi d'un mail le 06/05 pour lui proposer trois dates de rendez-vous (28, 29 ou 30 mai) et définir l'horaire ainsi que le lieu de la rencontre (9h-9h30 à Ladurée, sur les Champs-Élysées)
- Réception, le même jour, d'un mail de la journaliste confirmant le rendez-vous le 30 mai à 9h30 à Ladurée
- Envoi le 07/05, par fax, d'une revue de presse de Claire Ardeme à G.Fournier

BFM

Prise de contact avec Elisabeth Varoix de BFM qui s'occupe de l'émission «La 35e heure» (émission quotidienne, du lundi au vendredi, multidiffusée)

➔ La journaliste pourrait être intéressée par le thème de l'Intérim Management pour son émission

- Envoi le 15/04, par fax, du communiqué de presse
- Relance téléphonique le 22/04, et message laissé à ce sujet
- Rappel le 06/05 : la journaliste souhaite recevoir une plaquette plus «corporate» de l'entreprise, et reprendra contact avec Poissons Pilotes si elle décide de monter une émission à ce sujet.
- Envoi le même jour, par coursier chez BFM, d'une documentation de B

Culture client, revue de presse, articles parus et en attente, et rendez-vous à tenir

Articles parus

Consulting – avril 2002 – écho sur l'ouverture du bureau à Lyon

Les Échos – 07/05/02 – Le management de transition

cf. articles joints

Articles en attente

Les Échos : Isabelle Geoffroy doit citer B. dans un article traitant des cadres «rebelles»; celle-ci n'a pas, au départ, communiqué de date précise de parution.

Poissons Pilotes lui a laissé un premier message à ce sujet.

Rappel de l'agence le 14/05 : I. Geoffroy a transmis son article à la rédaction et a proposé le sujet pour le mardi 28 mai (cahier «Management» du mardi).

L'*Usine nouvelle :* l'article faisant intervenir René Charbonnier est prévu fin mai ou début juin.

L'interview téléphonique avec Agnès Lacroix n'ayant pas encore eu lieu (le rendez-vous a été reporté car R. Charbonnier a eu un contretemps personnel), la parution de l'article risque d'être retardée.

Enjeux Les Échos : Claire Ardeme prévoit un article sur le thème du recrutement; elle ne peut toutefois pas communiquer de date précise de parution à ce jour.

Pour information, elle rencontre G. Fournier et M. Delille lors d'un petit déjeuner, le 30 mai à 9 h 30 à Ladurée.

Rendez-vous à tenir

30 mai à 9 h 30, à Ladurée (sur les Champs-Elysées) :

M. Delille et G. Fournier rencontrent Claire Ardeme – *Enjeux Les Échos*

Revue de presse (établie pendant la campagne)

Management – mars 2002 – «Graphologie : pourquoi les recruteurs y croient»

La Tribune – 11 mars 2002 – «Tous les cadres vont-ils devenir des DRH?»

La Tribune – 12 mars 2002 – «Les cabinets de chasseurs de têtes ont du plomb dans l'aile»

Courrier Cadres – 14 mars 2002 – «Petit manuel à l'usage des managers»

Challenges – 21 mars 2002 – «Ce qui fait courir les fous de boulot»

Liaisons Sociales – avril 2002 – «Certification en vue pour les recruteurs»

Management – avril 2002 – «Auchan juge les candidats sur leurs vraies aptitudes»

Management – avril 2002 – «Ils orchestrent la formation pour les DRH»

Le Nouvel Economiste – 5 avril 2002 – «Un leader, c'est fait comme ça ... »

Challenges – 18 avril – «Pour un modèle européen de la performance»

Courrier Cadres – 18 avril – «L'intérim financier gagne les directions»

Entreprendre – mai 2002 – «Certificateur de CV»

Courrier Cadres – 2 mai 2002 – «Managers au féminin»

Courrier Cadres – 2 mai 2002 – «Intérim : l'art de faire la "soudure"»

Le Figaro Entreprises – 6 mai 2002 – «Utiliser l'intelligence émotionnelle pour bâtir des équipes efficaces»

Le Figaro Entreprises – 6 mai 2002 – «Chargés d'assistance : être au service des autres»

La Tribune – 7 mai 2002 – «Le management à l'américaine fait des émules en France»

Libération – 13 mai 2002 – «Trop de chefs tuent le chef»

Les Échos – 14 mai 2002 – «Le capital-risque d'entreprise»

Les Échos – 14 mai 2002 – «Reclasser un salarié inapte : un exercice des plus délicats»

Courrier Cadres – 16 mai 2002 – «La mode chasse en ligne à l'échelle de la planète»

Cette revue de presse est à la disposition du client s'il la desire.

Recherche et liste de salons/expositions liés aux ressources humaines, à l'emploi...

Actualisation de la cartographie de l'univers du management et de l'emploi.

Les points stratégiques

Diagnostic

Qu'est-ce qu'un point stratégique ?

Que ce soit à la fin d'un contrat de longue durée ou d'une mission ponctuelle, tout chargé de communication doit établir un point stratégique.

Le point stratégique doit exposer toutes les actions de communication entreprises par le chargé de communication pour son client.

Plus qu'une énumération, le chargé de communication doit analyser les actions et les mettre en perspective pour affirmer la réussite de la stratégie mise en place ou en expliquer certaines des faiblesses.

Pourquoi un point stratégique ?

Le point stratégique va permettre de :

- mettre en perspective l'ensemble des actions menées au cours de la campagne de communication ;
- confirmer la juste diffusion des messages ;
- dégager les points forts et les points d'amélioration du déploiement de la communication si elle est amenée à être continuée ;
- proposer au client un plan de communication qui s'inscrivait alors dans l'amplification de ce qui a déjà été réalisé.

Matrice

Méthode

Reprendre les actions de communication menées au cours de la mission de communication.

Les placer dans la logique du plan de communication établie.

Présenter le travail effectué avant, pendant et après l'opération de communication.

Analyser l'impact des outils choisis.

Analyser l'image du client et ce qui se dégage de la campagne de communication.

Faire des propositions pertinentes et cohérentes grâce à cette analyse pour poursuivre la campagne de communication, voire la développer.

Éléments indésirables

Une simple liste exhaustive des actions entreprises n'est pas un point stratégique. Un point stratégique nécessite de prendre de la hauteur sur la communication déployée.

Il peut ne pas comprendre un schéma forces/faiblesses, mais il implique un jugement des résultats et un commentaire argumenté.

MES CONSEILS

- Un point stratégique doit être relié au plan de communication proposé. Pour faciliter la cohérence de la présentation de ce point, on peut reprendre la structure du plan de communication et comparer avec les résultats obtenus point par point.
- Le point stratégique est un moment clé de la relation avec le client car il se projette sur une période plus grande et intéressante que les actions entreprises successivement à des instants T. Le client ou l'entreprise peut plus aisément se rendre compte de la cohérence et la logique de communication globale. Il possède alors une vision qui peut lui permettre des choix.
- Conclure sur des nouvelles propositions conçues pour le client est essentiel. C'est là que se joue l'efficacité d'un bon point stratégique car le chargé de communication montre le rythme qu'il a donné à son plan de communication, de quelle manière il a été capable de le mener et comment il serait capable de le continuer.

CHECK-LIST

✓ Reprendre l'ensemble des actions menées.
✓ Intégrer les actions dans la logique du plan de communication.
✓ Mettre en exergue l'analyse de la campagne de communication effectuée.
✓ Déduire de cette analyse des propositions pour le client.

Cas pratique

Lettre stratégique à un client qui fait le point sur la médiatisation en cours

Cher Tancrède,

À la suite du message que je vous ai laissé il y a quelques jours sur votre portable, veuillez trouver ci-joint la liste des journalistes avec lesquels je suis en contact dans le domaine de l'économie :

Marc Baudriller, *Challenges* et chroniqueur sur RTL (Émission : «Les dessous de l'écran»)

M. Baudriller a semblé intéressé par Litchi. Lors de mon dernier échange avec lui, il a demandé le chiffre d'affaires et la marge brute du groupe.

M. Baudriller m'a demandé de le rappeler et de rester en contact avec lui.

Nicolas Pierron, Radio Classique (Émission : «Le journal du business»)

M. Pierron m'a indiqué qu'il allait prendre le temps de lire le mail que je lui ai adressé. Il a semblé intéressé par le profil du groupe et vous inclut dans les chefs d'entreprises de communication indépendants d'importance qu'il pourrait solliciter sur des sujets d'actualité.

Thomas Blard, Décideurs TV (Émission : «Dans le bureau du PDG»)

M. Blard m'a indiqué qu'il souhaitait réaliser une interview avec vous. N'ayant que peu de visibilité sur son emploi du temps au moment de mon appel, M. Blard m'a demandé de le joindre à nouveau après le 15 mai afin de prendre date. J'ai parlé à un des collaborateurs de M. Blard ce jour et ai laissé un message détaillé.

Nous poursuivons les contacts avec ces journalistes en leur donnant à chacun des idées d'articles qui pourraient leur correspondre.

Toutefois, leur montrer quelques cas concrets réalisés par certaines entreprises de votre groupe serait un atout. Où en êtes-vous de l'écriture de ces cas concrets ?

Par ailleurs, Julia et moi avons réfléchi à une idée qui permettrait à Litchi de gagner en visibilité.

Litchi pourrait peut-être sponsoriser 5 grandes écoles de communication dans différentes régions de France :

Paris ;

Nantes ;

Lille ;

Angers ou Bordeaux ;

Marseille.

L'idée serait d'organiser des forums dans ces 5 écoles. Au cours de ces forums, les jeunes étudiants seraient amenés à poser des questions qui les préoccupent et les interpellent dans le domaine de la communication.

Ces écoles de communication pourraient tour à tour être invitées à participer à l'Académie de Litchi et nourrir l'Académie du regard des nouvelles générations.

Litchi pourrait aussi sponsoriser les journaux de ces 5 grandes écoles de communication, c'est-à-dire être annonceur dans la revue que chaque école édite chaque mois. Ce serait là un moyen de soutenir les nouvelles formes de pédagogie et de se faire connaître.

Vous pourriez médiatiser ainsi cinq fois dans l'année les questions et les débats avec les étudiants et cela prendrait valeur d'enquête. Cela donnerait alors une occasion de communiquer auprès des médias.

Nous restons à votre écoute.

Avec toute notre considération professionnelle,

Odile Tardieu
POISSONS PILOTES

Point stratégique à un client du secteur de la papeterie

Éditions du Bonheur
Campagne de relations presse été 2011
Synthèse des actions menées

Messages diffusés

La Fête des mères et la Fête des pères

Les cartes à messages, collection Art

Les cartes à messages, collection Disney

Les cartes à messages, collection Moutin

« Les phrases qui comptent »

Une opération institutionnelle pour le 1er mai

Une opération cadeau « émotion » pour le 1er mai a été organisée en direction des journalistes alliés des Éditions du Bonheur et de la presse grand public.

Poissons Pilotes a adressé le 29 avril, par coursier, un carnet porte-bonheur accompagné d'un brin de muguet. Les réactions des journalistes (*Le Losange, Union Presse, Le Parisien,* notamment) furent positives et enthousiastes.

Cette opération, qui a permis de sensibiliser les journalistes à l'univers des Éditions du Bonheur, a mis en lumière l'attachement au support écrit que l'on reçoit par rapport au courrier électronique.

Interviews et rencontres organisées avec la presse

Union Presse : Peggy Cardin

Points de vente : Caroline Maréchal

Profession Nouveau Papetier : Chantal Defais

Ça m'intéresse : Alice Bomboy

Interviews et rencontres à venir

La Revue des tabacs : Dominique Laurent

Hope : Anil Abdoulhoussen

France Bleu Ile-de-France : Vincent Mangin

RMC : Laurent Saigre

Action commerciale : Aude Aboucaya

Le Papetier de France : Anne Gillet

Retombées presse obtenues

Hope : avril 2010

Union Presse : juin 2010

Le Losange : juin 2010

Le Papetier de France : juin 2010

Retombées presse en attente

Points de vente (été 2010)

LSA (été 2010)

Profession Nouveau Papetier (été 2010)

Hope (été 2010)

Le Papetier de France (été 2010)

Nous Deux (été 2010)

Ça m'intéresse (été 2010)

TF1

RTL

Relations presse Juin-juillet-août

Messages

➤ Communication institutionnelle

Poursuivre la médiatisation de Georges Lezou et de l'entreprise Éditions du Bonheur, auprès :

- de la presse professionnelle (papeterie/distribution) ;
- de la presse «Entreprise et Affaires» : *Information entreprise, L'Entreprise, Le Monde des artisans.*

Poursuivre l'opération : «Les Phrases de la carterie»

Le mot «Merci» sera adressé à 20 journalistes alliés des Éditions du Bonheur.

➤ Communication produit – En cours

Médiatisation des «Calendriers et Agendas du Bonheur 2011» :

- dans un premier temps, auprès de la presse professionnelle (papeterie/distribution) ;
- dans un second temps, à partir du 18 août, auprès de la presse grand public (familiale et féminine). Un communiqué de presse destiné à la presse grand public sera rédigé et validé au mois de juillet.

Poursuivre la médiatisation des cartes à message : «Art», «Disney», «Moutin» et des «Phrases qui comptent» auprès de la presse grand public : *Femme Actuelle, Maxi, Famili, Réponse à tout, Modes et Travaux, Parents, Pleine vie.*

Médiatisation des produits de fin d'année.

Médiatisation des « étiquettes fun » : envisager une réunion la troisième semaine de juillet pour définir la campagne de communication.

Actions

➤ Un événement « Les Phrases qui comptent »

- Comment : par le biais d'un partenariat avec une revue spécialisée *(Hope)* diffusée dans un lieu spécifique où le message, l'écrit est important : l'hôpital

- Quand : dernier trimestre 2011

- Cibles : grand public : malades, proches, personnels de l'hôpital/ journalistes

- En vue de quoi : accroître la notoriété des Éditions du Bonheur

- Quoi : un événement autour des phrases, de l'écrit et lié, notamment, au lancement d'une nouvelle collection : « Les phrases qui comptent ».

Il pourrait être envisagé de réaliser un jeu-concours organisé par les Éditions du Bonheur qui encouragerait chacun à prendre la plume pour écrire le plus beau message (160 signes par exemple) ou le plus beau synonyme du mot sentiment (mot phare du répertoire des Éditions du Bonheur). Le gagnant se verrait offrir un an de correspondance (de cartes et de carnets du Bonheur).

➤ Un livret écrit sur la joie d'écrire par les dix derniers Prix Goncourt.

Ce livret serait offert à toutes les associations qui luttent contre l'analphabétisme.

Outils

➤ Le dossier de presse

Les Éditions du Bonheur étant régulièrement médiatisées, il devient nécessaire d'envisager une mise à jour du contenu du dossier de presse.

➤ Le site Internet

Il a été constaté que les journalistes utilisent de plus en plus l'outil Internet pour obtenir des informations sur les entreprises.

Il faudrait donc envisager de mettre en ligne le dossier de presse des Éditions du Bonheur et d'indiquer sur le site un contact presse pour gagner en efficacité.

Le press book (les retombées presse)

Diagnostic

Qu'est-ce qu'un press book ?

Un press book est la compilation exhaustive des articles parus sur un client, remis au client tous les mois. Il est un indicateur de la perception externe de l'entreprise.

Parfois la constitution d'un press book peut intervenir à une période plus courte, à la suite d'un événement, dans le cadre du suivi exhaustif des retombées presse obtenues.

Pourquoi un press book ?

La constitution d'un press book permet de cribler tous les articles obtenus sur votre client. Il peut être organisé chronologiquement, par thèmes ou par classement alphabétique selon le type de support.

Matrice

Méthode

Récupérer les originaux des retombées presse obtenues.

Les photocopier et les scanner pour garder une trace.

Les classer selon l'organisation définie.

Distribuer auprès de votre client le press book.

MES CONSEILS

- Il faut être attentif à ne pas confondre la veille média et le press book : alors que ce dernier n'est que la compilation des articles mentionnant l'annonceur dans la presse, la première est un outil stratégique et fondamental pour les relations presse.
- Bien organiser un press book facilite sa consultation. Il est préférable d'adopter la façon de penser du client à qui est avant tout destiné le press book. Il s'y retrouvera d'autant mieux.

CHECK-LIST

- ✓ Rassembler tous les articles dans lesquels figure le client.
- ✓ Trier, classer et hiérarchiser par thèmes.
- ✓ Organiser de façon claire et pertinente le press book.
- ✓ Le présenter au moins tous les trimestres à son client.

Cas pratique

Sommaire d'un press book thématique d'un club d'entreprises RH

Sommaire

Présentation de la Note de conjoncture sociale

Entreprise & carrières	du 7 au 13 octobre 2008
Les Échos – LesEchos.fr	7 octobre 2008
Libération	8 octobre 2008
Europe 1 (7 h 40 direct avec M. Fogiel)	8 octobre 2008
L'Usine nouvelle	9 octobre 2008
Le Point	16 octobre 2008

Nomination de Samuel Richardson à la direction générale d'*Emploi&Carrières*

Le Figaro	14 octobre 2008
Actuel RH	15 octobre 2008
Les Échos	16 octobre 2008
Entreprise&Carrières	du 21 au 27 octobre 2008
Liaisons sociales Magazine	décembre 2008

Présentation de la Note d'orientation 2009-2011

LeFigaro.fr	19 janvier 2009
Entreprise&Carrières	du 20 au 26 janvier 2009
France 5 (dépêche AFP)	21 janvier 2009
Le Télégramme de Brest	22 janvier 2009
Le Point	22 janvier 2009
Eco 89	27 janvier 2009
Radios	du 16 au 21 janvier 2009

Présentation des publications sur l'absentéisme au travail

L'Express	19 mars 2009
E24.fr	20 mars 2009
AEF	20 mars 2009
Pourseformer.fr	20 mars 2009
La Tribune	21 mars 2009
Le Figaro	21 mars 2009

Les Échos	24 mars 2009
Le Point	26 mars 2009
L'Expansion.com	6 avril 2009
L'Usine nouvelle	28 mai 2009

Présentation du Centre de Services Partagés

| Actuel RH | 18 juin 2009 |
| AEF | 18 juin 2009 |

Expertise E&C

Actuel CE	8 octobre 2008
LeFigaro.fr	8 octobre 2008
L'Usine nouvelle	6 novembre 2008
Le Point	27 novembre 2008
Actuel RH	27 février 2009
Libération	23 mars 2009
L'Expansion	25 mars 2009
Entreprise&Carrières	30 juin 2009

Sommaire d'un press book international pour un groupe industriel

List of articles

FRANCE

RIA	April 2010
Emballages Digest	April 16th 2010
Packaging Europe	March 3th 2010
Emballages Magazine	March 2nd 2009
Industrie et Technologies	February 2010

ITALY

Industrie Alimentari	March 2010
Rassegna dell'Imballaggio	February 2010

UK

CanTech International	April 2010
Corus Packaging	April 2010
Packaging Today	April 2010
Retail Packaging	April/March 2010
Canmaking News	March to January 2010
dowjones.com	March 2010
The Canmaker	March 2010
Retail Packaging	February 2010
Packaging News	February 2010

5

LA CORRESPONDANCE DÉLICATE

Les lettres à destination du journaliste

Diagnostic

Qu'est-ce qu'une lettre vers le journaliste ?

Une lettre est par essence un écrit personnalisé que l'on destine à un journaliste afin de lui faire part d'une information ciblée.

Une lettre est toujours un écrit personnalisé – on s'adresse à quelqu'un – et diffère donc d'un écrit destiné à un journaliste.

Une lettre adressée à un journaliste est d'autant plus difficile qu'elle exige de fournir les données essentielles en un minimum de mots. Elle doit en un feuillet maximum exprimer les idées clés avec les mots justes.

Un écrit court est souvent plus compliqué à rédiger qu'un écrit long.

Dans quel contexte est-elle utilisée ?

Une lettre peut être écrite lors des différentes étapes du travail de la relation du chargé de communication avec le journaliste.

Ainsi, on distingue plusieurs moments de la relation, et donc différents types de lettres :

- la lettre de prise de contact : il s'agit d'une lettre importante qui établit le contact avec le journaliste et qui expose la raison qui nous fait solliciter le journaliste. Elle établit le contact avec le journaliste et lui expose les motifs de notre sollicitation. C'est une lettre importante ;

- la lettre de suivi : lorsqu'une relation s'est créée avec le journaliste, le chargé de communication se doit de le tenir informé des actualités de son client ;

- la lettre de relance : le journaliste étant très « courtisé », il se peut qu'il n'ait pas repéré l'information dès le premier courrier. Une lettre de relance peut ainsi être envoyée ;

- la lettre de remerciement : lorsque le journaliste s'est montré réceptif, que ce soit en écrivant un article, en acceptant une rencontre ou en étant présent à un événement, il est de bon ton de lui faire parvenir un mot de remerciement.

N.B. : Certaines situations donnent lieu à l'écriture de lettres dites « délicates ». Lorsqu'un malentendu ou une mauvaise communication s'introduisent dans votre relation avec un journaliste, une lettre particulière est à envoyer. L'écrit donne alors acte dans toute situation de la chronologie et de la réalité des faits ; une lettre permet toujours d'éclaircir avec rationalité la nature des échanges.

Matrice

Méthode

Définir le contexte : en une à deux phrases, expliquer la raison pour laquelle la lettre est destinée au journaliste.

Rédiger un deuxième paragraphe développant cette raison ou cet objectif. Veiller à présenter les arguments de façon claire.

Expliquer en quoi l'information peut intéresser le journaliste. Plus qu'un communiqué de presse, la lettre permet d'argumenter, de relier le sujet à l'univers personnel du journaliste et de replacer les raisons pour lesquelles on le joint.

Formuler une proposition concrète, que ce soit la demande d'une prochaine rencontre, l'envoi de documents précis ou le rappel d'un événement à venir (événement-presse ou non) auquel le journaliste est invité.

Terminer la lettre par les salutations de rigueur. Ces formules de politesse doivent être adaptées au ton du courrier et posséder une signature manuscrite du chargé de communication.

Élément facultatif

On peut joindre pour information un dossier de presse ou tout autre document pertinent à la lettre envoyée.

Éléments indésirables

Toute faute de syntaxe ou d'orthographe est bien évidemment à proscrire.

Même si les lettres que vous envoyez possèdent un tronc commun, chaque lettre doit posséder une accroche particulière et, dans le corps des arguments, une information adaptée et choisie pour le journaliste. Vos courriers ne doivent jamais ressembler à un mailing de quantité.

MES CONSEILS

- On ne saurait trop insister sur le soin qui doit être porté à la rédaction d'une lettre puisqu'elle véhicule en un feuillet l'image de son émetteur. Si elle est réussie, elle vous permet d'obtenir, et pas seulement de demander. C'est un « écrit-passerelle » qui doit vous mener avec doigté vers l'autre.

CHECK-LIST

✓ L'identification de l'émetteur doit être immédiate : logo et adresse en tête ou en pied de page ; coordonnées de l'agence ou du service presse de l'entreprise qui doivent également clairement apparaître.

✓ La lettre doit être datée et le lieu d'envoi précisé.

✓ Le nom du destinataire et son adresse doivent figurer à droite, avant le début de la lettre au sens strict.

✓ Le courrier doit se conclure par une formule de politesse adaptée au sexe du récepteur et à la nature de la relation créée ou entretenue. Ainsi, une femme n'exprime pas de sentiments à un homme.

✓ La signature doit être manuscrite, mais il faut aussi rappeler, en toutes lettres, les prénom, nom et fonction du signataire.

Lettre de prise de contact avec un journaliste à propos d'une démarche innovante en ressources humaines

Madame,

«Secte conquérante», «société savante», «système impérialiste»… Derrière ces termes, surprenants au premier abord, se cache en réalité l'identité singulière de chaque entreprise.

Aujourd'hui, les outils «traditionnels» de management, aussi opérationnels soient-ils, ne suffisent plus pour comprendre les enjeux de l'organisation sociale de plus en plus complexe des entreprises. La perplexité des directeurs de ressources humaines face à l'intégration des nouveaux entrants, le taux d'échec élevé des fusions-acquisitions, ou encore les fortes résistances aux changements de certaines entreprises publiques parlent d'eux-mêmes : les méthodes de management classiques ne parviennent plus à traiter en profondeur les causes de ces malaises.

Analyser les symptômes, remonter aux causes fondatrices et apporter des solutions concrètes aux troubles de la cohésion au sein de l'entreprise, c'est ce que la méthode du cabinet Trouveur propose. Fondée sur les travaux de Claude Lévi-Strauss, la grille de lecture construite par Églantine Leroy – anthropologue et psychanalyste – et le cabinet de ressources humaines Trouveur présente une réelle innovation.

Appliquée à l'entreprise, à toute association ou organisme de travail, cette méthode ingénieuse permet d'intervenir sur les fondamentaux culturels propres à chaque organisation économique et sociale, d'en comprendre les référents historiques, et de restructurer en profondeur une culture d'entreprise et une organisation en management.

La rigueur de cette méthode et sa puissance d'analyse font qu'elle est aujourd'hui sollicitée par des acteurs institutionnels, notamment les ministères confrontés à des phénomènes de changements rapides ou des grandes entreprises privées.

Si l'originalité et l'efficacité reconnue de cette démarche vous donnaient l'envie d'en savoir davantage, nous serions ravis de pouvoir vous proposer un entretien avec Madame Leroy ou les associés du cabinet Trouveur. Ce serait pour vous l'occasion d'un premier échange avec l'équipe à propos des applications concrètes de cette méthode.

Je me permettrais donc de vous joindre prochainement pour connaître votre réaction à la proposition d'un petit déjeuner avec Madame Leroy et les dirigeants de Trouveur.

Dans cette attente, je vous prie d'agréer, Madame, l'expression de ma sincère considération.

Odile Tardieu
POISSONS PILOTES

Cas pratique

Mail de prise de contact : proposer un rendez-vous en avant-première pour la présentation d'une étude sur le développement durable

Chère Madame,

Poissons Pilotes est heureux d'attirer votre attention sur un événement organisé par Écovilles.

Le 12 décembre, à l'occasion d'une conférence de presse, aura lieu la présentation de la cinquième édition de l'étude annuelle des rapports de développement durable des entreprises du CAC 40.

Écovilles analysera à cette occasion les thèmes des politiques de développement durable des rapports RSE de toutes les entreprises du CAC 40.

En complément, l'Institut des langues commentera et classera les tendances linguistiques et les mots dominants du discours des entreprises sur le développement durable.

Enfin, Durability, partenaire qui a rejoint l'équipe cette année, expliquera le lien entre développement durable et compétitivité dans ces rapports RSE.

Nous vous proposons en avant-première de cette étude un rendez-vous avec Madame Lenormand, gérante d'Écovilles. Elle pourrait ainsi répondre à vos questions sur les résultats de ce travail, les rôles des partenaires en jeu et les grandes tendances qui se dégagent.

Je me permettrai de vous joindre cette semaine pour savoir si vous êtes intéressée et séduite à l'idée d'un tel rendez-vous.

Croyez, chère Madame, en mon réel respect.

Eva Delanova
POISSONS PILOTES

Lettre de prise de contact avec un journaliste : proposer un sujet en lien avec l'actualité

Chère Madame,

Face à la montée d'Internet, cernés par la technologie toujours plus puissante des ordinateurs, d'aucuns prédisaient la mort à plus ou moins brève échéance du papier et de l'écrit. Réellement ? Rien n'est moins sûr.

Jour après jour, les Éditions du Bonheur, marque référente dans le domaine de la papeterie, font à l'inverse la preuve de l'intemporalité de l'écrit grâce à un réel dynamisme et à une permanente réinvention des papiers et cartes nobles.

Grâce à cette maison familiale, nouvelles technologies et cartes de vœux ne sont plus sœurs ennemies – elles deviennent au contraire l'expression d'un mariage réussi. L'écrit conserve sa cote : rien ne pourra empêcher les petits mots tendres d'être toujours en vogue, les mots que l'on veut pouvoir conserver, toucher, relire…

Le parcours d'une année de communiqués de presse diffusés par les Éditions du Bonheur suffit à dresser les contours des chemins que prend l'évolution de l'écrit et de l'usage du papier. Noël, la Fête des mères, la Saint-Valentin… Périodes phare pour les professionnels des cartes, ces moments de célébration à la fois collectifs et intimes confirment sans défaillir le succès du « support papier ».

Beaucoup de thèmes restent indémodables : les animaux, par exemple. Chiens, chats, chevaux, dauphins, félins. Ces images renvoient à autant de valeurs positives : fidélité, tendresse, noblesse, intelligence, puissance… Les contes de fées tiennent également une large place dans l'univers des Éditions du Bonheur, servis en cela par l'univers Disney : château de princesse et prince charmant qui vient réveiller sa fiancée. Et le voyage n'est pas en reste, la tour Eiffel photographiée circule toujours majestueusement dans le monde entier.

Depuis leur création au début du siècle, les Éditions du Bonheur ont toujours suivi de près innovations technologiques et tendances artistiques.

En effet, les Éditions du Bonheur réinventent chaque année la conception même de ce que peut être un support papier.

À ce titre, 2009 n'échappe pas à la règle : les « cartes sonores », musicales, drôles ou à enregistrer, invitent le multimédia en leur sein.

Une année aux Éditions du Bonheur correspond à tous ces produits qui rythment la vie de chacun. Désormais, les nouvelles technologies sont au cœur des achats des fêtes de fin d'année, mais l'écrit subsiste et génère une demande continue car il crée une trace et souvent par son enveloppe maintient un secret.

Visiter les Éditions du Bonheur ou rencontrer la dirigeante Lilas Lezou vous permettrait sans doute d'écrire aux moments des fêtes carillonnées un papier « tendance » qui pourrait surprendre et plaire à ceux qui aiment encore sentir qu'il n'y a pas que les ordinateurs qui possèdent une mémoire.

N'hésitez pas à me joindre à ce propos.

Veuillez agréer, Madame, mes chaleureuses salutations.

Eva Delanova
POISSONS PILOTES

Lettre de prise de contact avec un journaliste à propos d'un groupe de communication majeur

Cher Monsieur,

Je me permets de vous écrire pour vous présenter Magnum Group, un des premiers groupes de communication indépendants de France, spécialisé, entre autres, dans la création de contenus pour les entreprises.

À travers la notion de «langage de marque», Magnum Group permet aux entreprises de qualifier leurs relations avec les publics sensibles, clients, collaborateurs, actionnaires par des méthodes d'analyse spécifiques.

Magnum Group compte 200 collaborateurs. Son niveau de conseil stratégique lui permet d'atteindre, malgré la crise, 40 millions d'euros de chiffre d'affaires.

Présidé par Elisabeth Lebleu, Magnum Group est organisé autour de trois pôles stratégiques :
- les contenus internes,
- les contenus corporate,
- les contenus marketing.

Beaucoup de groupes prétendent s'occuper du langage. Magnum Group a de nombreuses raisons de se sentir plus légitime :
- sa présidente Elisabeth Lebleu n'a-t-elle pas toujours eu un intérêt pour la communication interne, véritable source d'un langage authentique ?
- la notoriété de Sunshine – société faisant partie de Magnum Group et travaillant sur les magazines d'entreprise externes comme internes depuis des années – fait bénéficier tout le groupe d'une forte notoriété ; elle est fondatrice d'un vrai courant d'écriture efficace sur le langage interne et la marque ;
- la diversité des expertises des collaborateurs, des cas traités et des prix remportés prouve une compétence reconnue.
> En 2010 : Prix Ujjef du journal interne
> En 2009 : Trophée Internet du luxe
> En 2009 : Prix Victoires des magazines Web santé.

Les nouvelles technologies continuent de modifier les métiers et de transformer l'univers de la communication. Désormais, les entreprises évoluent dans un nouvel espace où les contenus et vecteurs, bien que s'adressant à des publics de plus en plus différenciés, se croisent et se développent en une interdépendance permanente.

C'est pourquoi Magnum Group adapte de façon personnalisée la communication des entreprises et de leurs marques à ces enjeux. Pour ce faire, le groupe a mis au point une méthode qui permet d'offrir une prestation de communication complète et cohérente.

À l'heure de la marque conversationnelle, j'imagine que le thème des contenus peut intéresser votre lectorat. Si vous êtes d'accord, je serai heureuse d'organiser, à votre convenance, un entretien avec Elisabeth Lebleu. Elle est jeune et à la tête d'une PME française de la communication ; elle sait parler avec passion en fournissant des exemples concrets qui pourraient intéresser la diversité de vos lecteurs : du luxe à la santé, de la finance à l'agroalimentaire. Sans langue de bois, Elisabeth Lebleu explique les défis qui seront à franchir pour les PME et les grandes entreprises en termes de communication, dans les années à venir.

Je reste à votre écoute et me permettrai de vous joindre afin de recueillir vos remarques sur ce premier courrier. Je répondrai volontiers dans un premier temps à certaines de vos questions concrètes, et organiserai avec plaisir un entretien en toute liberté avec Madame Lebleu.

Merci de l'attention que vous avez portée à cette lettre. Croyez, cher Monsieur, en nos respectueuses salutations.

Odile Tardieu
POISSONS PILOTES

Lettre de suivi à un journaliste
à la suite d'un article paru

Chère Madame,

Dans votre article «Le Plan Cancer insiste sur la lutte contre les inégalités», vous rappelez qu'il est important de ne pas négliger l'approche thérapeutique du processus de guérison. En effet, il y a une véritable nécessité d'insister sur le soutien psychologique à offrir au malade.

Le chef de l'État en a d'ailleurs rappelé l'importance primordiale lors de son discours : la guérison du cancer n'est «pas simplement le traitement d'un organe malade, mais revêt également une dimension humaine». Le Plan Cancer II appréhende tous les aspects de la maladie : la recherche, le dépistage, le social... Il reconnaît entre autres, comme vous le soulignez, que le rôle du médecin traitant doit être renforcé auprès du patient. Or, pour cela, il faut remettre le médecin au cœur du dispositif et restaurer la relation médecin-patient.

C'est pour aider à développer une meilleure compréhension du ressenti du patient que, dès 2007, Synergie Pharma a décidé de débuter un travail en sciences humaines en publiant le tome 1 de l'*Encyclopédie des mots du cancer*.

Rédigée par un lexicologue avec l'éclairage d'une sociologue, cette encyclopédie fut suivie en 2008 par la parution du tome 2 comportant la définition de 14 nouveaux mots «mis en scène» par un conteur. L'*Encyclopédie des mots du cancer* tome 3 vient quant à elle de paraître en mettant cette fois en avant les paroles de patients malades.

Grâce à cette réalisation, les sciences humaines viennent pour l'une des toutes premières fois à la rencontre de travaux médicaux. Si vous désiriez en savoir plus sur ce travail d'importance, nous pourrions vous proposer un entretien avec le Dr Marthe Molly, directrice du comité scientifique de Synergie Pharma afin que vous puissiez approfondir avec elle les raisons de cette démarche.

Nous avons vraiment apprécié votre article. Je serai heureuse dans un premier temps, quand vous le pourrez, d'avoir la simple opportunité de vous parler.

Croyez, chère Madame, en mes remerciements renouvelés et mes chaleureuses salutations.

Odile Tardieu
POISSONS PILOTES

Lettre de relance à un journaliste allié

Chère Madame,

Comme vous le savez, le sujet sur l'*Encyclopédie des mots du cancer* nous tient à cœur. Il s'agit d'une maladie qui touche de nombreuses familles en France. Il ne se passe pas de semaine ou de mois sans que l'on ne parle de la disparition d'une personnalité qui soit due au cancer – Alain Bashung ou Maurice Jarre – en passant par Bernard Giraudeau.

Fin mai 2010 s'annonce le colloque annuel de l'AMCE, une association à but non lucratif qui a pour mission d'améliorer les traitements et les soins que reçoivent les patients atteints de cancer. Plus de 25 000 oncologues dans le monde sont membres de l'AMCE et se réunissent à l'occasion de ce grand rendez-vous mondial de l'AMCE.

C'est pourquoi je tenais à savoir si vous aviez toujours l'intention d'interroger le Professeur Jacques-Bernard Minelli et la patiente Catherine Lenoir. Je vous avais communiqué leurs coordonnées à votre demande. Il y a là, avec la tenue de l'AMCE, une actualité forte qui s'annonce.

L'*Encyclopédie des mots du cancer* continue de connaître un succès régulier. Elle va être lue au sein d'associations de patients et au Festival de la correspondance de Manosque. Il se peut que d'autres événements liés à la qualité du langage la fassent connaître également, par exemple Le marathon des mots.

J'attends votre réponse sur l'intérêt que présenterait pour vous une rencontre avec le professeur Minelli.

Je reste à votre écoute.

Croyez, chère Madame, en mes meilleurs sentiments.

Odile Tardieu
POISSONS PILOTES

Lettre de confirmation de présence à un événement presse

Cher Monsieur,

Nous avons bien noté votre participation au déjeuner organisé par le LES, le mardi 9 avril. Nous serons heureux, avec M. Randolph Watt, directeur du LES, de vous y accueillir.

Nous nous permettons de vous confirmer par écrit les noms des membres du LES qui seront présents pour échanger avec vous, lors de ce déjeuner en comité restreint : Monsieur Taras de l'entreprise Malok, Madame Lesoin de l'entreprise Guérix, enfin Monsieur Doux de la société Vais.

Informations sur le déjeuner
Date : mardi 9 avril
Lieu : LES – 23 avenue d'Iéna - Paris XVIe
Horaire : à partir de 12 h 30

Je vous joins en avant-première le dossier de presse du LES qui vous permet une première découverte des thèmes qui seront abordés.

Je reste à votre disposition pour toute demande.

Croyez, cher Monsieur, en nos salutations amicales.

Odile Tardieu
POISSONS PILOTES

Mail de remerciement à un journaliste venu à une présentation presse

Cher Monsieur,

Les dirigeants du Synergie Pharma ainsi que Madame Catherine Bonnet, sa directrice, tiennent à vous remercier d'avoir participé à la présentation presse qui a eu lieu hier.

Si vous le souhaitez, nous pouvons vous organiser un entretien particulier avec l'un des membres du comité scientifique de Synergie Pharma ou avec l'un des professeurs de diabétologie avec lequel vous souhaiteriez approfondir un thème précis.

En plus des communiqués distribués hier, nous pouvons également vous transmettre, sur simple demande, en avant-première, l'étude à paraître.

Avec nos remerciements.

Odile Tardieu
POISSONS PILOTES

Catherine Bonnet
Directeur de SYNERGIE PHARMA

Lettre de relance à un journaliste qui n'a pu se rendre à une présentation presse

Cher Monsieur,

Nous avions échangé à propos de la présentation du Tableau des villes par Énergies durables, conçu pour mettre en valeur les bonnes pratiques au service du développement de villes durables. Cette présentation s'est déroulée le 3 novembre lors du Salon des villes et du développement durable à Paris.

Ce Tableau des villes est avant tout une base d'échanges pour des villes soucieuses de trouver un équilibre entre le renforcement de l'attractivité économique de leur territoire et une politique d'aménagement écologique.

Créé pour être un outil au service des villes, le Tableau des villes offre aux maires et aux décideurs locaux qui le souhaitent :

une base d'échanges sur les bonnes pratiques observées à l'intérieur comme à l'extérieur du territoire ;

un moyen de mesurer la cohérence de tout nouveau projet avec les actions déjà engagées, et de fournir des repères tangibles dans la perspective d'un aménagement de ville durable.

Comme vous n'aviez malheureusement pu assister à la présentation du 3 novembre, nous vous avons adressé un dossier de presse afin de vous donner plus d'éléments et d'explications sur ce nouvel outil. J'espère que vous l'avez bien reçu.

Si vous avez des questions sur le Tableau des villes, je serai prête à me déplacer pour vous rencontrer et vous répondre. Si vous êtes intéressé, je serai ravie de vous mettre en relation avec Monsieur Dubreuil, directeur d'Énergies durables.

Je vous prie d'agréer, cher Monsieur, mon attentive considération.

Odile Tardieu
POISSONS PILOTES

Mail de remerciement en anglais à un journaliste rencontré lors d'un voyage de presse

Dear Mr Zeiter,

It has been a real pleasure meeting you in Berlin. Thank you again for your time.

I hope this first conversation has allowed you to have a better understanding of Pack International, its vision and goals for Germany.

Feel free to contact me if you have any questions or need additional information.

As I have mentioned to you, please note that Pack International would like to invite you to its Research & Development Center, located in Strasbourg, France (2 hours from Paris by train).

The visit will take place on November 12th and 13th. During these two days, you will have the opportunity - along a number of selected international journalists - to tour the Center and meet with its Director as well as other key executives from Pack International.

I look forward to continuing our conversation.

Best regards,

Odile Tardieu
POISSONS PILOTES

Les lettres à destination du prospect

Diagnostic

Qu'est-ce qu'une lettre vers un prospect ?

Une lettre vers un prospect possède un caractère commercial. Elle fait suite à une relation initiée avec un prospect qui envisage de travailler avec vous sur sa communication.

C'est une lettre qui se doit d'être personnalisée et qui synthétise les échanges déjà entrepris.

Souvent, elle accompagne, voire résume, les offres d'idées et recommandations stratégiques que l'agence de communication propose au prospect.

Dans quel contexte est-elle utilisée ?

En général, un premier rendez-vous a eu lieu entre le prospect et le chargé de communication. Ces échanges permettent au chargé de communication d'identifier les besoins du prospect.

La lettre intervient après ces échanges et se doit de proposer les premiers éléments d'une stratégie de communication en fonction des besoins exprimés par le prospect.

Matrice

Méthode

Les différents moments de la lettre à destination du prospect

Rappeler le contexte dans lequel s'est placée la relation avec le prospect ; sa situation sur le marché, les actions de communication antérieures, les objectifs qu'il souhaite atteindre en termes de messages et d'image.

Evoquer les impératifs liés au domaine dans lequel évolue le prospect. Le chargé de communication ne s'exprimera pas de la même façon avec un prospect qui travaille dans le développement durable qu'avec un dirigeant d'une firme mondiale de l'agroalimentaire.

Formuler la proposition qu'a conçue le chargé de communication : lui propose-t-on un audit, un événement, l'élaboration de messages réguliers ou une campagne de communication progressive et ciblée mais régulière qui pourra s'élargir et monter en puissance ?

Proposer un nouveau rendez-vous afin d'échanger sur cette proposition avec le prospect. Il est rare que le prospect souhaite directement lancer la mission de communication dès la réception de la lettre.

Élément facultatif

Il est toujours pertinent de rappeler les forces et références de son agence de communication. En effet, le prospect sera conforté dans son choix s'il peut voir les succès de campagnes entreprises par l'agence, notamment s'il s'agit de récompenses ou de clients pour lesquels vous avez travaillé dans le même secteur et qui ont vu leur notoriété s'amplifier.

MES CONSEILS

- Il est important de faire sentir au prospect que le chargé de communication a compris et analysé sa situation, qu'il a mené une veille et des recherches avant de faire part de sa proposition. Enfin, le chargé de communication doit posséder une vision de l'image de l'entreprise à qui elle s'adresse.
- Le prospect veut évoluer s'il vous a joint. Ses besoins, vous devez les connaître. Les recherches faites vous nourrissent sur le prospect. Toutefois, il vient vous rencontrer à un moment où il désire changer. Le chargé de communication doit donc adapter la stratégie de communication proposée en fonction des nouvelles donnes que se fixe le client. Le prospect pourra ainsi se rendre compte de l'efficacité et de la réactivité de l'agence.

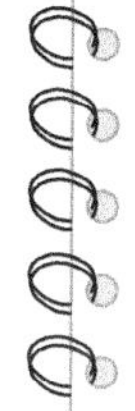

- Il ne s'agit pas de se montrer trop «autosatisfait» lors de la présentation de l'agence. Il suffit de faire référence à des missions qui ont été menées ou à des dossiers clés qui confirment l'expérience de l'agence. Des exemples et des preuves seront toujours mieux venues que des propos qui autocommentent une légitimité que seuls le milieu ou d'anciens clients peuvent vous attribuer.

CHECK-LIST

- ✓ Avoir noté vos points d'étude et de recherche pour interroger le client avec finesse.
- ✓ Replacer le contexte dans lequel évolue le prospect.
- ✓ Faire part des premières propositions et les justifier.
- ✓ Prouver en quoi l'agence de communication est légitime et possède expériences, exemples et culture qui correspondent à ce que le client recherche.
- ✓ Proposer un nouveau rendez-vous qui propose un bref ordre du jour.

Lettre à un prospect du secteur du management pour lui proposer une stratégie de communication internationale

Cher Monsieur,

Julia Declaire et moi tenons à vous remercier de votre visite le 6 mai.

Nous serions heureuses de rester en contact avec vous afin de poursuivre nos échanges et réflexions sur la communication de votre groupe.

Nous avons compris que vous étiez appuyés par une agence de relations presse. Comme vous le savez, nous intervenons auprès de nos clients, entre autres, comme consultants en expression et conseils en stratégie de communication. Quelle que soit l'intervention que vous pourriez souhaiter de notre part, elle pourrait être prise en compte sur votre budget de formation puisque nous sommes de plus formateurs agréés et que nous transmettons toujours nos stratégies accompagnées d'un programme pédagogique.

Lors de notre dernière rencontre, nous avions discuté de quelques premières idées.

Peut-être faudrait-il rédiger un dossier de presse institutionnel qui mettrait l'accent sur la qualité qu'un réseau mondial peut apporter aux utilisateurs de WorkWorld. Il faudrait faire savoir que, par le biais de WorkWorld, on peut trouver le « juste » candidat. Le dossier de presse serait une façon d'établir une matrice argumentaire plus élargie de toutes les caractéristiques et spécificités de votre marque.

En France, Allemagne et Grande-Bretagne, WorkWorld pourrait aussi organiser des conférences au sein de grandes écoles. Des bourses seraient octroyées, selon des indicateurs et un cahier des charges préétablis, à des étudiants méritants.

Comme vous le savez, tout client qui organise un premier événement construit sa notoriété progressivement. Ce n'est qu'au deuxième, voire troisième événement que la visibilité du groupe peut prendre de l'ampleur. À ce propos, les actions que nous avons réalisées pour l'Observatoire des dirigeants de Jeronimo Conseil en sont un bel exemple. Toutes les idées que nous pourrions vous soumettre seraient étudiées pour renforcer l'esprit de votre marque et pouvoir durer dans le temps.

Nous possédons suggestions et points de méthodes. Vous l'avez d'ailleurs dit : «les petites agences sont de vrais creusets d'idées.» Continuons donc de parler pour trouver le fil conducteur qui pourra nous faire débuter une mission.

Croyez, cher Monsieur, en notre attentive et amicale pensée.

Odile Tardieu
POISSONS PILOTES

Mail à un prospect du secteur public pour lui proposer un audit de communication

Chère Madame,

Nous vous remercions de votre mail.

Nous souhaitons à nouveau vous convier le 5 mai à l'atelier de Poissons Pilotes qui aura pour objet de présenter une étude sur le langage vers les médias. Nous espérons que vous aurez la possibilité de nous rejoindre.

En réponse à votre mail, nous voulions vous rassurer. Nous travaillons le plus souvent sur des demandes ponctuelles. Nos contrats de consulting en communication peuvent se succéder en fonction de missions diverses. Nous veillons toutefois à créer de la cohérence et ce, au fur et à mesure du déroulement de ces actions dans le temps.

Nous vous avons exposé, lors de notre rendez-vous, nos interventions en communication d'influence. Nous vous avions donné en exemple nos missions pour les institutions travaillant sur la nourriture et la diététique ainsi que certains travaux de sociétés de pensée de ministères.

En ce qui concerne nos offres dans le champ des stratégies de messages, elles sont particulières et multiples. Dans notre précédent mail, nous vous avions proposé un audit de communication. Cela vous permettrait de réaliser un état des lieux fiable et quantitatif à un moment où l'identité du groupe devrait être transmise de façon claire. Cela permettrait également de coacher et de coordonner vos dirigeants internes et vos divers partenaires en communication.

Si nous intervenions par contrat ponctuel de conseil en communication, l'analyse travaillerait sur la continuité, la modélisation et la spécificité de vos actions de communication. Le but étant à terme d'émettre une identité renouvelée et forte sans rupture avec votre patrimoine.

Nos autres offres dans le champ des stratégies de communication sont multiples et visent à s'appliquer aux prestations suivantes :
• conseil en organisation de la communication,
• écrits créatifs pour les journalistes,

- campagnes d'opinions,
- perfectionnement personnalisé de vos équipes à l'expression orale.

Voici quelques premières indications. Nous reparlerons avec vous dès que vous sentirez que cela est le juste moment et nous vous adresserons un devis en cohérence avec votre demande précise.

En attendant, acceptez, chère Madame, nos vœux de succès.

Odile Tardieu
POISSONS PILOTES

Lettre à un prospect du secteur de l'urbanisme pour lui proposer la poursuite de la communication débutée

Chère Madame,

À la suite du lancement du Tableau des villes, veuillez trouver ci-joint une lettre de suivi que nous pourrions vous proposer d'adresser aux journalistes qui ont semblé les plus intéressés par ce nouvel outil.

Comme vous le voyez, nous leur proposons de leur organiser, s'ils le souhaitent, une rencontre avec M. Dubreuil et vous-même afin de leur permettre de mieux comprendre les spécificités et les atouts du Tableau des villes.

Par ailleurs, vous le savez, la force de Poissons Pilotes, bureau de méthodes en communication, réside dans sa capacité à fournir du consulting stratégique et de la coordination grâce à un regard sur la cohérence des messages, voire des moments de perfectionnement et d'apport de méthodes (chartes, guides de communication*). Cela nous permet aussi une capacité de conseil et d'anticipation sur tout sujet délicat, induit ou à venir. En presse, nous pouvons intervenir sur des actions de quantité, mais aussi sur du sur-mesure à propos de dossiers complexes.

La spécificité de Poissons Pilotes réside dans ses apports d'idées. À ce propos, Julia et moi souhaiterions vous soumettre une action qui vous permettrait de différencier de façon créative et forte votre Tableau des villes des autres outils similaires déjà en train de se placer sur ce marché.

Seriez-vous intéressée de découvrir cette idée dès le début janvier? Si vous acceptiez ce rendez-vous, je vous rédigerais alors une note pour notre déjeuner de travail.

J'attends votre réaction et votre sentiment sur l'offre nouvelle que nous voulons vous décrire.

Croyez, chère Madame, en notre fidèle sympathie.

Odile Tardieu
POISSONS PILOTES

* Nous avons réalisé il y a cinq ans deux guides en communication pour deux filiales de City.

6

LE TEMPS DU CHARGÉ DE COMMUNICATION

Semainier d'un directeur d'agence

Les missions principales

Le directeur d'agence représente l'agence. Il anime les équipes et gère les différents budgets en conciliant contraintes financières et marketing.

Il définit les orientations stratégiques de l'agence : il réfléchit à la politique globale de l'entreprise en matière de développement et évalue les possibilités de poursuite de travaux chez des clients déjà acquis qui pourraient avoir à développer leur notoriété.

Il est en charge du pilotage opérationnel de l'agence : le directeur est l'interlocuteur privilégié des plus gros clients de l'agence.

Il veille à joindre les clients toutes les semaines afin de les tenir informés des actions que l'agence mène pour eux.

À l'heure de l'internationalisation, le directeur d'agence sera de plus en plus amené à voyager à l'étranger. Il peut organiser des voyages de presse ou des rencontres avec des journalistes internationaux pour ses clients.

À ce propos, la pratique d'une ou de plusieurs langues étrangères s'avère précieuse.

Le directeur est aussi responsable du développement de l'agence et de la recherche de nouveaux clients.

Il doit se tenir informé de l'actualité du monde de l'économie et flairer quelles entreprises seraient susceptibles d'être intéressées par les services de l'agence.

Le directeur mène les entrevues avec le prospect. Il est impliqué dans l'élaboration de recommandations à la suite d'appels d'offre.

Le directeur d'agence entretient le réseau de l'agence composé d'alliés, de prestataires, de partenaires…

Il organise régulièrement des déjeuners avec des journalistes alliés afin de les tenir informés de l'arrivée des nouveaux clients de l'agence ou de récents développements de certains clients faisant déjà partie de l'agence.

Le directeur fait en sorte de répartir la charge de travail entre les différents membres de ses équipes. Il doit avoir une bonne culture de l'univers des clients de l'agence, ce qui implique une « consommation » régulière des médias.

Il garde au moins deux demi-journées pour mettre en œuvre une réunion avec ses collaborateurs. Il doit coordonner et répartir les actions médiatiques menées par les chargés de communication.

Il veille à savoir ce qu'ils réalisent, et se demande comment les aider, comment leur répondre et comment leur donner des formations et renseignements pour améliorer la qualité de leurs prestations.

Un après-midi doit être consacré à la relecture des journaux de bord et travaux et à la rencontre avec le secrétaire général pour parler de l'organisation de la vie de l'agence.

Qualités requises

Excellentes qualités relationnelles pour entretenir et développer un réseau de relations professionnelles et dialoguer avec des interlocuteurs variés.

Posséder un esprit « curieux ».

Sens de l'organisation : le directeur d'agence doit être capable de hiérarchiser l'information et de travailler en relation avec le secrétaire général pour examiner comment améliorer l'organisation de la vie de l'agence et la fourniture de logiciels, fichiers, bases de données qui améliorent la qualité des prestations.

Rigueur.

Sens de l'écoute et de la pédagogie et capacité de transmission et de coordination interne.

Capacité à travailler dans l'urgence.

Si possible connaître d'autres cultures et parler une ou plusieurs langues étrangères.

Exemple d'un agenda type d'un directeur d'agence

	LUNDI	MARDI	MERCREDI	JEUDI	VENDREDI
9 h	Réunion avec l'équipe	En voyage de presse à Francfort pour un client international leader dans son marché, Pack International	Envoi d'un communiqué de presse pour Paint	Veille media	Conférence téléphonique : debriefing avec le client à la suite du voyage de presse à Francfort
10 h				Écriture d'une note pour la proposition de trois idées d'événements pour le plus ancien client, Pack International	
11 h			Point sur les clients présents à notre événement-agence.		
12 h		Rencontre avec un journaliste du *Frankfurter Rundschau*			Note sur un futur voyage de presse pour Paint
13 h	Déjeuner avec un prospect		Déjeuner avec un journaliste de *Libération*	Déjeuner avec un journaliste du *Monde*	Déjeuner avec un client
14 h		Déjeuner avec la rédactrice en chef de *Lebensmittel Zeitung*			
15 h	Appels journalistes : confirmation de rendez-vous aux directeurs de rédaction de 3 journaux allemands		Envoi de mails de remerciements aux journalistes allemands rencontrés au cours du voyage de presse de la veille	Appels journalistes : placement de tribunes pour MagnumGroup, client en communication	Lecture des journaux de bord remis par les collaborateurs sur les travaux effectués par les clients
16 h					
17 h		Rencontre avec un journaliste de l'*Allgemeine Zeitung*			
18 h				Conférence téléphonique avec notre client Synergie Pharma à propos des offres d'événements media pour le lancement de son produit	Réunion avec la secrétaire générale pour examiner des questions d'organisation et d'intendance
19 h	Appels marketing : relances de prospects qui ont cherché à nous joindre – distinguer quels documents et références leur adresser	Dîner avec le directeur de communication de notre client	Appels de retour à des journalistes de Synergie Pharma qui nous ont cherché pour des questions précises		

Semainier d'un responsable de coordination

Les missions principales

Le responsable de coordination a un rôle central dans une agence de communication. Il est le garant de son bon fonctionnement. Il s'occupe avant tout d'un travail de back-office, précieux pour les chargés de communication, pour le directeur de l'agence, pour le secrétaire général et pour tous les prestataires affiliés.

Le coordonnateur doit s'assurer du bon déroulement des dossiers des clients. Il faut que les informations circulent au sein de l'agence de communication, entre les collaborateurs, avec les prestataires et surtout auprès des clients.

Ainsi, le client doit suivre l'évolution de sa campagne de communication par l'intermédiaire de journaux de bord tenus par les chargés de communication.

Lors d'un gros projet à mener (publications, événements…), le coordonnateur est particulièrement important car les événements nécessitent l'intervention de différents prestataires qui seront choisis et gérés par l'agence de communication et particulièrement par le responsable de la coordination.

Le coordonnateur s'occupe du trafic des informations au sein de l'agence et va donc s'occuper au quotidien :

- de faire vivre la veille média ;
- d'actualiser les outils des chargés de communication tels que les fichiers presse, les press book ou les dossiers de presse ;
- et d'alimenter l'agence de tous les outils nécessaires.

Une autre tâche importante quotidienne doit être effectuée avec minutie : la préparation des dossiers clients et éventuellement prospects du jour.

Il n'existe en effet pas un instant où un supérieur, ou même parfois un responsable de la coordination, n'ait à rencontrer un client, un prospect ou un journaliste. Cette préparation doit se faire avec rigueur et être pensée deux semaines à l'avance. En effet, on ne doit jamais se trouver dépourvu d'une plaquette d'information, d'une biographie ou d'un éventuel livre à remettre.

Enfin, dans son devoir de faire vivre l'agence en bonne orchestration, le responsable de la coordination aide aussi à son développement. Une part du développement fait donc partie de ses missions.

Ainsi, actualiser le site et/ou blog de l'agence, préparer et diffuser des mailings de qualité qui présentent ses meilleures références, élaborer une newsletter qui en livre les actualités à ses réseaux sont des exemples de tâches qui participent au rayonnement d'une agence.

La communication est une profession vivante et réactive, une agence de communication se doit donc d'avoir ces mêmes qualités.

Qualités requises

Rigueur, précision et méthode.

Anticiper ce que les autres collaborateurs vont oublier.

Calme et patience pour pouvoir traiter les urgences avec un plus grand recul.

Bon sens du relationnel et de la pédagogie afin de se faire comprendre de tous.

Curiosité.

Exemple d'un agenda type d'un responsable de coordination

	LUNDI	MARDI	MERCREDI	JEUDI	VENDREDI
9 h	Réunion avec l'équipe	Veille média	Marketing : travail des fichiers de l'agence pour l'organisation d'un événement pour les clients et prospects	Veille média	Envoi d'articles intéressants tirés de la veille média à nos 20 principaux clients
10 h		Suivi des prestataires pour la publication d'un ouvrage pour Synergie Pharma ; demande de deux devis		Conception du press book mensuel pour Paint, client américain	
11 h	Préparation de l'ensemble des outils pour les clients et l'agence ; press book, dossiers, etc.		Réunion interne sur les projets partagés	Alimentation d'une cartographie européenne pour un ministère	Aide à la préparation d'une conférence pour un client ; recherches de livres et de documents
12 h					
13 h	Déjeuner avec un collaborateur de l'agence	Pause déjeuner			Pause déjeuner
14 h			Invitation d'un prestataire en graphisme	Visite de lieux pour l'organisation d'événements	Actualisation du blog de l'agence
15 h	Suivi de la coordination pour le voyage de presse en Allemagne	Rencontre avec un nouveau prestataire possible : agence événementielle	Suivi des plis de présentation et des lettres personnalisées haut de gamme à envoyer par coursier pour la fondatrice de l'agence		Réception de l'ensemble des journaux de bord clients
16 h					
17 h	Suivi clients : appels et mails de réponses selon les actualités et les mails reçus depuis le vendredi	Préparation d'une réunion avec un client : points, journaux de bords, documents à présenter, press book des résultats obtenus		Actualisation du fichier presse de Magnum Group en vue d'un événement	Mise au point de l'ordre du jour de la réunion agence du lundi matin
18 h					
19 h			Diffusion de la newsletter mensuelle de l'agence	Recherches de photographes en vue de l'événement presse pour Synergie Pharma	Rencontre brève avec la directrice de l'agence ; remise de l'ordre du jour de la réunion du lundi

Semainier d'un jeune chargé de communication

Les missions principales

La semaine d'un jeune chargé de communication est ponctuée de tâches quotidiennes régulières et importantes. Le chargé de communication est très présent auprès du client. Il est autant à l'extérieur qu'à l'intérieur de l'agence.

À l'extérieur, le chargé de communication va déjeuner avec ses clients réguliers, petit-déjeuner avec des futurs clients, voyager pour aller à la rencontre d'un client en région ou aller à un cocktail organisé par un partenaire.

À l'intérieur de l'agence, il rencontre les clients et surtout anime la relation avec les journalistes pour ses clients :

- en leur proposant des idées ;
- en leur confirmant des informations ;
- en répondant à leurs demandes ;
- en les invitant à des déjeuners de presse ou des conférences de presse ;
- en les remerciant.

Le journaliste ne « sert » pas. Il faut créer une relation et le chargé de communication l'entretient en amont et en aval.

En dehors du travail inscrit dans son agenda, le chargé de communication se doit d'être curieux. Cette curiosité s'entretient par la lecture de la presse ou la visite de lieux culturels comme les musées. S'intéresser à l'univers des clients est primordial pour comprendre leurs attentes et traduire leurs messages vers les médias et les décideurs d'opinion.

Qualités requises

Curieux et cultivé.

Bon sens du relationnel que ce soit pour la relation client ou la relation journaliste.

Créatif, réactif et bon animateur de la relation avec le journaliste.

Bon transmetteur du travail effectué vers le client.

Organisé afin de faire face au bon équilibre de sa vie professionnelle entre les demandes internes et les besoins externes et obligations.

Exemple d'un agenda type d'un jeune chargé de communication

	LUNDI	MARDI	MERCREDI	JEUDI	VENDREDI
9 h	Réunion avec l'équipe	Lecture d'un nouveau dossier client	Rendez-vous avec un client à l'agence	Petit déjeuner avec une agence événementielle partenaire	Lecture de la presse
10 h	Lecture de la presse				Retards de la semaine à finir
11 h	Prise en charge de retards éventuels sur des dossiers clients	Envoi d'un mail personnalisé de confirmation pour la conférence de presse de l'APFD	Rencontre avec la présidente de l'Admical	Travail de back-office : conception de lettres de remerciements après l'obtention de cinq articles pour l'APFD	
12 h					Déjeuner court
13 h	Pause déjeuner	Déjeuner avec une société de production	Visite du musée Picasso pour la recherche de documents		Rangement et classement des dossiers
14 h	Travail de back-office : conception d'un dossier de presse pour le compte d'un nouveau client ; échanges avec le rédacteur			Déplacement à Toulouse pour rencontre avec notre client du monde du sport	
15 h		Travail de back-office : cartographie sur les ressources humaines et le management pour notre client canadien, Bernard Couture	Travail de back-office : complément du fichier journaliste mode		Travail de back-office : conception d'un communiqué de presse pour le client sport
16 h					
17 h			Analyse des coupures de presse obtenues pour le concurrent principal de Synergie Pharma		Rédaction des journaux de bord de quatre clients
18 h	Actualisation des fichiers de presse financiers	Travail de culture générale : imprégnation de l'univers de trois grands clients de la santé, du tourisme et du sport ; derniers livres parus, sites Web récents…			
19 h			Cocktail de notre client mode		

7

LES RELATIONS PRESSE EN TEMPS DE CRISE

Avant la situation de crise

Qu'entend-on par crise ?

Le mot « crise » vient du grec *krisis* signifiant littéralement « décision ».

Une crise est souvent le résultat d'une décision aux conséquences mal anticipées. Elle ne peut être dissipée que par de nouvelles et rapides décisions.

Pour une entreprise, c'est un événement inattendu susceptible de nuire à ses résultats, sa stabilité et sa notoriété. Les incidents relatifs à la gestion quotidienne, qui n'entravent que la performance de l'entreprise, ne constituent pas des crises à part entière (conflit entre deux cadres, désorganisation financière, erreurs comptables, etc.). Il n'y a de crise véritable que lorsque les médias s'emparent du problème rencontré et que celui-ci est porté à la connaissance des différents publics de l'entreprise (clients, actionnaires, partenaires, riverains, fournisseurs, etc.).

La gravité d'une crise dépend de l'ampleur de son écho médiatique.

Le rôle des équipes de communication, et particulièrement des chargés de relations avec la presse, est alors crucial. Avec une préparation adéquate, il leur est possible de déployer rapidement une stratégie visant à :

- atténuer la portée des messages négatifs en circulation ;
- émettre des « contre-messages » positifs.

Dans quel contexte parle-t-on de crise ?

La typologie générale des crises

On en distingue quatre : économique, technique, institutionnelle et politique. Les dispositifs à mettre en place divergent pour chacune d'entre elles : les causes et les publics touchés varient selon la typologie de la crise.

La crise économique a pour cause des mauvais résultats, un plan social, une fusion-acquisition, etc. Les publics concernés sont les actionnaires, les salariés, la presse.

Difficulté caractéristique

Le poids des mots : chaque prise de parole peut avoir d'importantes conséquences juridiques, financières et sociales.

La crise technique a pour cause un défaut sur un produit, un incident sur un site de production. Les publics concernés sont les consommateurs, les salariés, les riverains de l'entreprise, la presse.

Difficulté caractéristique

La pédagogie : un important effort doit être fourni pour expliquer clairement des points techniques compliqués.

La crise institutionnelle a pour cause la personnalité mal perçue d'un dirigeant, une stratégie en apparence trop offensive, une prééminence suspecte sur le marché. Les publics concernés sont les clients, les partenaires, la presse.

Difficulté caractéristique

Restaurer l'image de marque, par la production d'un discours convaincant, clair et rassurant sur la stratégie de l'entreprise.

La crise politique a pour origine toutes les causes mentionnées ci-dessus dès lors que leur ampleur oblige les pouvoirs publics à intervenir. Tous les publics, presse comprise bien sûr, sont concernés.

Difficulté caractéristique

La multiplication soudaine des acteurs et intervenants de la crise :
la cacophonie s'installe, la visibilité de chaque émetteur se trouve
réduite.

La typologie particulière des crises en France

Les crises que rencontrent les entreprises sont très fréquemment
liées à la nature de leurs activités.

Les exemples les plus courants en France sont :

- les manifestations : riverains, associations et élus locaux lors
  d'ouvertures ou d'extensions de sites ;
- les mouvements sociaux et grèves : crises internes qui affectent
  le public puisqu'elles aboutissent le plus souvent à l'absence d'un
  service considéré comme dû ;
- les problèmes environnementaux comme les pollutions (sonores, olfactives, environnementales…) ;
- les problèmes de sécurité, mis en lumière en cas d'accidents du
  travail impliquant du personnel et parfois un ou plusieurs tiers ;
- la dénonciation de monopole (ambitions prétendument hégémo-
  niques du groupe) ;
- les litiges juridiques lors des renouvellements de contrat ou lors
  de réponses à des appels d'offres.

La typologie des publics rencontrés

Lors d'une crise, l'opinion se répartit en trois catégories :

- les « alliés », favorables aux arguments de l'émetteur ;
- les « neutres », encore indécis ou non sensibilisés aux enjeux de
  la crise ;
- les « antagonistes », résolument opposés à ces arguments.

Une bonne stratégie de relations presse en période de crise consiste à :

• communiquer fortement en direction des alliés afin de les transformer en relais ;

• convaincre et rallier les neutres ;

• isoler les antagonistes.

Savoir prévenir une crise

La prévention des crises est l'art de désamorcer les thématiques délicates par des explications précoces aux publics concernés.

Cette technique, déjà éprouvée dans de nombreux cas, s'avère particulièrement efficace pour la prévention des crises locales. Elle consiste à organiser des rencontres régulières avec les journalistes, les élus et les associations de la région, en dehors de toute question d'actualité – simplement pour « aller au contact », instaurer un lien et s'efforcer de faire partager le plus largement possible la culture et les enjeux des métiers. Il s'agira le plus souvent de rencontres informelles (déjeuners et petits déjeuners), de réunions de travail ou de simples appels téléphoniques.

Pour anticiper une crise, il faut surveiller les indicateurs de défaillances, être en état de veille permanente, rechercher et analyser systématiquement les sujets potentiellement risqués auprès de plusieurs sources.

Exemples

En interne : les préavis de grève, manifestations, incidents et événements liés aux sites ; les clients, collectivités et associations locales (registre des appels téléphoniques, rumeurs et humeurs du terrain ; les fournisseurs).

En externe : les colloques, publications et sites d'informations liés aux métiers (se renseigner sur l'opinion de la communauté scientifique et technique), la presse (veille constante sur les sujets « à la mode » dans les supports locaux, professionnels et grand public), les concurrents.

Se préparer à une situation de crise

La mise en œuvre d'un dispositif de communication spécial plus ou moins conséquent dépend d'une juste estimation du degré de la gravité de la crise potentielle. Pour cela, chaque fois qu'un sujet délicat apparaît, il faut se poser plusieurs questions : comment se présente l'actualité générale du moment : plutôt remplie ou creuse ?

- les journalistes sont-ils en manque de matière pour leurs articles ?
- le sujet sensible identifié a-t-il déjà fait l'objet d'une actualité récente ?
- peut-il être relié à des événements en cours extérieurs à l'entreprise ?
- est-ce au contraire un sujet neuf qui pourrait, hélas, se transformer en cas d'école ?

La réponse à ces questions permet de se faire une idée de l'intérêt potentiel que le sujet pourrait représenter pour les journalistes, et ainsi de se préparer à l'écho médiatique qu'il pourrait engendrer.

Pendant la situation de crise

Mettre sur pied une cellule de communication

Toute communication autour d'un sujet de crise doit être confiée à une cellule dédiée rassemblant, outre les chargés de communication, les porte-parole les plus qualifiés possible.

Les membres peuvent être issus de l'interne ou de l'externe.

Membres issus de l'interne : le(s) responsable(s) communication(s), le(s) représentant(s) de la direction générale et des directions touchées par la crise, un représentant de la DRH et/ou un représentant du service juridique.

Membres issus de l'externe : le consultant en communication de crise, des avocats, éventuellement des médecins, des chercheurs, des experts scientifiques, des élus locaux.

Réagir rapidement

- Mettre en place un canal de reporting prioritaire auprès de la direction.
- Établir un plan de prise de parole afin d'apparaître comme une source d'information pertinente aux yeux des différents publics concernés : les éventuelles victimes, les publics internes, les médias, les pouvoirs publics, etc.
- Sélectionner les journalistes adéquats dans le fichier de presse réactualisé.

Coordonner le travail de la cellule de crise

Concrètement, le travail des membres de la cellule de crise consiste à :

- bâtir une stratégie des messages (analyse et listing des arguments négatifs, préparation des contre-arguments et des contre-exemples, etc.) ;
- définir les interlocuteurs privilégiés des journalistes ;
- diffuser des éléments d'information institutionnelle sur l'entreprise, ses filiales et ses métiers (des fiches techniques, par exemple) ;
- élaborer un communiqué de presse (voire des communiqués successifs) ;
- organiser un scénario d'intervention (conférence de presse ou un « point d'information » sur le terrain, visite de site, etc.).

L'épine dorsale d'une communication de crise réussie, c'est la mise au point d'une stratégie des messages clairement définie à court et moyen terme.

Les trois axes d'une stratégie des messages sont :

- un stock de documents de référence à la disposition permanente des chargés de communication : dossiers de presse actualisés, communiqués récents, fiche d'identité des sites, CV des dirigeants, press book, etc. ;

- des argumentaires détaillés pour chaque membre de la cellule, éventuellement distribués aux journalistes alliés : ensemble de questions-réponses solidement étayées pour ne pas être pris de court par les arguments des opposants ;

- le développement de documents spécifiques, si la crise dure : notes techniques détaillées, dossier de presse spécial, livre blanc, site Web, etc.

Chaque membre de la cellule de crise doit disposer :

- d'une liste des numéros de téléphone et adresses e-mail des autres membres de la cellule et des partenaires clés en interne et en externe (techniciens, experts, etc.) ;

- de la liste de toutes les associations et institutions professionnelles ou administratives concernées par le sujet ;

- d'une fiche d'identité complète sur la (ou les) filiale(s) concernée(s) et éventuellement sur le groupe ;

- d'une photothèque régulièrement réactualisée (site, dirigeants, etc.) ;

- de la liste et des coordonnées des journalistes « alliés » répertoriés avec lesquels un contact est établi de longue date ;

- d'une liste d'alliés stratégiques spécifiques pouvant servir d'éventuels appuis (experts et responsables connus des membres de la cellule).

Pour le bon fonctionnement de la cellule

- Attribuer des rôles clairs à chacun : un coordinateur, un porte-parole « groupe », des porte-parole « média », des responsables de production de contenus…
- Faire circuler des e-mails d'alerte et de suivi des événements.
- Identifier les cibles prioritaires pour gagner en temps et en efficacité (le grand public ou les élus ? les salariés ou les riverains ?).
- Créer et diffuser des fiches argumentaires.
- Organiser des séances, même courtes, d'entraînement pour mieux répondre aux questions posées par les journalistes.
- Tenir un journal de bord chaque jour du temps de crise.

Organiser des points d'ajustements stratégiques aussi souvent que nécessaire

- Suivre au jour le jour les évolutions de la crise : ses enjeux peuvent changer soudainement comme rester stables plusieurs jours.
- Être fidèle à la stratégie fixée mais ne pas être prisonnier d'un plan de communication trop strict.

Savoir répondre aux journalistes

En période de crise, plus que jamais, les journalistes sont pressés – ils veulent leurs infos ou leur contact immédiatement – et aussi exigeants – ils vérifient avec encore plus de précaution la qualité et la crédibilité des infos qu'on leur soumet.

Il vaut alors mieux être prêt à répondre aux demandes des médias :

- s'appuyer largement sur les argumentaires conçus en cellule de crise afin de fournir des informations sûres, exhaustives et validées ;

- jouer franc-jeu : admettre que l'on ne peut pas apporter sans délai aux journalistes les réponses précises et justifiées qu'ils attendent ;

- toujours déterminer avec la cellule de crise la meilleure attitude à adopter.

Prendre en compte les contraintes des journalistes

Dans le feu de l'action, les journalistes ont aussi leurs contraintes qui peuvent les amener à malmener l'information qu'on leur soumet :

- des infos courtes et claires : une exigence difficile à prendre en compte avec les sujets de crise technique, avec un risque de déformation et/ou simplification préjudiciable ;

- des publications urgentes : particulièrement vrai pour la PQN et l'audiovisuel, cela peut pousser un journaliste à se contenter d'une seule source :

- des angles originaux et frappants : un goût pour le pathos gênant quand on cherche à dépassionner et rationaliser un débat. Toujours prévoir quelques anecdotes positives pour contrecarrer cette tendance.

Ne pas oublier ce vieil adage journalistique : « Une information suivie d'un démenti, ça fait deux informations ! »

Savoir réagir

L'expérience mais aussi les conseils vous apprendront à connaître quelle posture adopter dans les situations les plus diverses.

Exemples

Un journaliste vous donne une information que vous ne connaissiez pas sur votre entreprise : ne pas infirmer ni confirmer – dire qu'on ne sait pas et rappeler plus tard ; demander au journaliste de bien vouloir préciser sa source ; vérifier l'info auprès de la direction ou des équipes du site concerné.

On vous demande de prendre la parole, mais vous n'avez pas encore la matière nécessaire : gagner du temps en évoquant des cas de crise antérieurs qui font référence ; rappeler qu'il n'est pas bon de se faire une opinion trop vite, sans posséder tous les éléments de compréhension.

Préconisations avant de mener une interview journalistique

- Avant l'interview :
  - identifier vos points forts et vos points faibles sur le dossier ;
  - n'accorder une interview que lorsque vous avez un positionnement tenable et des messages clés à transmettre ;
  - muscler ces messages clés par des illustrations : exemples, chiffres, analogies, schémas, photos, tableaux, etc.
- Choisir le(s) public(s) à qui l'on souhaite s'adresser en priorité.
- En déduire le terrain médiatique (horaire, support, etc.) le mieux adapté à l'interview. Se mettre d'accord « en off » sur le cadre, les règles du jeu.
- Définir les enjeux et objectifs de la société, c'est-à-dire les effets recherchés sur le public, soit en positif (ce que l'on recherche), soit en négatif (ce que l'on veut éviter).
- Clarifier, se rappeler les valeurs qui arbitrent nos décisions pour rendre le jeu de l'entreprise difficilement attaquable.
- Se rendre en interview avec des messages clés. Le but de l'interview est de réussir à passer vos messages clés quelle que soit la difficulté des questions qui vous sont adressées.

- Anticiper les questions en vous aidant de l'outil adapté.

- Choisir sa position (sa posture physique, sa tenue, le regard, les pauses). Elle doit être cohérente avec les effets recherchés. Se soucier aussi d'autres aspects tels que le lieu de l'interview, l'arrière-plan.

- Si vous le pouvez, sélectionner parmi vos porte-parole, celui ou celle qui est le/la mieux adapté(e) aux circonstances.

Structure d'un communiqué de presse d'urgence

Papier en tête

Ville, date

Titre : qualifie l'événement

Le contexte : les faits

Prendre en compte le rationnel

Donner des informations factuelles sur les événements. Répondez autant que faire se peut aux questions : qui, quoi, où, comment, pourquoi ?

Compassion

Prendre en compte l'irrationnel

Exprimer de la compréhension pour les personnes touchées par les événements (« Nous comprenons l'inquiétude de ») et de la compassion pour les éventuelles victimes.

Initiatives et/où plan d'action

Décrire les premières décisions ou les actions mises en œuvre, en précisant les objectifs visés.

Les modalités pratiques

Préciser les modalités de gestion immédiate de l'événement : déclaration de chômage technique, rappel de produits, ouverture d'un numéro Vert, etc.

Contact presse

Donner les coordonnées de l'interlocuteur de la presse : nom, prénom, fonction, téléphone.

Bref paragraphe de présentation de l'entreprise (boilerplate)

Donnez brièvement les informations principales sur l'entreprise

Les préceptes de la gestion de la crise

Parler vrai

Les situations de crise touchent à la stabilité de l'entreprise et créent naturellement des situations de communication délicates.

Souvent, pour éviter les maladresses, l'entreprise et ses porte-parole cessent de communiquer avec le public.

Or, aujourd'hui l'information est bien plus difficile à contrôler. Le public est plus méfiant qu'auparavant. Il exige « de la transparence ».

Silence devient synonyme de dissimulation et engendre une certaine méfiance à l'égard de l'entreprise. Rien de pire donc que de cesser de communiquer.

Il est préférable de communiquer avec qualité, et de façon « vraie ». Il s'agit de s'exprimer de manière pédagogique, d'ajuster son discours à son public qui peut être multiple : clients, fournisseurs, médias…

Il faut faire sentir un réel effort de bonne volonté : se positionner, mettre en place des éléments de communication (site, dossier de presse…) rapidement pour occuper le terrain, avec prudence.

Il s'agit de dire ce que l'on sait, sans prendre de risques, car prévoir l'évolution d'une crise est difficile.

Adopter une stratégie Web

Veiller, surveiller les nouveaux médias, tels que les sites Web, les réseaux sociaux et les newsgroups, et ce pour trois raisons :

1. recueillir le plus rapidement possible les informations émises par les opposants ;
2. veiller à mettre en cohérence le discours de la cellule avec ceux des sites du groupe ;
3. glaner des informations susceptibles d'alimenter les argumentaires de la cellule.

Éditer ce dont vous avez besoin :

1. les outils essentiels institutionnels (dossier de presse, communiqué de presse, cv des dirigeants, etc.) ;
2. les actualités au jour le jour.

À titre d'exemple, quelques rubriques types d'un site Internet lié à la crise :

- Dernière heure
- À la une
- Bon à savoir
- Vie de l'entreprise
- Vrai ou Faux
- Vu dans la presse
- Questions juridiques
- Jour après jour
- Contactez-nous

En vous servant d'Internet, vous pourrez savoir faire face aux opposants :

* lister ce que peut émettre un opposant ;

* contre-argumenter.

CHECK-LIST

✓ **Être réactif** : ne jamais laisser une demande sans suite, argumenter et contre-argumenter systématiquement.

✓ **Être calme, patient, diplomate** : le sang-froid est essentiel dans ces moments de grande précipitation – parfois, il suffit d'attendre pour que la crise se dissipe d'elle-même.

✓ **Être responsable** : ne jamais nier l'évidence ni donner dans la « langue de bois ».

✓ **Occuper le terrain** : ne pas laisser ses adversaires prendre seuls la parole.

✓ **Être crédible** : vérifier trois fois plutôt que deux l'information avant de la faire circuler.

✓ **Avoir le sens du temps, la vision du long terme** : même au cœur de la crise, toujours penser aux rebonds possibles et se préparer à l'après-crise et à ses conséquences.

✓ **Être inventif** : sans cesse trouver de nouveaux angles et terrains de prise de parole pour mieux occuper le terrain – chercher l'initiative plutôt que subir.

8

LES MÉTIERS DE LA COM'

Intervenants avant l'opération de communication

Expert de la marque

En quoi consiste le travail d'expert de la marque ?

Un expert est un professionnel qui a « fait ses preuves » et a acquis une connaissance et une expérience spécifiques qui le rendent apte à renseigner les autres.

Le travail de l'expert dans le domaine des marques (institutionnel, etc.) consiste à étudier le marché pour pouvoir « poser le bon diagnostic » qui permettra à la marque de renforcer son positionnement, mais aussi à proposer des axes de développement (perspectives et innovation) pour déployer une stratégie adaptée.

L'expert de la marque doit posséder une maturité professionnelle et des aptitudes certaines.

Quelles compétences particulières doit-il posséder ?

Une bonne capacité d'analyse, un sens relationnel aigu, une bonne dose de créativité et d'intuition pour sentir, au-delà des logiques rationnelles, les potentialités d'un projet. Une solide culture du marché des marques.

Quelle formation doit-on suivre ?

Il est possible de suivre des études à Sciences-Po, par exemple, ou toute formation universitaire ou école de commerce qui privilégie la rigueur de l'analyse et la créativité de la synthèse.

Sur le terrain, un bon mentor est idéal pour se former, sans oublier un travail personnel qui permettra d'acquérir l'autorité nécessaire auprès de ses interlocuteurs.

Il s'agit d'un chemin sans fin où la lecture fréquente de la presse économique permet de parfaire sa maturité.

LEURS CONSEILS

L'avis de Laurence Wahl, directrice de WLM Conseil

- En ce qui me concerne, je n'ai suivi qu'un parcours unique en agences.
- En revanche, pour revendiquer une bonne expertise de la marque que l'on étudie, une plongée dans l'entreprise mère est indispensable.
- Il est intéressant de visiter les différents sites de production, de mener des entretiens internes auprès de tous les niveaux de personnels et d'intervenants, depuis la direction générale (projet et vision) jusqu'au personnel de terrain (savoir-faire et expérience), et de comprendre les contraintes internes que rencontrent nos interlocuteurs.

Graphiste

En quoi consiste le travail de graphiste ?

Le graphiste donne une identité visuelle à un produit. Ainsi, il doit choisir une typographie, cadrer une photo, mettre en scène des dessins, bref, associer textes et images pour véhiculer un message.

Toute création passe par le visuel et la typographie.

Quelles compétences particulières doit-il posséder ?

Nombreuses, et relevant de domaines différents. Aussi étonnant que cela paraisse, il doit développer des qualités d'écoute. Tout commence par une analyse : en effet, le graphiste doit comprendre précisément le besoin de son client pour lui fournir un message fidèle.

Des qualités humaines comme la curiosité puisque le graphiste est amené à travailler sur des budgets très divers : l'alimentaire, l'industrie, le luxe, l'associatif… L'empathie aussi est nécessaire ainsi qu'une bonne dose de patience.

Des qualités artistiques et techniques aussi : le sens de la couleur et des formes, une connaissance complète des logiciels de base – InDesign, XPress, Illustrator et Photoshop.

Enfin, la maîtrise de la chaîne graphique est indispensable : connaître toutes les étapes, de la prise de brief jusqu'à la fabrication d'un document imprimé.

Quelle formation doit-on suivre ?

Beaucoup d'écoles préparent aux métiers des arts graphiques : Estienne, ESAG Penninghen, l'ISAP, les Gobelins et les écoles des Beaux-Arts spécialisées Arts graphiques…

La formation « terrain » en agence de publicité, de communication complète et développe les compétences acquises dans les écoles.

LEURS CONSEILS

L'avis de Chantal Claude, infographiste free-lance

- Il est aussi possible de travailler dans ces métiers en étant auto-didacte.
- La créativité, les idées, le sens artistique sont essentiels.
- Les techniques peuvent s'acquérir au cours de la pratique.

Responsable de la veille stratégique

En quoi consiste le travail de responsable de la veille stratégique?

Ce n'est pas par hasard qu'un client fait appel à un service de veille stratégique. Il a un besoin, parfois exprimé avec confusion, mais néanmoins réel. Et, face à ce besoin, il attend une réponse.

La première mission d'un responsable de veille stratégique est donc d'identifier avec précision l'attente d'un client pour lui apporter les informations nécessaires à partir desquelles le client peut prendre une décision. Dès lors l'outil le plus utile pour mener une veille reste… le consultant lui-même. Lui seul peut accompagner le client, l'écouter, comprendre son besoin et mener en amont ce travail de maïeutique.

Quelles compétences particulières doit-il posséder?

Le responsable de la veille stratégique est armé d'une solide curiosité. Familier des coulisses du monde médiatique, il dispose d'une profonde culture économique qui lui permet d'établir des parallèles avec des situations et des problèmes similaires. Grâce à ces qualités, il anticipe sans problème les faits utiles.

Quelle formation doit-on suivre pour devenir responsable de la veille stratégique?

Contrairement à ce que l'on pourrait croire, l'enseignement de la veille se généralise.

Certains établissements consacrent des Masters spécialisés comme le Master en analyse stratégique et en intelligence économique à l'EISTI.

D'autres écoles intègrent des spécialisations dans leurs Masters plus généralistes. On peut retrouver ces spécialisations dans des écoles de commerce comme l'Essec ou l'ESG et dans des formations de communication enseignées à l'université Paris VII ou à l'IEP.

Très clairement, la veille stratégique se greffe de plus en plus aux enseignements généralistes car il s'agit d'un métier transversal.

LEURS CONSEILS

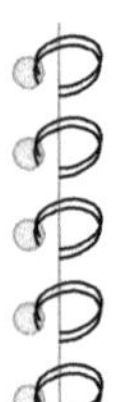

L'avis de Jean-Jacques Brun, Cabinet européen d'intelligence stratégique

- Une vive curiosité encadrée par une méthodologie sûre permet au responsable de la veille de se transformer en un véritable analyste capable de prendre en compte la thématique du client et de lui offrir les moyens de se différencier sur la scène économique.

Rédacteur

En quoi consiste le travail de rédacteur?

Il existe plusieurs sortes de rédacteurs : le rédacteur territorial, le rédacteur journalistique, le rédacteur Web, le rédacteur-concepteur. Chacune a ses spécificités.

Cependant, toutes s'appuient sur une même exigence : pouvoir mettre des mots sur une idée, un projet, un concept.

Quelles compétences particulières doit-il posséder?

Outre une maîtrise des codes de l'écrit, le rédacteur doit pouvoir manifester une grande souplesse pour mettre en forme une idée qui ne vient pas de lui et accepter les modifications que le commanditaire imposerait. Ainsi, le sens aigu de l'empathie qui le caractérise lui permet de comprendre son client dans ses possibles imprécisions et donner une forme cohérente et construite à ses propos.

Manque de personnalité? Abnégation? Loin de là! On mesure les compétences d'un rédacteur à son originalité et son audace. Il met en forme un projet, certes, mais il le nourrit en proposant des idées.

Le rédacteur est donc constamment à l'écoute de son client pour le comprendre et le devancer.

Quelle formation doit-on suivre?

Il n'existe pas de formation type de rédacteur. De plus, chaque domaine requiert une spécialisation. Est-on rédacteur médical? Scientifique? Économique? Technique?

La première étape consiste à apprendre à écrire. Ainsi, des études universitaires ou des études de journalisme sont utiles.

Une bonne connaissance de l'outil informatique est de plus en plus exigée.

Le terrain, malgré tout, reste la meilleure école. Écrire est une discipline quasi quotidienne. Comme le danseur qui s'assouplit à la barre, le pianiste qui répète ses gammes, le rédacteur s'entraîne régulièrement.

LEURS CONSEILS

L'avis d'Etienne Lamain, rédacteur free-lance

* À l'heure des nouvelles technologies, l'avenir du rédacteur pourrait être menacé. Ne voit-on pas apparaître des logiciels capables de rédiger des brèves, des comptes-rendus ? Le rédacteur doit impérativement se démarquer par sa rigueur, sa compréhension des événements et sa facilité à proposer des styles variés. En effet, l'aisance à manier tous les registres du langage, à créer du style lorsqu'il le faut, lui offrira la préséance sur la machine.

* Aussi contradictoire que cela paraisse, les nouvelles technologies ouvrent un horizon sur l'avenir pour les rédacteurs. L'écrit sous toutes ses formes prolifère sur le Web : les sites, les blogs, les mails, les plates-formes sont constitués d'abord d'écrits en tous genres lus par des profils d'internautes les plus variés. Ainsi, la qualité de l'expression devient aux yeux de la société une image, une identité.

Secrétaire de rédaction

En quoi consiste le travail de secrétaire de rédaction ?

C'est un métier aux multiples tâches qui, dans la chaîne de réalisation d'une publication, assure le rôle pivot entre la partie rédaction, en amont, et la partie fabrication, en aval.

Au quotidien, on l'appelle le « SR ». Deux lettres sous lesquelles se cachent bien des responsabilités.

Il lui revient de collecter, dans le respect des délais impartis, les informations, textes, photos, illustrations, etc., pour les vérifier, leur donner forme, les mettre en page, en valeur.

C'est l'œil affûté du SR qui va tout relire pour traquer les fautes, erreurs, incorrections ou incohérences de fond, de forme et de présentation.

Il peut être amené à remanier lui-même un texte ou un passage mais sera surtout responsable du « hors-texte » (tous niveaux de titres, chapeaux, légendes, encadrés, notes, etc.).

Auprès des maquettistes et graphistes, il assure aussi le suivi de réalisation avant de valider les ultimes épreuves destinées à la publication.

Le SR assure en permanence le « contrôle qualité » pour offrir au lecteur final le plaisir d'une lecture fluide et attractive.

Quelles compétences particulières doit-il posséder ?

Maîtres mots de la profession : rigueur et précision. Il faut y associer de bonnes capacités d'organisation, une solide culture générale, une excellente connaissance de la langue française (l'orthographe, la grammaire et les règles typographiques). Avoir le sens de l'information et le goût du travail en équipe complétera le panel des qualités attendues d'un SR. Médiateur entre l'auteur et le lecteur, le SR doit pouvoir s'adapter à tous les sujets.

Quelle formation doit-on suivre ?

Il n'y a pas de voie royale tracée ou de diplôme impérativement exigé. Les parcours divergent et beaucoup se sont formés sur le terrain. De solides études supérieures, aussi généralistes, conjuguées aux compétences précédemment citées ouvraient bien des portes. Depuis quelques années, des écoles de journalisme et certaines filières « Communication » dans les universités ou les écoles privées ont mis en place des formations spécifiques orientées vers le secrétariat de rédaction. Elles ont l'avantage de préparer à la complexité du métier et d'initier à la maîtrise des outils techniques désormais incontournable.

LEURS CONSEILS

L'avis de Vanessa Chatel,
secrétaire de rédaction indépendante

- Les SR travaillent dans des secteurs professionnels en grande mutation tels que la presse, l'édition, la communication : de fait, ils sont amenés à subir des effets de réorganisation de service (compression d'équipes, etc.). Le SR doit être à même de porter plusieurs casquettes. La maîtrise des nouvelles technologies liées à la chaîne graphique est souvent exigée par les entreprises. Mais ils doivent avant tout rester compétents dans leur cœur de métier : être les gardiens de la langue française.

- À l'heure du Web, les SR se convertissent aussi aux sites d'information en ligne : ils sont en charge de bâtir des « pages » mêlant écrits, sons, images fixes, vidéos, animations, etc. De l'avenir pour la profession…

Intervenants pendant l'opération de communication

Ingénieur culturel

En quoi consiste le travail d'ingénieur culturel ?

L'ingénieur culturel a pour mission de concevoir et de mettre en œuvre un projet culturel, permanent ou éphémère, de le rendre attractif, pertinent et viable. Il est en quelque sorte un concepteur chef d'orchestre coordonnant les partitions des spécialistes dans les différentes disciplines d'un projet culturel : humaines, artistiques, techniques, économiques, logistiques.

Pour dessiner un projet – à la manière de Prévert ! –, il faut... mener en priorité une analyse des potentiels et contraintes du projet dans son contexte le plus exhaustif possible (historique, géographique, financier, politique, etc.). L'ingénieur culturel étudie ensuite et en parallèle les besoins et attentes des publics concernés, commanditaires et destinataires du projet. Cette première phase est essentielle : elle permet de définir les spécificités du projet ou de lui conférer une identité.

Quelles compétences particulières doit-il posséder ?

La fonction de chef d'orchestre suppose d'être doté de qualités particulières : des connaissances larges, en priorité dans les domaines des sciences humaines, des arts et du spectacle, de la muséographie bien entendu, mais aussi de l'aménagement du territoire, de l'économie, du droit. Les qualités de curiosité, « d'ouverture de champ », la capacité de travail et la culture générale sont au moins aussi importantes que les compétences techniques ! Il faut présenter un savant mélange de créativité et de rigueur, d'imagination et de bon sens, de sensibilité et d'esprit d'analyse.

Quelle formation doit-on suivre ?

Des formations existent maintenant en ingénierie et médiation culturelle, en gestion et économie de la culture, dans des écoles ou universités, qui demeurent une bonne base… avant d'apprendre sur le terrain !

LEURS CONSEILS

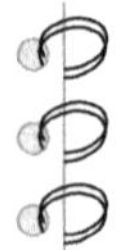

L'avis d'Isabelle Cousteil, ingénieur culturel

- Le rôle de l'ingénieur culturel est à mon sens de plus en plus fondé. Le «marché culturel» est large, diversifié et évolutif.

Producteur audiovisuel

En quoi consiste le travail du producteur audiovisuel ?

Que ce soit dans le domaine du documentaire, du divertissement ou de la fiction, le rôle du producteur audiovisuel est aussi bien créatif que financier. Il détecte les projets et aide les réalisateurs et artistes qui lui proposent des pitchs, des scenarii, des reportages à monter et réaliser leurs projets.

Pour faire advenir ces projets, le producteur s'appuie sur des sociétés institutionnelles et financières comme les banques ou des organismes publics mais il peut aussi s'engager personnellement avec ses fonds propres. Équilibrer et réaliser des projets dans leurs aspects économiques, telle est la mission première du producteur audiovisuel.

Quelles compétences particulières doit-il posséder ?

Un producteur doit avoir une bonne maîtrise des techniques audiovisuelles, des compétences en gestion budgétaire et prévisionnelle et une parfaite connaissance du marché. Doué d'excellentes qualités d'analyse, il est pourvu d'un sens artistique et d'un esprit marketing. Son sens du relationnel lui permet de jouer un rôle de conseil, de négociation et de coordination.

Quelle formation doit-on suivre ?

Des connaissances en droit et en économie complétées par des notions de gestion sont indispensables. L'ESCP et l'université Paris 1 Sorbonne proposent des masters en audiovisuel.

À savoir : les métiers de la production sont délaissés au profit des métiers de la diffusion.

LEURS CONSEILS

L'avis d'Estelle Abbou, producteur audiovisuel
* Une expérience sur le terrain, à l'étranger et chez un diffuseur, représente également un atout déterminant.

Photographe

En quoi consiste le travail de photographe ?

De manière générale, le photographe utilise son savoir-faire pour mettre en valeur le sujet de sa commande. Le professionnalisme répond à des règles communes qui sont celles de sublimer le sujet quel qu'il soit.

Il existe plusieurs spécialisations. Chaque photographe en maîtrise une ou plusieurs : mode, publicité objets, reportages industriels « corporate », portraits, architecture et urbanisme, reportages people, reportages événementiels (news), photographie de sport, mariage, etc.

Quelles compétences particulières doit-il posséder ?

Les compétences varient selon la spécialisation. Un photographe est forcément meilleur dans sa spécialité, rodé à surmonter les mêmes problèmes lors des prises de vue.

La patience, l'aptitude à prendre du recul sur le sujet, la faculté à interpréter la lumière et le talent de composition sont des qualités indissociables pour aborder ce métier. On parle souvent du « regard du photographe ». Il doit savoir sublimer les formes de réalité : chacun de nous a sa manière de se positionner par rapport à son sujet et de l'exprimer par des moyens techniques différents. Un photographe, en plus de ses techniques propres, doit être habité d'une certaine forme de talent créatif. L'expérience du professionnel s'appuie aussi sur sa culture, sa curiosité à s'informer sur l'histoire de la photographie. On peut dire qu'il requiert une solide formation technique en même temps qu'une émancipation culturelle. Le « bon » photographe serait celui qui est capable d'allier les deux.

Quelle formation doit-on suivre ?

En France, certaines écoles préparent au métier de photographe comme l'École Louis-Lumière, les Gobelins, etc. ; l'École nationale d'Arles ou les universités privilégient plus l'aspect culturel. Il existe également à l'étranger l'école suisse de Vevey.

À savoir : le photographe peut exercer son activité sous différents statuts : artisan (boutique photo), pigiste (presse), salarié d'entreprise ou d'administration, auteur (indépendant).

LEURS CONSEILS

L'avis de Jean-Paul Houdry, photographe indépendant

- Il est indéniable que l'arrivée du numérique a bouleversé les critères du passé. Si le photographe doit être à la fois bon technicien et créatif, il doit également s'appuyer sur les techniques de retouches logicielles. Celles-ci permettent de valoriser les prises de vue quand elles sont utilisées à bon escient.

- Certaines approches sont nouvelles et permettent d'avoir des résultats différents. La prise de vue reste à mon sens la matière première indispensable – c'est à proprement parler le travail du photographe ! – pourtant, force est de reconnaître que les techniques numériques exercent de plus en plus d'attractivité auprès de certains photographes. Pour conclure, on pourrait dire qu'un bon photographe, en plus d'être un bon technicien et un être cultivé, se dote d'une nouvelle identité dans sa capacité à connaître les nouveaux outils numériques.

Intervenant après l'opération de communication

Ingénieur du son

En quoi consiste le travail d'ingénieur du son ?

Le métier d'ingénieur du son consiste à capter, monter, mixer et restituer le son. Il n'y a donc pas un métier d'ingénieur du son, mais plusieurs spécialisations correspondant à une phase spécifique.

Ainsi, le chef opérateur effectue la prise de son d'un film, d'un comédien, de musiciens en studio ou d'un orchestre en live ; le monteur réunit les éléments sonores d'un film, monte un dialogue ou une interview pour la radio ou la télévision ; le mixeur mélange, truque et équilibre les sons d'un film ou les instruments d'un album.

Enfin, le sonorisateur diffuse le son d'un concert, d'un événement ou d'une pièce de théâtre.

Quelles compétences particulières doit-il posséder ?

Les principales qualités d'un ingénieur du son sont l'écoute, la générosité, la curiosité et l'empathie : il est primordial de pouvoir échanger avec l'artiste pour comprendre ce qu'il désire avant de commencer l'enregistrement. L'ingénieur du son doit aussi acquérir une parfaite maîtrise de la technique afin de pouvoir l'oublier.

Quelle formation doit-on suivre ?

Le BTS audiovisuel option son est une bonne approche du métier.

On peut ensuite se diriger vers la Fondation européenne pour les métiers de l'image et du son (Fémis), l'École nationale supérieure Louis-Lumière (ENS) ou l'Image & Son Brest (ISB), par exemple.

Il existe aussi des écoles privées.

L'avis de Jean-René Minier,
gérant du studio d'enregistrement Scopitone

- Si la pratique d'un instrument de musique n'est pas indispensable, elle est, à mon avis, fortement conseillée.

- En effet, l'ingénieur du son doit avoir «l'oreille musicale» : il est très souvent conduit à réaliser un montage ou un insert à l'oreille pour qu'il soit imperceptible.

- L'ingénieur du son doit aussi posséder une connaissance suffisante des instruments de musique afin de savoir comment placer les micros selon l'instrument et lui donner ainsi toute la dimension d'enregistrement escomptée.

9

CONSEILS D'EXPERTS

Conseils d'un créateur d'agence
de relations presse

Emmanuel Bachellerie – Bach & Partenaires

Emmanuel Bachellerie dirige l'agence Bach & Partenaires depuis 2008. Spécialisé en relations média pour le compte d'entreprises ou de dirigeants, l'agence Bach & Partenaires est notamment adhérente de Syntec Conseil en Relations Publiques. Emmanuel Bachellerie est également administrateur de ce syndicat depuis 2009. Bach & Partenaires est, avec la société Troover, coactionnaire d'InMediatic, agence spécialisée dans la gestion de la notoriété et de la réputation en ligne de ses clients.

RP sous influences

1830 serait l'année de naissance des relations presse, plus communément appelées « relations média » aujourd'hui. C'est Ivy Lee qui fut le premier à pratiquer une démarche construite et séquencée de cette technique de communication. Cent quarante années pendant lesquelles le trio « entreprises – chargés de communication – journalistes » a fonctionné, bon an mal an. Séductions plus ou moins habiles ou encore collaborations efficaces ont jalonné pendant près d'un siècle et demi les relations dudit trio.

C'est alors que sont apparus, au milieu des années 1990, des tuyaux, invisibles à l'œil nu, mais qui ont rapidement fait les choux gras des médias traditionnels. Internet débarquait tout droit du Pentagone. Depuis, opérateurs historiques et nouveaux entrants ont développé le réseau, une bulle et, enfin, une révolution parmi les plus importantes que l'humanité ait connues.

Mais revenons aux relations presse ou relations média. Internet a-t-il changé en profondeur le métier ? L'a-t-il tué ? Va-t-il le tuer ou lui rendre, enfin, une crédibilité tant recherchée par ses propres acteurs ? Un peu tout à la fois… tout dépend de ce que nous en ferons.

Explications

Loin d'être une révolution qui fait pschitt, l'avènement d'Internet modifie en profondeur l'ensemble du champ médiatique, c'est-à-dire de la fonction du médium qui transporte une information d'un point A vers un point B. De l'émetteur vers le récepteur, dirait McLuhan.

Les médias traditionnels (presse écrite, radio et télévision) et, par voie de conséquence, les journalistes se sont, pendant de longues décennies du XXe siècle, appropriés cette fonction suprême et garante d'une certaine forme de démocratie qu'est d'informer les citoyens. Parfaitement identifiés, les journalistes pouvaient donc être les cibles des chargés de communication ou de leurs agences pour tenter de faire reprendre telle information ou relayer tel ou tel propos de leur hiérarchie.

Jusque-là, tout va bien. Les médias sont financés par les ventes au numéro, l'abonnement ou par la publicité. Le public est théoriquement segmenté en fonction de ses affinités avec les lignes éditoriales des médias. Les chargés de communication ou leurs agences peuvent donc établir sereinement leurs plans média pour tenter de donner l'écho le plus large à la « bonne parole ».

Et patatras, la machine s'enraye. Internet fait émerger de nouveaux modèles économiques et, surtout, une nouvelle forme de « consommation » de l'information. Le quatuor « fichier de presse – dossier de presse – relances – clipping » si cher aux chargés de communication, lui, fait « pschitt ».

L'audience devient, en effet, ultra-fragmentée. Les citoyens jonglent d'une source d'information, en ligne ou non, à une autre. Les journalistes sont concurrencés par de nouveaux rédacteurs, de nouvelles lignes de commentaires, de nouveaux médias. La révolution est en marche. Elle ne s'arrêtera plus.

Les chargés de communication ont donc la lourde tâche de prendre en compte l'ensemble de ces nouvelles données pour continuer à remplir leur mission correctement. À savoir identifier les bonnes sources d'information pour toucher les bons publics, raconter la « bonne histoire », interagir avec eux dans un souci de clarté, éviter les pièges de cette nouvelle « médiacratie » qui consisterait à appliquer les anciennes méthodes à ce nouvel écosystème.

Alors oui, Internet a tout changé

Mais non, les chargés de communication ne sont pas morts. Loin de là.

Un début de solution consisterait à accepter, notamment, que si la relation prend tout son sens, elle relève d'un métier, d'une compétence. Ceux-ci mêlant savamment une bonne dose d'empathie, une absence absolue de prétention et l'acceptation que tout un chacun, à n'importe quel moment et avec un écho plus ou moins important, peut dire à peu près ce qu'il veut à propos d'une marque, d'un produit, d'une institution ou d'une personnalité. Enfin, ladite solution induit, *ipso facto,* une qualité de discours, qu'il soit écrit ou oral, irréprochable. La singularité et la précision des mots prennent, là, tout leur sens.

Par ailleurs, la liberté d'action des commentateurs impose aux entreprises ou aux institutions d'ouvrir leurs portes. Dans le cas contraire, elles pourront être ouvertes violemment et sans prévenir.

Enfin, et contrairement aux années passées, ce nouvel écosystème médiatique qui a émergé grâce à Internet vient en addition et non pas en substitution du précédent.

Si Internet a tout changé, il souligne la qualité de la relation qu'une ntreprise ou une institution se doit d'entretenir avec ses publics – une relation dénuée d'intérêts commerciaux. Car, une bonne fois pour toutes, faire savoir et promouvoir – même si ces tâches sont étroitement liées car elles tendent vers un même objectif – relèvent de deux compétences différentes.

Conseils d'une responsable d'un service de relations presse en entreprise

Claire Chamarat – GDF SUEZ, branche Énergie France

Après un début de carrière en free-lance dans l'audiovisuel, Claire Chamarat a exercé pendant dix ans des fonctions de responsable de communication au sein de la Bristol-Myers Squibb Company, groupe pharmaceutique américain. Son expérience comprend également le pilotage des relations presse dédiées à la promotion des produits et services mobiles chez Orange France. Arrivée chez Gaz de France en 2007 en tant que responsable des Éditions institutionnelles du groupe, elle a rejoint en mai 2009 la branche Énergie France de GDF SUEZ, dans laquelle elle a créé et développe aujourd'hui le service de Relations presse.

Ne vous trompez pas de métier

Ce n'est pas un métier « glamour ». Oubliez les paillettes et la Croisette !

Quel que soit le secteur, vous devrez être capable de gérer des situations délicates, voire difficiles : aucune entreprise n'est à l'abri des mauvaises surprises.

Vous n'aurez jamais beaucoup de temps, que ce soit en réactif ou en proactif (parce que le réactif vous prendra le plus clair de vos journées), et les journalistes n'en auront jamais beaucoup non plus.

Bien que ce métier soit classé dans les métiers de la communication externe, vous devrez passer au moins la moitié de votre temps à faire descendre et remonter de l'information en interne, et ce ne sera pas la partie la plus facile de votre mission.

Il est indispensable d'avoir exercé ce métier au moins une fois dans sa vie pour évoluer vers un poste de direction en communication. En revanche, les personnes qui exercent ce métier toute leur vie ne sont pas légion, donc ne le considérez pas d'emblée comme une fin en soi.

Préparez

Systématiquement, et même si vous avez peu de temps.

Rédigez et mémorisez *a minima* vos messages clés et ceux de vos porte-parole.

Pour chaque sujet devant être traité par vos porte-parole, développez également avec eux des éléments de langage plus élaborés.

Avant une interview, sachez qui est votre journaliste et qui est votre porte-parole (si ce n'est pas vous), et fournissez à chacun des informations sur l'autre qui faciliteront le déroulement de l'entretien.

Ne laissez jamais le porte-parole se « débrouiller » avec le journaliste. Assurez-vous qu'il y ait toujours un responsable presse présent lors de l'interview.

Mesurez

Réservez une partie de votre budget pour l'analyse de vos retombées presse.

Faites réaliser cette analyse par des professionnels de ce métier très spécifique.

Consacrez un temps suffisant à la mise en place de cette évaluation. Plusieurs réunions avec votre prestataire (et avec votre agence si vous en avez une) seront nécessaires, ainsi que des ajustements.

Cette analyse est indispensable si vous voulez vous améliorer et faire progresser la valeur ajoutée de votre service.

Elle vous permettra également de présenter vos résultats, points forts et points d'amélioration, et d'articuler vos demandes budgétaires sur des éléments tangibles.

Conseils d'un spécialiste de l'e-marketing

Daniel Bréchignac – Brechignac & Associés

Spécialiste du marketing et des nouvelles technologies, Daniel Bréchignac a consolidé au sein de grands groupes une expertise médias, publicité, audiovisuel et nouvelles technologies. Il réalise depuis quinze ans de nombreuses missions d'accompagnement dans le secteur des services, de l'entertainment et des nouvelles technologies ; il est ainsi le fondateur de la division Interactive Media chez McCann–Erickson France et du département Marketing Internet de sa filiale Zentropy Partners. Daniel Bréchignac intervient au sein de Bréchignac & Associés sur l'intégration des business models dans le core business historique de l'entreprise.

Quelle approche privilégier pour maîtriser le canal Internet et l'intégrer dans les plans de Com' ?

Technologie et complexité : se méfier de la technologie qui, culturellement génère de la complexité. Toujours arbitrer vers la simplicité de mise en œuvre !

Internet est le média le plus technologique que nous utilisions. Non seulement technologique mais instable. Le fonctionnement de l'interface de consultation de l'information, le PC, est naturellement instable comparé à un livre, une radio ou un téléviseur. Il n'y a pas lieu de s'en effrayer, mais plutôt d'identifier la sophistication technologique comme le premier obstacle à maîtriser et parfois l'ennemi éternel d'une communication épurée, simple et efficace, qui est condamnée à générer de la complexité.

Et parce que l'univers Internet génère de la complexité il faudra toujours ramener une solution proposée, un projet de nouveau site, de nouvelle technique, à l'unité de mesure élémentaire de l'efficacité dans l'entreprise. Ce peut être le coût d'un contact commercial, le nombre de prescripteurs sur le marché concerné, le nombre total de clients ou consommateurs. Les arbitrages doivent se faire en resituant l'enjeu proposé par le canal Internet dans l'ensemble de l'éco-système dans lequel évolue l'entreprise. Si Nestlé a environ 30 millions de consommateurs de café soluble en France, que signifie une campagne baptisée « virale » qui coûtera plusieurs centaines de milliers d'euros voire millions et qui sera visionnée 150 000 fois ? Quel est le bon chiffre : 150 000 visionnages d'une pub humoristique ou 10 milllions de consommateurs à convaincre ?

Le média de la mesure

Accepter de mesurer la performance et se focaliser sur l'action de l'internaute qui cristallisera la perception du message !

Internet s'est lancé dans la sphère publicitaire à la fin des années 1990 en se vantant de pouvoir tout mesurer, et ce mieux que les autres médias. Ce qui est tout à fait juste, mais également tout à fait contre-culturel pour les communicants dont la première pré-occupation n'est pas historiquement de mesurer objectivement et rationnellement l'efficacité ou les conséquences de leurs actions.

Tout ou presque tout se mesure sur Internet ! Mais parce que l'Internet génère une profusion de remontée de données il faut être d'autant plus rigoureux dans la compilation et l'analyse des chiffres. Il faut avant tout se laisser guider par le bon sens et ne pas hésiter à retenir des raisonnements de commerçant ou de paysan. Il faut ensuite accepter l'idée qu'une mesure objective et rationnelle d'un impact qualitatif est possible au travers du media numérique. C'est ce que nous avons appelé la mesure qualimétrique et qui a donné lieu aux outils Qualimetrics[1]. L'émergence de ce

---

1. Il s'agit d'un modèle d'étude qui intègre une métrique rationnelle et objective dans un groupe qualitatif de prescripteurs/décideurs/consommateurs. S'appuyant sur un modèle statistique, il permet de hiérarchiser les éléments les plus claire-ment perçus sur un plan de communication et de construire les stratégies sur des éléments statistiques prouvés.

type d'outils qui utilise autant la sémantique que la statistique est culturellement très proche de l'esprit qu'il faut avoir pour bien analyser les statistiques d'une opération ou d'un site Internet.

Le chiffre ne dit rien si ce qui est mesuré n'est pas mûrement réfléchi. Là encore les outils de mesure d'audience font beaucoup, sauf l'essentiel : l'arbitrage de l'objectif élémentaire de la campagne, du message, de l'événement. Il faut donc accepter une culture de la performance chiffrée et admettre qu'elle déborde bien au-delà de la communication commerciale et qu'elle peut s'appliquer à toutes les stratégies de communication : financière, RH, institutionnelle, interne, marketing.

Le média du mouvement

Démystifier toujours une nouvelle technique, une nouvelle technologie en la ramenant à sa valeur d'usage pour l'audience !

ie. Facebook = Webmail + page perso + blog + partage photos + messenger + carnet d'adresses = évolution (pas révolution ni Graal)

L'Internet depuis son émergence est une succession de modèles de services, de modèles de diffusion de l'information, de modèles économiques, dont la pérennité est imprévisible parce qu'ils sont continuellement contestés par l'ensemble des acteurs officiels et officieux, honnêtes et moins honnêtes, visibles et souterrains. Il faut donc toujours resituer le modèle Internet utilisé pour une action de communication dans la panoplie des outils numériques disponibles sur la période concernée. Chaque modèle a une courbe de vie et celle-ci est parfois très courte (cf. phénomène SecondLife).

Et pour analyser la pérennité du mouvement rien de mieux que de revenir à des chiffres rationnels sur l'audience et à un raisonnement terrien et fondé sur la raison d'être élémentaire de l'entreprise et son unité de mesure : Facebook est-il pertinent pour toucher des couvreurs et leur parler des nouvelles techniques de pose de toiture zinc à « joint debout » ?

Internet n'est pas une fin en soi, il est un accélérateur d'efficacité qui voit cohabiter dans le même univers les oligopoles technologiques et médiatiques (Google, Microsoft, Oracle, Orange…) et les initiatives collaboratives alternatives (Wikipédia, logiciels libres, blogs spontanés et blogs d'experts, activisme associatif contestataire…).

Tout en reconnaissant le foisonnement des initiatives qui bouleversent les codes, il faut se donner comme objectif de ralentir le temps pour commencer par intégrer et mettre en place les bonnes méthodes, les plus élémentaires, celles du bon sens et de la recherche d'efficacité.

Conseils d'une directrice des relations presse d'un établissement public national

Élisabeth de Dieuleveult – Assemblée permanente des chambres de métiers et de l'artisanat

Après une maîtrise de lettres, Elisabeth de Dieuleveult a enseigné le français pendant dix ans en France et en Allemagne. Ayant rejoint le conseil général de l'Essonne en tant que conseillère technique chargée de l'éducation et de l'environnement, elle en devient chef du service de presse. Elle prend en 1998 la direction de la communication et des relations extérieures de la Chambre de commerce et d'industrie de l'Essonne.

Élisabeth de Dieuleveult dirige depuis 2002 le département des relations presse de l'Assemblée permanente des chambres de métiers et de l'artisanat (APCMA), dont elle est également membre de la direction générale.

Communiquer pour une institution publique est à la fois une singularité et une chance. Une singularité parce qu'il s'agit d'une forme très particulière de communication corporate qui utilise les outils classiques, mais se doit de respecter certains codes inhérents à son statut public. L'exercice est délicat.

Une chance, car, avec ce type d'établissement, la promotion porte sur des objectifs politiques, des valeurs, des savoir-faire, du capital humain. Le communicant participe à la vie politique au sens ou l'entendaient Platon et Aristote : l'art d'administrer ses biens ou sa cité. C'est passionnant. À un moment où les jeunes, déçus par la société, recherchent du sens et des valeurs, il faut prendre comme une chance de communiquer pour la sphère publique.

Il convient dès lors s'attacher à rendre performante cette situation particulière qui voudrait que l'on communique aussi bien que n'importe quelle entreprise privée mais sans en avoir, le plus souvent, ni la souplesse, ni les moyens financiers, ni la liberté. Un véritable challenge. La situation se complique encore du fait que l'établissement public n'est pas une personne morale simple. Ses orientations sont décidées par des élus d'origines et d'opinions diverses et la mise en œuvre de leurs décisions est du ressort administratif. Il découle de cette complexité la nécessité de prendre la parole de manière consensuelle ; c'est bien là que commencent les difficultés : la langue de bois et le « tout institutionnel » offrent des refuges bien commodes… Quid du message, quid des journalistes, quid de tous ceux que nous voulons toucher et convaincre ?

Les trois conseils qui suivent correspondent à trois questions jamais définitivement résolues et qu'il faut sans cesse remettre sur le métier (comme Pénélope, référence féminine à l'Antiquité cette fois) pour faire des médias nos interlocuteurs et nos alliés.

Comment intéresser les journalistes ?

Face à l'inflation de l'information, il faut jouer sur deux registres : être reconnu (logo, image, signature…) et être lu (simplicité, efficacité et brièveté). À l'instar des hommes politiques américains, le discours oral des hommes politiques français a évolué. Pour autant, le discours écrit et tous les documents chargés de le porter demeurent trop souvent longs et indigestes.

La première tâche est donc de se doter de documents de référence (les fameuses plaquettes) efficaces. Question présentation, on voit souvent des réalisations superbes qui donnent une belle image et invitent à la lecture ; mais, question contenu, on touche le cœur du problème. Si l'on a su bien faire évoluer, grâce aux publicitaires et autres metteurs en scène de l'information, les registres de présentation et l'illustration d'un document, beaucoup reste à faire s'agissant de la rédaction. Combien de plaquettes ou autres dossiers de presse sont réalisés en urgence, sans réflexion par rapport à la stratégie de l'entreprise, pour répondre à une commande ou, pire, pour se faire plaisir !

Comme pour un discours ou une interview où l'on sait le poids et l'importance des mots employés, les mots écrits vont rester et traduire la stratégie de l'entreprise. S'il va de soi que vous devez être des pédagogues pour être compris, vous devez devenir également « l'écrivain public » de votre entreprise, celui qui va savoir traduire en mots exacts les objectifs, celui qui va faciliter la mise en mots du message politique, financier... Communiquer est un travail de construction qui intègre la sémantique.

Pour avoir toutes les cartes en main – encore une évidence mais pas toujours mise en pratique –, il est impératif que le chargé de communication soit associé dès l'origine à la gestation d'un projet. Traduire en mots justes est un travail de réflexion qui requiert du temps et une parfaite compréhension des enjeux. À l'inverse, il faut parfois réagir très vite : l'expertise que vous aurez acquise vous permettra de rédiger en quelques minutes la petite phrase demandée au moment du bouclage et qui sera reprise dans l'édition du lendemain... parce qu'elle est pertinente !

Dans notre société, l'art d'écrire recule comme en témoigne celui de l'orthographe et de la syntaxe. L'incompréhension entraîne malentendus et discordes. Reprenons ce flambeau de la transmission au moyen de mots exacts, précis et riches ! C'est la préoccupation quotidienne des bons journalistes, tâchez de créer cette complicité avec eux ! Enfin, n'oubliez jamais que l'information étant désormais démultipliée et surabondante, votre prise de parole doit être rare, attendue, dotée de sens pour le journaliste et s'inscrire dans l'actualité. Elle ne doit jamais décevoir.

Comment être lu et repris ?

Que les médias soient nationaux ou régionaux, il est primordial d'établir des relations personnelles, de connaître assez bien l'interlocuteur pour être en mesure de répondre à son attente. Un bon dossier de presse est celui que l'on remet en main propre. Cette démarche ne s'improvise pas, c'est le fruit d'un échange. L'éternelle question, celle des fichiers, est une fausse préoccupation. Il n'existe pas de fichier miracle, même si les fichiers qualifiés sont nécessaires !

Quoi que vous fassiez, votre message arrivera noyé dans une série de cinq cents (au minimum…) et il y a peu de chances qu'il soit repéré. Pour y remédier, il est important que les journalistes connaissent vos grandes échéances. Il est primordial de les rencontrer régulièrement et pas seulement lorsque vous avez besoin d'eux. Au contraire, cultivez « la gratuité », c'est ainsi que vous mettrez en place l'échange, une relation fondée sur la confiance. Pour autant, chacun doit rester à sa place : il ne faut jamais confondre la confiance avec l'amitié, surtout dans des relations de proximité.

C'est à ce niveau que devrait entrer en scène celui – ou ceux – qui incarne l'institution, l'établissement public ou l'entreprise : l'élu ou le président. Quelle serait, à long terme, l'efficacité d'un discours toujours transmis et jamais ou peu servi en direct ? Quels que soient votre efficacité et votre talent, vous ne pouvez ni ne devez vous substituer à celui ou ceux qui dirigent.

Il faut dès lors entraîner les dirigeants – en choisissant le moment – dans cet échange qui commence par la gratuité. En dehors des exercices conventionnels des points presse, conférence de presse ou interviews, ils doivent comprendre que, pour être entendus le moment venu, il est prudent qu'ils soient déjà compris et leurs objectifs connus. Répondre à une interview est un exercice difficile voire périlleux comme monter sur scène. C'est la raison pour laquelle les acteurs répètent de longs mois avant la première. Insistez auprès de vos élus ou présidents pour qu'ils « répètent » eux aussi et établissent cet échange sans retour dans un premier temps. S'ils sont arrivés à ce niveau de responsabilité, c'est parce qu'ils ont su convaincre leurs pairs de leur compétence. Ils gagneront en confiance en exerçant leur talent également dans des relations suivies avec les journalistes.

Comment assurer la circulation d'un message?

Il devient très difficile d'obtenir à coup sûr des retombées directes. En cause, l'abondance des informations et l'actualité qui prime et bouscule les prévisions. Il faut ajouter au tableau ce qu'il faut bien appeler la dérive éditoriale de certains médias qui privilégient l'anecdote au fond, l'immédiateté au suivi, l'actualité à la réflexion. Cette dictature de l'actualité (source d'uniformisation) ne laisse aucun espace à l'institutionnel et n'est guère compatible avec le rythme propre aux établissements publics.

Dès lors, c'est un casse-tête d'obtenir la couverture d'un événement important pour l'établissement que vous représentez mais qui reste sans lien avec l'actualité. Ne rêvons pas : les plateaux nationaux ou même régionaux ne s'offrent plus qu'à un très haut niveau de représentation politique ou économique, exception faite pour les « people ». Mais, aux côtés de la communication directe, il existe d'autres vecteurs plus subtils, et, contrairement aux apparences, l'évolution des journaux télévisés et des émissions d'information ouvrent d'autres perspectives. Depuis quelque temps, le recours systématique au testimonial vient illustrer les informations. Pour présenter telle décision du gouvernement ou tel fait de société, ce n'est plus le ministre ou le responsable qui sont interviewés, mais le destinataire de la mesure qui donne son avis.

C'est une fenêtre grande ouverte, il faut s'y engouffrer en devenant un fournisseur réactif et efficace de parcours et de témoins. Les télévisons et les radios ont besoin d'images et de sons. En place de faire parler nos institutions ou nos élus – ce qui reste nécessaire mais toujours difficile à obtenir –, proposons d'illustrer leurs décisions et leurs objectifs, incarnons-les autrement en fournissant des exemples de terrain, démarche facilitée pour un établissement national qui s'appuie, en général, sur un réseau ancré dans les territoires et qui connaît parfaitement son public. C'est ainsi qu'on obtient subtilement des évolutions et des changements d'images aussi efficaces que les grands discours théoriques.

Il y a différents niveaux d'écriture, de même il existe différents niveaux de communication, fluctuants, habiles, ingénieux. C'est un réel plaisir de les comprendre et d'innover pour les mettre en œuvre. C'est un jeu sans limites !

Conseils d'un directeur général délégué

Bernard Emsellem – SNCF

Formé dans le domaine des mathématiques théoriques et des sciences humaines, Bernard Emsellem commence sa carrière par des activités de recherche en France et en Côte d'Ivoire. Il développe ensuite des activités d'étude auprès des publics internes et externes pour de grandes entreprises et institutions. Directeur du département d'études qualitatives du SEMA puis de SOFRES-Communication, il crée en 1985 son propre cabinet d'études et de conseil en stratégies de communication. Il rejoint en 1990 le groupe Francom, avant d'entrer en 1995 dans l'agence TBWA-Corporate dont il deviendra président trois ans plus tard. Directeur de la Communication de la SNCF en 2002, il en est depuis avril 2010 le Directeur général délégué Écomobilité.

Le Web a pris de l'importance au sein de la communication. Vigilance...

À l'heure où le Web est transversal et bouleverse les frontières des métiers et donc des marchés de la communication, attention à garder une place aux « relations directes », à ne pas communiquer que virtuellement. Sans les rencontres, on ne se nourrit pas : il faut oser rencontrer et bouger. Je pense que l'écueil du Web est qu'il demeure un outil, mécanique, où l'on « navigue » très rapidement d'un sujet à l'autre. Le développement des réseaux sociaux permet d'ouvrir des espaces relationnels. Mais ils restent encore élémentaires, multiples mais superficiels.

Je conçois qu'Internet est un formidable outil qui offre beaucoup d'opportunités : il fournit des contenus très ouverts avec une grande richesse et diversité d'information. Néanmoins, n'oublions pas ce qui fait la richesse d'un contenu. Ce qui inspire lorsqu'on entend un message passe souvent par la dimension sensible et relationnelle. Cette dimension sensible s'exprime pleinement par les rencontres et les « étincelles des esprits ». Elle est affaiblie si l'on reste dans un face-à-face avec son ordinateur.

Afin d'obtenir un résultat, il faut réfléchir davantage quand on communique

Les actes de communication visent à produire des effets. Mais ils n'influenceront que s'ils s'appuient sur des contenus explicites, clairs et structurés. L'acte de communication est porteur de sens.

Prenons l'exemple de la communication de changement.

Cela m'irrite quand on dit que les équipes font de la résistance face au changement proposé. En fait, les collaborateurs refusent de changer parce qu'il faut au préalable qu'ils comprennent quel est leur intérêt lors d'un changement. S'il veut aboutir à un résultat, l'acte de communication doit permettre cette compréhension de la part des différents publics. C'est la condition pour pouvoir impliquer ceux auxquels on s'adresse.

Pour cela, comprendre la sociologie des organisations est un réel atout : elle permet de mieux appréhender les questions de fonctionnement interne et d'intérêt des acteurs. Plus largement, il faut développer sa culture générale et économique pour saisir le contexte et les enjeux de l'entreprise. Le chargé de communication doit être curieux et cultivé. Il doit se donner les moyens de progresser et être toujours en train d'apprendre.

Ayez des idées et soyez créatifs !

Lorsque vous êtes formé aux relations presse et à la communication en général, il y a deux enjeux clés : élaborer un plan de communication pertinent et structuré et apprendre à faire face à des situations de crise. Il est important d'inventer des dispositifs et des expressions qui seront des repères permettant aux acteurs d'agir.

Je voudrais insister sur un tout petit point : il s'agit aussi d'être précis et professionnel dans le maniement visuel des supports de communication. La charte graphique en particulier est importante : de la disposition des textes en passant par la police de caractères et les couleurs, toutes ces données apportent du sens.

La forme, la présentation et l'articulation des idées doivent s'inscrire dans une architecture qui génère de la clarté. La communication, bien qu'elle soit une science humaine, peut être rigoureuse et fondée sur de vraies méthodes.

Mais, inversement, le chargé de communication ne doit pas avoir peur de casser les codes et promouvoir ses idées ! En effet, un bon chargé de communication se doit d'avoir des propositions et doit donc être créatif. Parallèlement, il doit « capter » ce qui se passe autour de lui, ce qui est dans l'air du temps de manière à impulser des éléments qui enrichiront son idée. Le chargé de communication est aussi un inventeur.

Conseils d'un spécialiste de la webfluence

François Jeanne-Beylot – InMédiatic

François Jeanne-Beylot est le gérant et fondateur de la société Troover, spécialisée dans la recherche d'informations, l'intelligence économique et la veille sur Internet (www.troover.com). Il est également directeur associé d'InMédiatic, filiale dédiée à l'influence, la notoriété et la réputation en ligne (www.inmediatic.net). Passionné par l'information, matière première dont la gestion est souvent oubliée dans notre société dite « de l'information », il blogue depuis cinq ans sur le Boulevard de l'info (www.boulevarddelinfo.com).

Internet : le royaume de celui qui crie le plus fort... dans le micro de Google

Déjà, dès les premiers moteurs de recherche, Internet a permis à une première communauté d'internautes, les webmasters, d'exercer des actions pour faciliter le positionnement de leurs pages dans le classement de ces outils. Le critère retenu par les moteurs de recherche relève plus de l'insistance que de la pertinence. Loin de comprendre le sens des pages, les robots comptabilisent les mots récurrents de façon « intelligente » en intégrant le fait qu'ils soient dans des balises META, un titre, en gras, en police de caractère plus grande, etc.

L'arrivée remarquée de Google dans le monde des outils de recherche a quelque peu complexifié les algorithmes des moteurs en tenant compte notamment des liens hypertextes entrant tant au niveau quantitatif que qualitatif. Malgré tout, l'omniprésence des moteurs de recherche et la prédominance d'un parmi eux ont fait d'Internet le royaume de celui qui crie le plus fort. En effet, les résultats des moteurs positionnent, encore aujourd'hui dans les premiers résultats, les pages qui sont bien les plus bruyantes sous le terme trompeur de « classement par pertinence ». Pis ! Près de 90 % des visites moteurs générées depuis la France vont vers un seul site, Google, le leader incontesté depuis près de dix ans.

Internet, le réseau où chacun peut diffuser son information, l'outil de démocratisation par excellence de l'accès à l'information, se transforme en un médium à une seule source. Imaginez une télévision offrant une multitude de chaînes, mais que vous ne disposiez d'une télécommande avec un seul bouton… Il ne faudrait pas attendre longtemps pour crier à la manipulation… Et pourtant, sur Internet, personne ne s'inquiète de l'influence colossale de Google sur l'accès à l'information (sans même parler d'éventuelle manipulation). Pourtant, si cela dérangeait les internautes, ils auraient la solution : changer de moteur et varier les outils.

Il me paraît important d'intégrer cette vision peu répandue d'Internet pour évoquer la Webfluence, l'influence en ligne ; Internet n'est qu'influence. Les sites à mettre au ban pour éviter les risques de manipulation sont plus les moteurs de recherche que les encyclopédies participatives ; d'un autre côté, les outils sont nombreux pour optimiser des campagnes d'influence en ligne et ne se limitent pas à quelques blogueurs (malheureusement) « incontournés ».

L'influence est couramment définie comme « l'ensemble des actions s'exerçant sur ou entre des personnes », par analogie au terme de physique : « action qu'un corps électrisé exerce à distance sur un corps à l'état naturel ». Aujourd'hui, Internet se révèle comme étant le périmètre par excellence de l'influence, surtout depuis l'avènement du Web participatif.

Comment se servir du Web comme outil de gestion d'image ?

Il existe, en effet, sur Internet, de nombreux canaux d'informations. Leur importance grandissante et leur évolution permanente nécessitent de les considérer comme des supports influents auprès des internautes. Ces internautes peuvent être journalistes, consommateurs, clients, concurrents ou simples lecteurs… mais ils sont tous relais potentiels de l'information, que vous leur donniez, ou non, cette information.

Ainsi, la communication, devenue interactive, implique une maîtrise de tous ces canaux pour proposer à certains des relais d'opinion vos informations sous forme de relations privilégiées, la présenter à d'autres en leur faisant croire qu'ils ont trouvé tout seuls cette information, la publier sur une sélection de sources pertinentes… Bref faire en sorte que l'internaute s'approprie le message.

Tout commence par la cartographie des sources ; plus qu'une simple identification, elle implique de comprendre la source : mesurer son impact, analyser sa crédibilité, connaître sa tendance, identifier ses propres sources, etc.

À la fin du cycle, car il s'agit bien d'un processus itératif et donc répétitif, il y a une veille permanente et efficace. Il convient de surveiller sa propre image bien sûr, mais aussi ses sources, les actualités, les tendances, etc.

Entre ces deux étapes, qui sont donc vouées à être jointes dans un sens comme dans l'autre, il y a une communication ciblée, personnalisée et pleine de bon sens.

Conseils d'un consultant international en communication

Michel Ogrizek – MGroup

Michel Ogrizek est fondateur et président de MGroup, cabinet conseil en communication stratégique. Il est un expert international reconnu en communication de risque, gestion de crise et valorisation des marques.

Docteur en médecine de la faculté de Paris, ex-chercheur associé en anthropologie culturelle à Berkeley, Michel Ogrizek est d'abord directeur médical de Warner-Lambert pour l'Afrique et le Canada, et passe près de dix ans comme médecin de brousse en Afrique, avant d'entamer sa carrière dans la communication. Son parcours comprend des postes de direction à Edelman, au Forum économique mondial, à UBS Warburg, Unilever, Hill & Knowlton et Burson-Marsteller.

Repensez votre manière de communiquer, car le monde a changé

Les nouvelles technologies ont modifié les canaux de communication et créé de nouveaux langages. Ainsi le courriel fait appel à une langue hybride entre l'écrit et l'oral; les textos ont créé une langue codée sur le mode phonétique; Facebook a réinventé l'affichage des informations comme les fameux journaux muraux en Chine.

Dans ce contexte, il n'a jamais été aussi nécessaire de parler d'une seule voix (car tout le monde peut avoir accès à tout ce que vous avez déclaré) et jamais aussi nécessaire d'user d'un langage spécifique à chaque audience ciblée. C'est dire l'importance d'élargir vos pratiques de l'écriture.

Par ailleurs, les audiences n'écoutent plus vraiment et ne lisent que très rarement les textes qui leur sont adressés. Un journaliste d'influence reçoit de 300 à 500 courriels par jour. Il lui faudrait consacrer au moins 20 heures par jour ne serait-ce que pour en évaluer le contenu et l'intérêt pendant au moins trois minutes…

En règle, il supprime donc automatiquement les courriels trop « lourds ». Ainsi, aujourd'hui, un dossier de presse multimédia, trop long et/ou trop sophistiqué, n'est plus lu. Seule une phrase courte qui accroche dans le « sujet » de la boîte mail et quelques lignes dans le corps du courriel très simples, mais très intéressantes, suffisent à induire et assurer une conversation… téléphonique.

L'enseignement aux métiers de la communication en France n'est pas adapté au marché. Il se calque sur l'enseignement des lettres modernes…

Les écrits en France sont encore de nature trop académique. Ils sont encore trop souvent structurés de manière classique : introduction – explication – citations – conclusion. C'est un cheminement déductif et pédagogique, mais sans grande efficacité en termes de communication médiatique.

Les agences de presse et les présentateurs des journaux télévisés commencent toujours par la conclusion qui devient le titre du sujet à traiter. Dites d'abord ce que vous voulez dire, vous vous expliquerez après… Voilà pourquoi, les chargés de communication devraient s'entraîner aux nouvelles méthodes qui permettent de raconter une histoire en moins de 45 secondes… Il y a des méthodes et des outils de storytelling pour y arriver.

La communication est devenue « à court terme »

Les « passeurs » d'information ne peuvent plus posséder l'expertise compte tenu de la diversité des sujets qu'ils ont à traiter et le peu de temps dont ils disposent pour en prendre eux-mêmes connaissance. Par ailleurs, ceux qui veulent communiquer sont atteints d'Alzheimer : la promesse des politiques n'engage que ceux qui s'en souviennent (pour reprendre un célèbre adage) et les entreprises n'ont plus de mémoire vivante en raison de la globalisation et des licenciements massifs de seniors. En cela les chefs d'entreprise communiquent de plus en plus comme des chefs de gouvernement, sous la pression des marchés financiers – autrement dit, ils communiquent à court terme. Leur communication ne se ressource plus dans leur patrimoine, leur « raison d'être », leur culture institutionnelle, mais dans les aspirations collectives du moment.

L'écoute est la première étape de la communication

On a tendance à oublier trop souvent que la première phase du processus de communication est l'écoute. C'est dire l'importance du « brief ». Il faut savoir distinguer ce que la personne raconte de ce que la personne vous inspire, enregistrer les silences, interpréter la communication non verbale. On prend un brief avec ses yeux autant qu'avec ses oreilles…

Il est regrettable qu'on n'apprenne pas aux étudiants à écouter. J'ai connu un grand patron en médecine qui posait toujours avec justesse ses hypothèses diagnostiques après avoir écouté les malades.

Avant d'élaborer un message, posez-vous la question de sa raison d'être

Aujourd'hui, avant toute communication institutionnelle, politique ou de marque, il faut se demander quelle est la « raison d'être » de communiquer.

Pour mieux comprendre la raison d'être d'une marque, j'utilise l'anthropologie psychanalytique. Comme d'autres sciences humaines, cette approche permet d'enrichir le discours de la marque et de redonner un sens à sa promesse.

On peut aussi, pour explorer les aspirations profondes d'une marque ou d'une société, pratiquer l'écriture automatique, qui consiste à faire écrire machinalement des textes sur la marque ou la société, avant d'en extraire la signification profonde et écrire le texte final qui la caractérise.

Le « portrait chinois » peut aussi être utile. Si vous comparez les portraits, vous pouvez diagnostiquer si les membres du groupe sont ou non en harmonie, et appréhender ce qu'il en est de la personnalité, du regard et de la sensibilité de chacun(e).

La communication est un marqueur culturel et social

Plus que jamais les sciences humaines et l'enseignement de l'écriture (pensez à ce qu'a apporté la maîtrise de la calligraphie à la civilisation chinoise !) sont autant de savoirs et savoir-faire indispensables au bon exercice du métier de communicant.

Conseils d'un spécialiste de la philanthropie et du mécénat humanitaire

Antoine Vaccaro – Faircom Group

Titulaire d'un doctorat de 3e cycle en science des organisations et gestion des économies non marchandes, Antoine Vaccaro s'est très tôt intéressé au tiers-secteur. Après un parcours professionnel dans de grandes ONG (Fondation de France, Médecins du monde), il préside le Cerphi (Centre d'étude et de recherche sur la philanthropie) et codirige Faircom Group, groupe international de marketing services. Membre du Conseil national à la vie associative en tant que personnalité qualifiée, Antoine Vaccaro est également cofondateur du Club des fundraisers, du Comité de la charte de déontologie des organismes faisant appel à la générosité publique et d'Euconsult (European Consulting Firm for Non-Profit Organisations).

Le conseil en relations publiques est sans doute l'un des métiers parmi les plus sophistiqués et difficiles de la communication, tant celui-ci semble reposer sur la personnalité du conseil, son rayonnement, l'importance et la qualité de son réseau social et professionnel.

Sans dénier l'emporium de ces aspects, il est toutefois possible d'appliquer une grammaire à ce métier, même dans un pays où la généalogie reste, malgré toutes les révolutions et les prédicats au fronton des mairies, un incontournable exercice pour progresser.

J'en vois trois :

- le sujet, le produit, le service, la cause, le combat ;

- le fichier (je dirais plutôt les fichiers) relations, leaders d'opinions, journalistes ; en bref le fichier de toutes les parties prenantes ;

- la régularité de la communication vers ces publics (ne pas attendre les situations de crise pour aller vers eux).

Nous allons revenir sur ces trois piliers de relations publiques et relations presse.

Premier conseil : le sujet, le produit, le service, la cause, le combat

Quels que soient la compétence, le réseau relationnel du conseil, rien n'est possible si le sujet à promouvoir n'est pas en mesure d'intéresser les publics cibles.

Je dirais que tout peut se résumer dans ce conseil : réaliser une mise en récit du sujet traité, qui peut concerner aussi bien le lancement d'un produit, la révélation d'un nouvel usage ou le développement d'une innovation.

Cette mise en récit est encore plus déterminante lorsque le sujet concerne des services, des causes d'intérêt général, le combat de telle ou telle organisation, personnalité, voire entreprise.

Cette mise en récit peut ensuite prendre diverses formes : buzz, agit-prop, réalisation d'opérations d'intox, création de sentiment de rareté.

Deuxième conseil : le fichier (relations, leaders d'opinions, journalistes, toutes les parties prenantes)

De tous les conseils que j'ai pu délivrer, en trente ans de *fund raising,* le seul qui n'ait jamais failli est la constitution de la base de données : le fichier.

Peu d'activités peuvent se déployer sans un fichier bien documenté, actualisé, et régulièrement contacté. Il n'existe pas de grammaire des relations publiques sans le bon usage d'un fichier.

Il est la colonne vertébrale d'une communication permanente et pérenne vers ses publics cibles.

Quel que soit le turn-over des conseils, c'est l'élément de stabilité des relations publiques de l'organisation.

Troisième conseil : la régularité de la communication vers ces publics

Nous disposons désormais d'un sujet, d'un récit, d'un fichier, il s'agit désormais d'instituer un mode de relation fréquent, autant que de besoin, et pertinent en fonction des cibles.

L'objectif est de créer une présence à l'esprit de ces publics envers votre organisation, votre marque, votre produit, votre cause, quand une actualité ou un sujet vient au-devant de la scène.

Les choix et les possibilités de communication sont nombreux et variés, tant dans la forme que dans le fond :

- newsletter ;
- communiqué de presse ;
- conférence de presse ;
- collations de toutes sortes (petit déjeuner, déjeuner, dîner) ;
- rencontre en petit comité, etc.

Sur le fond, il est crucial d'apporter de l'information, mais aussi d'assurer une pédagogie sur les thématiques que développe l'organisation.

Il n'est rien de moins implicite pour un non-initié que de maîtriser les modèles économiques et techniques d'un secteur. Et l'ignorance est la pire conseillère.

Mais ce métier a été profondément bouleversé par l'explosion d'Internet.

La communication numérique redistribue sans cesse les cartes et l'expertise en matière de relations publiques par le truchement des réseaux et un moyen d'avenir incontestable.

Le développement d'une expertise en relations publiques numériques est le nouveau défi pour les professionnels du secteur.

Conseils d'une directrice de communication d'un palace parisien

Anne Vogt-Bordure – Hôtel Le Meurice

Anne Vogt-Bordure dirige depuis 2007 la communication à l'international du Meurice (premier palace de Paris), et la communication du Dorchester de Londres sur le marché français. Après douze années passées dans le groupe Richemont, à la Fondation Cartier pour l'art contemporain puis chez Lancel, elle rejoint la Dorchester Collection avec comme mission de repositionner Le Meurice sur sa légitimité culturelle et artistique et de développer la clientèle individuelle, essentiellement aux Etats-Unis, au Royaume-Uni, en Russie, au Japon et au Brésil. Elle est aussi à l'initiative du Prix Meurice pour l'art contemporain.

Voici en quelques lignes mes recommandations, conseils et astuces à toutes celles qui s'apprêtent ou aspirent à devenir des Com Com Girls, plus communément, malheureusement, dénommées « PR », comprendre femmes montées sur des sourires extra bright, des talons aiguilles et qui ne peuvent se passer de champagne, bref femmes de la presse…

Alors que la réalité est tout autre, car c'est un comble, la presse a mauvaise presse !

Qu'elle prône une maison de haute couture, une enseigne de bricolage, une nouvelle catégorie de voitures, une marque d'accessoires ou encore un déodorant masculin, une campagne de communication peut-elle se passer aujourd'hui de décors saisissants, d'accroches décoiffantes et d'icônes affolantes ?

Qu'on se le dise, mettre du glamour au cœur de la communication d'une marque, comme s'il s'avérait le seul moteur de son renouvellement, comme s'il s'agissait de la seule source inépuisable de désirabilité, n'est pas une fin en soi. Cette approche grandissante par la dimension aspirationnelle pousse les marques à une surenchère créative pour sortir de la standardisation.

Autrement dit, la communication a ses vertus que la raison n'ignore plus : être sexy et dire des choses sexy, n'importe où n'importe quand, devient une vraie science…

Cette nouvelle science, appelée communication du XXIe siècle, et très énigmatique pour certains, va au-delà des figures stylistiques, des bulles de champagne et, que sais-je encore, des cotillons !

Comme toute science, la communication a ses propres techniques, ses propres méthodes d'évaluation et de quantification, et ses propres indices de performance. L'image n'est plus une image, l'image est un outil de rêve, de désir et, plus que jamais, de vente.

Loin du formalisme et des équilibres bien connus, le défi de ce genre nouveau de communication réside bien dans l'innovation, l'audace, la folie, la vision, l'utopie, soit la création à l'état pur.

Mais que l'on ne s'y méprenne pas, les recettes miracles n'existent pas.

Seules existent les têtes bien faites et bien pleines !!!

Explorez

Avant toute chose, il faut connaître son terrain. De quoi parle-t-on ? Comment ? À qui ? Pourquoi ? Combien ? Pour qui ? Quel ROI ?

Dans ce monde plurisociétal, où les besoins, les mentalités, les habitudes diffèrent d'un bout à l'autre de la Terre, il est primordial d'étudier sa cible, dans le sens sociologique du terme, voire anthropologique, afin de pouvoir proposer une adaptation optimale du message à faire passer, ainsi que de choisir le médium optimal à utiliser.

Nous sommes en train de vivre un changement extraordinaire, tout bouge, très vite, et partout dans le monde.

Il faut être sur tous les fronts, tous les coups, à l'écoute de tout et tous, savoir faire le grand écart toute la journée, et garder la barre droite, très droite.

En deux mots, il faut être tout-terrain !

Osez

Rien n'est plus important que la créativité.

Quel chemin doit-on prendre pour délivrer le message à la bonne cible ?

Voilà un exercice intéressant : explorer de nouvelles pistes, s'éloigner des sentiers battus, penser autrement, créer, innover pour susciter l'intérêt.

Aujourd'hui tout peut s'apprendre, avec plus ou moins de temps, certes. Mais si l'on s'en donne les moyens, on peut devenir expert dans tel ou tel domaine.

Or la créativité est une activité perpétuelle, une gymnastique de l'esprit innée, ou un don à développer.

La matière grise n'a jamais coûté cher, et en temps de crise, il faut être astucieux !

Évaluez, quantifiez et améliorez

Mieux vaut avoir une bonne approche des chiffres.

Combien doit-on dépenser ? En combien de temps ? Pour quelles retombées ?

C'est là que se trouve la clé du secret : savoir rentabiliser les investissements, car, disons-le une bonne fois pour toutes, la communication doit servir la seule cause de l'entreprise, celle du développement du chiffre d'affaires.

Avis donc à tous les financiers, l'inventivité tout-de-go, et le budget comme seul credo.

Cependant, attention, la boucle ne sera bouclée qu'en y ajoutant les meilleurs ingrédients de sa propre personnalité.

Et pourquoi pas une bonne dose de glamour ?

Conseils d'un créateur d'agence de communication – Président du Syntec RP

Thierry Wellhoff – Wellcom

Thierry Wellhoff dirige depuis près de trente ans l'agence de communication Wellcom, qu'il a créée et qui se situe aujourd'hui parmi les premières agences françaises de relations publiques. Il est également cofondateur du réseau international Ecco, qui compte une quarantaine d'agences à l'international, et du réseau régional Wellcom Network. Thierry Wellhoff a publié différents ouvrages sur la communication («15 ans de signatures publicitaires», «Index international des valeurs corporate», «Les Valeurs : Donner du sens, guider la communication, construire la réputation», «Le Guide Social Média»). En juillet 2010, il a été élu président du Syntec RP.

Le métier des relations publiques, c'est-à-dire celui des relations avec les publics, parmi les autres métiers de la communication, joue un rôle désormais central tant auprès des institutions qu'auprès des entreprises et de leurs marques.

Entre la communication de séduction (la publicité, le marketing opérationnel) et la communication d'information (on dit aujourd'hui plus volontiers la « production de contenu »), au moment où Internet et les réseaux sociaux ouvrent chaque jour de nouvelles voies à explorer, la communication relationnelle s'impose au centre de toute démarche stratégique et se positionne, de fait, comme le levier incontournable de l'image et de l'opinion ; en un mot, de la réputation.

Comment se forge la réputation ? S'il fallait résumer la question en une seule formule, je dirais volontiers que c'est à partir de la perception de cohérence entre ce qui est dit par l'émetteur de la communication (l'institution, l'entreprise, la marque) et la façon dont il agit et se comporte concrètement. Prosaïquement ce qui est dit et ce qui est fait. Et c'est une grande partie du savoir des relations publiques que de concevoir une communication cohérente avec la réalité. Ce qui est sans doute le plus difficile à acquérir. Car, contrairement à une idée répandue, le métier des relations publiques ne consiste pas seulement à mettre en forme et à rendre attractif voir « relationnel », mais, bien au-delà, à comprendre et à analyser les lignes de force sur lesquelles une communication légitime pourra se construire. Il ne s'agit pas de faire « intéressant », encore moins « joli », ce qui ne concerne que la forme (cela n'est pas, bien sûr, dénué d'intérêt), mais de répondre à des enjeux stratégiques.

Voici trois conseils sous forme de trois étapes préalables à toute stratégie qui se veut légitime et cohérente. Toutes trois paraîtront sans doute extrêmement simplistes voire basiques, mais j'ai trop souvent constaté (autant côté entreprise que côté agences) que ces étapes, parce qu'elles étaient trop vite survolées et même bâclées, faussaient l'efficacité de la communication.

Comprendre l'essence d'une institution, d'une entreprise ou d'une marque

L'essence d'une institution ou d'une entreprise ou même d'une marque peut se résumer d'une part à ce à quoi elle sert. Que manquerait-il (au pays, au marché, au monde…) si elle n'existait pas ? Si la réponse devait être « rien », alors interrogez-vous sur le sens réel de la mission que l'on envisage de vous confier. L'expérience montre néanmoins que ce type de question est fréquemment évité. Bien qu'il s'agisse de ce que nous pourrions appeler le fondement.

Après le « pourquoi ? », l'essence s'exprime, d'autre part, avec le « comment ? ». Et le « comment » ce sont les valeurs au travers desquelles se réalisera la mission de l'entreprise, de l'institution ou de la marque. Ces valeurs, formalisées ou non, existent toujours et il est indispensable de les appréhender pour ne pas commettre d'erreur stratégique majeure.

Raisonner en termes d'« enjeux » bien plutôt que de penser « objectifs »

Nous sortons (enfin) de la logique et du vocabulaire militaro-marketing de la communication.

Depuis plusieurs années, la communication ne se vit plus exclusivement comme un outil au service du marketing, mais au service de l'entreprise tout entière. Cela amène à dépasser la simple notion d'objectif pour penser plutôt en termes d'enjeux.

De la même manière qu'il est important de comprendre l'essence d'une entreprise, il est indispensable au-delà de l'objectif assigné à une action de réellement comprendre ses enjeux.

Sont-ils institutionnels ou commerciaux ? internes ou externes ? court ou moyen terme ? stratégiques ou simplement tactiques ? Ces derniers transcendent l'objectif. Ne pas les connaître ou ne pas les comprendre, c'est passer à côté de sa mission.

Raisonner en termes de « publics » plutôt que de penser « cibles »

Cible, encore un vocable marketing emprunté à celui de la stratégie militaire.

Penser « Publics » c'est déjà considérer qu'il y a l'autre et que l'autre peut penser différemment de nous. Vouloir le convaincre de l'intérêt d'une cause, d'une entreprise ou d'un produit, c'est d'abord le comprendre finement, accepter la contradiction et savoir également qu'il n'est pas isolé, mais qu'il communique ou peut communiquer lui-même avec tous les autres publics. Une fois émis, un message n'est plus maîtrisable.

Penser « publics », c'est savoir qu'au-delà d'un public prioritaire, il convient de raisonner à 360°, c'est-à-dire en prenant en compte également tous les autres publics, pour chaque action qu'il nous est donné d'entreprendre.

Plus proches de l'essence des institutions et des entreprises, de leurs enjeux et de leurs publics, les relations publiques, sous réserve de laisser le temps nécessaire à une bonne appréhension de ces étapes, peuvent ainsi faire valoir leurs capacités à répondre de façon plus juste aux enjeux de visibilité, d'image et de réputation des entreprises comme des institutions.

Quelques autres secrets

Des connaissances solides en philosophie

Que serait un chargé de communication sans une culture classique solide? Lorsque vous devrez travailler sur les valeurs de l'entreprise, vous serez confrontés à des thèmes comme l'éthique, l'individu, l'accessibilité. Il est alors temps de se rappeler ses cours de philosophie et de les compléter par des lectures d'ouvrages plus récents. André Comte-Sponville remet en question le capitalisme avec *Le capitalisme est-il moral?* En tant que chargé de communication, vous devenez un professionnel du langage. Qu'est-ce que le langage? Voilà une question qui depuis Socrate cherche une réponse. Lisez ou relisez *Gorgia*, *L'Essai sur l'origine des langues* de Rousseau ou Julia Kristeva *Le Langage cet inconnu* ou de plus grands noms encore tels que Roman Jakobson et *l'Essai de linguistique générale* et Noam Chomsky *Le Langage et la Pensée*.

À tout moment vous êtes amené à exprimer, à transmettre, à convaincre, a clarifier, à écrire. La philosophie et la linguistique sont parmi les sciences qui apprennent à penser et à formuler.

Une culture générale très étendue

Au théâtre se jouent les grands drames humains. En effet, la scène met à nu les passions ou les vices. *« Ridendo castigat mores »* (Il corrige les mœurs par le rire) dit le proverbe. Ainsi chez Molière trouve-t-on le portrait de l'avare avec Harpagon ou celui de l'hypocrite avec Tartuffe. Il est alors question d'archétypes, de grands modèles universels qui servent de références à l'être humain. Veut-on connaître les affres de la jalousie, Hermione ou Othello nous y conduisent. Veut-on comprendre ce que signifie le code de l'honneur, Corneille nous renseigne.

Pour nourrir et développer sa connaissance du fonctionnement humain, les grands mythes s'associent aux enseignements du théâtre classique. Qu'est-ce qu'un mythe sinon une histoire des origines ? Ils constituent le fondement de notre société. Ils permettent d'en saisir les rouages, mais aussi les induits, les interdits, les notions sacrées. Aux textes grecs, il convient d'ajouter des analyses plus récentes comme celle de René Girard sur le concept du bouc émissaire ou celle de Michel Maffesoli sur le mythe Dionysos, ou encore celles de Jean Baudrillard sur la société de consommation et sur la consommation des signes et de Dominique Wolton sur la mondialisation.

C'est en lisant des maîtres, c'est en allant au théâtre, en connaissant les principaux festivals qu'un chargé de communication peut toucher un univers sensible et parallèle qui contribue à installer dans l'inconscient collectif des notions. Antonio Gramsci, entre autres, l'a bien dit : par le culturel, on fait passer des idées. Ainsi, un chargé de communication doit savoir décrypter des messages au-delà de ce qui est apparent.

La culture générale fait donc le chargé de communication ? Oui en grande partie. S'y ajoute évidemment le discours de la méthode que l'on vient de présenter tout au long de ce livre.

Un enquêteur social nourri de sciences cognitives et de développement personnel

Vous êtes aussi un enquêteur social. Toutes les informations que vous allez récolter auprès des individus et des groupes mettront en lumière les mécanismes d'une société. Connaissez l'organisation d'un groupe, les grandes lois du management, le coaching tel que le présente Vincent Lenhardt. Tout ce qui concerne les collectivités vous rend service. Il faut alors se familiariser avec les courants contemporains. Lire *L'homme qui voulait être heureux*, le livre de Laurent Gounelle, est un bon moyen d'approcher les notions de développement personnel. Intéressez-vous à la PNL (Programmation neurolinguistique), aux sciences cognitives. Quelques magazines comme *Philosophie* ou *Sciences humaines* vous apporteront de précieuses informations. La psychologie doit être un de vos domaines de culture constants. Comprendre l'humain, sa personnalité, ses relations aux autres, l'organisation des groupes et leur management est indispensable pour savoir à qui et comment adresser son message, et savoir travailler sur son propre caractère également.

Si communiquer c'est partager son savoir, c'est aussi connaître chaque personne aussi bien que le groupe et les publics auxquels on s'adresse et bien sûr leurs psychologies.

Un acteur économique

En tant que chargé de communication vous êtes aussi un personnage dont la matière la plus fréquente est l'économie. De même qu'il faut vous replonger dans vos anciens cours de philosophie, lisez d'Alain Minc *Dix Jours qui ébranleront le monde*, de Michel Serres *Temps de crise*, de Viviane Forrester *L'Horreur économique*, tous ces essais qui complètent ce que disaient Joseph Keynes et Karl Marx. Pour coller au plus près de l'actualité, ajoutez à votre culture celle des journaux *L'Expansion*, *Challenges*, *Alternatives Economiques...* Il faut enfin étendre vos connaissances en économie, et vous intéresser de près aux marques, à leur histoire, à leur vie. Jean Noël Kapferer a écrit *La Marque en questions*, et *Ce qui va changer les marques*, Georges Lewi *La Marque* et *Mythologie des marques*, Jean Watin-Augouard raconte l'*Histoire des marques*, Naomi Klein dénonce leurs abus dans *No Logo* et tant d'autres puisque certains de ceux que l'on vient de citer vantent la marque et d'autres la pourfendent. Des ouvrages passionnants sur la publicité existent : *Le Monde de la pub* de Mark Tungat, *Héros de pub* de

Michèle Jouve. Ils sont nombreux. Comme tous les autres ouvrages sur la culture de la communication cités dans ma bibliographie, ces livres doivent être vos livres de chevet.

Un personnage relié aux tendances de son époque

La curiosité est la plus grande qualité du chargé de communication. Laissez traîner vos oreilles, ayez l'œil aux aguets. N'hésitez pas à enrichir votre culture personnelle de connaissances multiples. Allez au musée, vivez le cinéma, les films cultes et ceux qui font bruisser l'actualité. Ayez des connaissances en design : qu'est-ce que le Bauhaus, qui sont Raymond Loewy et Malley Stevens, que savez-vous de Ora Ito ? Ne boudez pas le monde de la mode et ses noms prestigieux : Yves Saint Laurent, Jean-Paul Gaultier, John Galliano. Intéressez-vous à l'univers du luxe. En tant que chargé de communication, vous serez amené à organiser des événements. Il faut savoir ce qui fait l'époque. Il faut aussi bouger, regarder, connaître sa ville et ses lieux inattendus. Si vous organisez un événement, la qualité du lieu que vous sélectionnerez donnera du style à votre action.

Un esprit sans préjugés

Pour devenir le capteur de tendances attendu par les agences et les entreprises, il faut vous intéresser à tout et fuir les préjugés.

Comment le chargé de communication pourrait-il, blindé d'*a priori*, comprendre les perspectives, les opinions, les goûts de toute communauté ? Tout univers possède des techniques et des expertises qui sont louables et respectables. Encore faut-il le discerner et ne pas avoir de partis pris.

En quelque sorte le chargé de communication est à la croisée des activités qui étudient l'Homme. C'est l'une des raisons pour lesquelles j'affirme que le chargé de communication a quelque chose à voir avec le métier d'ethnologue : il se déplace pour observer, sur le terrain, la vie de ses contemporains. Il fonde son jugement sur des preuves, des voyages, des exemples. Il observe aussi le milieu de son client, déjeune avec lui, installe dans le temps une relation de confiance. Vous abordez des sujets variés. Votre interlocuteur vous confiera plus librement ses centres d'intérêt, ses rêves s'il sait que vos goûts, que votre culture ouvrent votre sensibilité et votre regard sur la vie et les élus.

À l'image des humanistes de la Renaissance, le chargé de communication se caractérise par son insatiable curiosité et sa tolérance à toute épreuve. Fin, cultivé, définitivement tourné vers les autres, il doit savoir serrer la main de Montaigne, tutoyer Erasme et posséder la bonne humeur d'Épicure.

INDEX DES TERMES D'ORIGINE ÉTRANGÈRE

Audit = contrôle, expertise**

Back office = service d'appui*

Blog / blogger = bloc-notes*

Book = journal de bord, livre

Brief / briefing = instruction, réunion*

Buzz = bourdonnement, bouche à oreille*

Chat = messagerie instantanée**

Check-list = aide-mémoire indiquant dans un ordre précis les différentes opérations ou vérifications à effectuer*

Clic = cliquer*

Collector = objet de consommation limitée

Corporate : finalité d'entreprise, gouvernement d'entreprise*

Cyber = internaute*

Design = conception*

E-mail / e-mailing = courriel, messagerie électronique*

Entertainment = technoloisir*

Extra bright = rayonnant**

Focus = focalisation**

Fundraising = collecte de fonds*

Interview = entretien

Leader = chef d'équipe, chef de file*

Leadership = primauté*

Lobby = groupe de pression**

Management = économie et gestion d'entreprise*

Marketing = discipline qui cherche à déterminer les offres de biens de services ou d'idées, en fonction des attitudes et de la motivation des consommateurs**

Multimedia = service de messages*

Newsletter = lettre d'information*

News = information de dernière minute*

Planning = planification*

Press book = dossier regroupant des articles de presse sur un thème particulier ou pour une entreprise**

Relifter = affiner

Reporting = compte rendu*

Spam = courrier indésirable

Storytelling / storyteller = mise en récit*

Teasing = aguichage*

Think tank = laboratoire d'idées*

Turn-over = rotation

Web = toile numérique

Webzine = magazine sur Internet

Zoom client = étude sur un client particulier**

* Source : Commission générale de terminologie et de néologie.

** En cours de validation par la Commission générale de terminologie et de néologie.

INDEX DES MOTS CLÉS

Quelques ouvrages à connaître...

Philosophie-sociologie

BARTHES Roland, *Mythologies*, Seuil, 1957.

BAUDRILLARD Jean, *La Société de consommation*, Gallimard, 1970.

BAUDRILLARD Jean, *La Consommation des signes*, Gallimard 1976.

CYRULNIK Boris, *Les Nourritures affectives*, Odile Jacob, 1993.

FORRESTER Viviane, *L'Horreur économique*, Fayard, 1996.

FOUDRIAT Michel, *Sociologie des organisations*, Pearson education management, 2007.

GIRAR René, *Le Bouc émissaire*, Grasset, 1982.

GIRAR René, *Les Origines de la culture*, Hachette, 2006.

HUISMAN Denis, *Dictionnaire des mille œuvres clés de la philosophie*, Nathan, 2000.

KEMPF Hervé, *Pour sauver la planète sortez du capitalisme*, Seuil, 2009.

LIPOVETSKY Gilles, *Le Bonheur paradoxal. Essai sur la société d'hyperconsommation*, Gallimard, 2006.

LIPOVESTSY Gilles et SERROY Jean, *La Culture monde*, Odile Jacob, 2008.

MAFFESOLI Michel, *L'Ombre de Dionysos*, Livre de Poche, 2ᵉ édition 1991.

MAFFESOLI Michel, *Iconologies. Nos idol@tries postmodernes*, Albin Michel, 2009.

MARZANO Michela, *Extension du domaine de la manipulation. De l'entreprise à la vie privée*, Grasset, 2008.

MINC Alain, *Dix jours qui ébranleront le monde*, Grasset et Fasquelle, 2009.

SERRES Michel, *Temps de crise*, Le Pommier, 2009.

Langage et sciences cognitives

BOLOGNE Jean-Claude, *Voyage autour de ma langue*, Les Belles Lettres, 2001.

BOURDIEU Pierre, *Ce que parler veut dire. L'économie des échanges linguistiques*, Fayard, 1982.

CHOMSKY Noam, *Réflexion sur le langage*, Flammarion, 1997.

CHOMSKY Noam, *Le Langage et la Pensée*, Petite Bibliothèque Payot, 2001.

DORTIER Jean-François, *Le Langage*, Édition Sciences humaines, 2001.

DORTIER Jean-François, *Le Cerveau et la Pensée – La révolution des sciences cognitives*, Éditions Sciences humaines, 2003.

DOURNON Jean-Yves, *Le Grand Livre de l'orthographe*, L'Archipel, 2005.

GOUNELLE Laurent, *L'homme qui voulait être heureux*, Éditions Anne Carrière, 2008.

HOUDART Oliver, PRIOUL Sylvie, *La Ponctuation, ou l'art d'accommoder les textes*, Seuil, 2006.

JAKOBSON Roman, *Essais de linguistique générale*, Éditions de Minuit, 1963.

KRISTEVA Julia, *Le Langage cet inconnu. Une initiation à la linguistique*, Seuil, 1981.

Communication générale

BRETON Philippe, *Éloge de la parole*, La Découverte, 2003.

LIBAERT Thierry, *Communiquer dans un monde incertain*, Pearson, 2008.

MUCCHIELLI Alex, *Influencer, persuader, motiver*, Armand Colin, 2009.

WOLTON Dominique, *Informer n'est pas communiquer*, CNRS Éditions, 2009.

WOLTON Dominique, *Penser la communication*, Flammarion, 1997.

WOLTON Dominique, Interviewers PAOLI Stéphane et VIARD Jean *McLuhan ne répond plus – Communiquer c'est cohabiter*, Aube, 2009.

Économie

AEBERHARD Patrick, VACCARO Antoine et JEDIDI Sonia, *L'Argent des ONG. La liberté des ONG au risque de leurs financements*, Les Études hospitalières, 2008.

Marque

BECKER Catherine, *Du Ricard dans mon Coca*, Éditions d'Organisation, 2002.

CLOULAS Cécile, *Ces marques qui nous gouvernent*, Ellipse, 2010.

KAPFERER Jean-Noël, *La Marque en questions*, Dunod, 2006.

KAPFERER Jean-Noël, *Ce qui va changer les marques*, Éditions d'Organisation, 2005.

KLEIN Naomi, *No Logo*, Actes Sud, 2002.

LAI Chantal, *La Marque*, Dunod, 2ᵉ édition, 2009.

LEHU Jean-Marc, *Stratégiesdemarque.com Concevoir protéger et gérer la marque sur l'Internet*, Éditions d'Organisation, 2001.

LEWI Georges, *La Marque*, Vuibert 2004.

LEWI Georges, *Mythologie des marques*, Pearson-Village mondial, 2ᵉ édition 2009.

MICHEL Géraldine, *Au cœur des marques*, Dunod, 2004.

SICARD Marie-Claude, *Ce que marque veut dire*, Éditions d'Organisation, 2001.

SICARD Marie-Claude, *La Métamorphose des marques*, Éditions d'Organisation, 2008.

SICARD Marie-Claude, *Les Ressorts cachés du désir*, Village mondial, 2006.

TERNISIEN Michel et TERNISIEN Nathalie, *Audit de marque*, Dunod, 2004.

WATIN-AUGOUARD Jean, *Histoire des marques*, Éditions d'Organisation, 2006.

Publicité

BARFOOT Caroline, BURRTENSHAW Ken et MAHON Nik, *Les Fondamentaux de la publicité*, Pyramyd, 2009.

DUVILLIER Fabienne, *Dictionnaire bilingue de la publicité et de la communication*, Dunod, 1990.

JOUVE Michèle, *Héros de Pub. Quand la pub s'invente un visage*, Chronique, 2009.

MICHEL Philippe et THÉVENET-ABITBOL Anne, *C'est quoi l'idée ? Publicité, création et société de consommation*, Éditions Michalon, 2005.

OGILVY David traduit par VANNIER Élie, *La Publicité selon Ogilvy*, Dunod, 1990.

TUNGAT Mark, *Le monde de la pub*, Eyrolles, 2009.

Consommateur

BROWN Stanley, *CRM Customer Relationship Management. La gestion de la relation client*, Village mondial, 2001.

DION Delphine, *A la recherche du consommateur : nouvelles techniques pour mieux comprendre le client*, Dunod, 2008.

GUEGUEN Nicolas, *Psychologie du consommateur*, Dunod, 2009.

LEHU Jean-Marc, *Stratégie de fidélisation*, Éditions d'Organisation, 1999.

SOLOMON Michael, TISSIER-DESBORDES Elisabeth, HEIL-BRUNN Benoît, traduit par JOSQUIN Florence et ADELINE Marie, *Comportement du consommateur*, Pearson éducation, 6e édition, 2005

Marketing

MAILLET Thierry, *Le Marketing et son histoire, ou le mythe de Sisyphe réinventé*, Pocket, 2010.

REISS Elizabeth, *Le Marketing éthique*, Village mondial, 2002.

Lobbying

BEAUFORT (de) Viviane, *Lobbying, portraits croisés pour en finir avec les idées reçues*, Autrement, 2008.

DESSELAS Stéphane, *Un lobbying professionnel à visage découvert*, Éditions du Palio, 2007.

LE PICARD Olivier, ADLER Jean-Christophe et BOUVIER Nicolas, *Lobbying – Les règles du jeu*, Éditions d'Organisation, 2000.

MORGAT Pierre, *Optimiser votre conquête client*, Éditions d'Organisation, 2010.

ROMAGNI PATRICK, *La Communication d'influence : lobbying, mode d'emploi*, Presse du management, 1995.

Entreprise

ANDRÉ-DESSORNES Carole, *La Géopolitique ? Un outil au service de l'entreprise*, EMS, 2006.

EMSELLEM Bernard, *Le Capital corporate*, Textuel, 2001.

WELLHOFF Thierry, *Les Valeurs. Donner du sens, guider la communication, construire la réputation*, Éditions d'Organisation, 2009.

Dirigeant – Management

ALBERT Éric et NGUYEN NHON Daniel, *Nobéissez plus!*, Éditions d'Organisation, 2001.

AUTISSIER David, BENSEBAA Faouzi et BOUDIER Fabienne, *L'Atlas du management*, Éditions d'Organisation, 2010.

BASSO Olivier et BLONDEL Catherine, *Profession PDG. Que font nos dirigeants?*, Village mondial, 2006.

CHRISTIAN Dominique, *Management et philosophie*, Nathan, 1999.

DESAUNAY Guy, *Comment gérer efficacement son supérieur hiérarchique*, Dunod, 1998.

GHOSN-BARREAU Maya, *100 Pistes pour un management éthique*, EMS, 2010.

JARROSON Bruno, *100 Ans de management*, Dunod, 2004.

PIVETEAU Jacques, *Mais comment peut-on être manager ?(!)*, INSEP Consulting, 2002.

SALOFF COSTE Michel, DARTIGUEPEYROU Carine et RAFFARD Wilfrid, *Le Dirigeant du 3e millénaire*, Éditions d'Organisation, 2006.

TERRIEN Denis et LAUTREDOU Florence, *Enquête sur les libérateurs d'énergie. Un nouvel élan pour la France*, Vuibert, 2007.

Ressources humaines

IGALENS Jacques, *Les 100 Mots des ressources humaines*, Que sais-je?, 2009.

LAVAL Christophe, *La Reconnaissance au travail*, www.livrebusiness.com, 2008.

LENHARDT Vincent et BERNARD Philippe, *L'Intelligence collective en action*, Village mondial, 2009.

PERETTI Jean-Marie, *Dictionnaire des ressources humaines*, Vuibert, 2008.

PERETTI Jean-Marie, *Ressources humaines*, Vuibert, 2010.

Crise

FARGES Jean et Jean-Pascal, *Entreprises et crises*, Dunod, 2004.

OGRIZEK Michel et GUILLERY Jean-Michel, *La Communication de crise*, PUF, 1997.

ROUX-DUFORT Christophe, *La Gestion de crise. Un enjeu stratégique pour les organisations*, De Boeck, 1999.

LAGADEC Patrick, *Cellule de crise Les conditions d'une conduite efficace*, Éditions d'Organisation, 1995.

TAN THANH TAM Emmanuelle, *L'Entreprise anticrise, anticipez et gérez l'imprévu*, Éditions d'Organisation, 1996.

Communication institutionnelle

GIUILY Éric, *La Communication institutionnelle. Privé/Public : le manuel des stratégies*, PUF, 2009.

HEUDE Rémi Pierre, *Guide de la communication pour l'entreprise*, Maxima, 2005.

LIABERT Thierry, de MARCO André, *Les Tableaux de bord de la communication*, Dunod, 2006.

MOREL Philippe, *Dictionnaire de communication d'entreprise*, Vuibert, 2006.

RENCKER Édouard, *Le Nouveau Visage de la com' interne*, Éditions d'Organisation, 2008.

Relations presse

BEAUDOUIN Jean-Pierre, *Être à l'écoute du risque d'opinion*, Éditions d'Organisation, 2001.

BORDEAU Jeanne, *L'Art des relations presse*, Éditions d'Organisation, 2005.

BORDEAU Jeanne, *Le Déjeuner et la rencontre avec un journaliste*, Eyrolles, 2008.

BORDEAU Jeanne, *Le Dossier et le communiqué de presse*, Eyrolles, 2008.

BORDEAU Jeanne, *La Veille média et la revue de presse*, Eyrolles, 2008.

BORDEAU Jeanne, *Entreprises et marques. Les nouveaux codes de langage*, Éditions d'Organisation, 2010.

CHOUCHAN Lionel et FLAHAULT Jean-François, *Les relations publiques*, PUF, 2007.

MOREL Philippe, *Relations presse, les gérer et les rentabiliser avec Internet*, Vuibert, 2008.

Médias

ALBERT Paul, *Histoire de la presse*, PUF, 1999.

ALMEIDA Fabrice (d'), *Histoire des médias en France de la grande guerre à nos jours*, Flammarion, 2010.

AUBENAS Florence et BENASAYAG Miguel, *La Fabrique de l'information*, La Découverte, 1999.

BALLE Francis, *Médias & société*, Montchestien, 13e édition, 2007.

BRETON Stéphane, *Télévision*, Grasset, 2005.

COLLETIF *LE MONDE*, *Les Grands Reportages : 1944-2009*, Les Arènes, 2009.

DEBRAY Régis, *Introduction à la médialogie*, PUF, 2000.

GÉLARD Jean-Pierre, *Médias, mensonges et démocratie...*, PUF, 2004#.

MATHIEN Michel, *La Presse quotidienne régionale*, PUF, 3e édition 1993.

MATHIEN Michel, *Les Journalistes – Histoire, pratique et enjeux*, Ellipse Marketing, 2007.

MC LUHAN Marshall, *Pour comprendre les médias*, Seuil, 1968.

MOIRAN Sophie, *Les Discours dans la presse quotidienne. Observer, analyser, comprendre*, PUF, 2007.

POULET Bernard, *La Fin des journaux et l'avenir de l'information*, Gallimard, 2009.

WOLTON, Dominique, *L'Autre Communication*, Flammarion, 2003.

Storytelling

CLODONG Olivier et CHETOCHINE Georges, *Le Storytelling en action*, Eyrolles, 2009.

DANGEL Stéphane, *Storytelling le guide*, Éditions du désir, 2010.

MEULEMAN François, *Storytelling. On va tout vous raconter*, Edipro, 2009.

SADOWSKY John et ROCHE Loïck, *Les Sept Règles du storytelling*, Pearson-Village global, 2009.

SALMON Christian, *Storytelling, la machine à formater des histoires et à formater les esprits*, La Découverte, 2008.

Réseaux sociaux et nouvelles technologies

ARPAGIAN Nicolas, *La Cyberguerre. La guerre numérique a commencé*, Vuibert, 2009.

BALAGUÉ Christine et FAYON David, *Facebook, Twitter et les autres*, Pearson, 2010.

FANELLI-ISLA Marc, *Guide pratique des réseaux sociaux, Twitter, Facebook… Des outils pour communiquer*, Dunod, 2010.

MARTY Alain, *Réseaux sociaux d'influence. Quelle histoire ? Comment y entrer ?*, LPM, 1998.

PISANI Francis et PITOTT Dominique, *Comment le Web change le monde*, Village mondial, 2008.

TESTUT Nina, *Facebook Et moi ! Et moi ! Et moi !*, Hoebeke, 2009.

REMERCIEMENTS

Je tiens à remercier particulièrement Eléa Casanova, sans qui ce livre n'aurait jamais vu le jour.

Puis Étienne Bouillot, France Dardillac, Anna Dubovyk, Timothée Vilars et toute l'équipe de Press'Publica qui ont aussi contribué à la réalisation de ce livre.

Je remercie également les experts qui ont aimablement accepté de partager leur conception du métier :

Emmanuel Bachellerie, Daniel Brechignac, Claire Chamarat,

Élisabeth de Dieuleveult, Bernard Emsellem, François Jeanne-Beylot, Michel Ogrizek, Antoine Vaccaro, Anne Vogt-Bordure, Thierry Wellhoff.

TABLE DES CAS PRATIQUES

TABLE DES MATIÈRES

www.ingramcontent.com/pod-product-compliance
Lightning Source LLC
LaVergne TN
LVHW051217060726
842526LV00013B/2793